U0453215

普通高中县级教育财政效率问题研究

——基于西部A省的调研

谭俊英 著

Research on Educational Finance
Efficiency of Senior High School

Based on the Survey in a Western Province

中国社会科学出版社

图书在版编目（CIP）数据

普通高中县级教育财政效率问题研究：基于西部 A 省的调研 / 谭俊英著 . —北京：中国社会科学出版社，2021.9
ISBN 978 - 7 - 5203 - 8906 - 8

Ⅰ.①普… Ⅱ.①谭… Ⅲ.①县—高中—地方教育—教育财政—研究—中国 Ⅳ.①G639.2

中国版本图书馆 CIP 数据核字（2021）第 163191 号

出 版 人	赵剑英
责任编辑	刘晓红
责任校对	周晓东
责任印制	戴　宽
出　版	中国社会科学出版社
社　址	北京鼓楼西大街甲 158 号
邮　编	100720
网　址	http://www.csspw.cn
发行部	010 - 84083685
门市部	010 - 84029450
经　销	新华书店及其他书店
印　刷	北京君升印刷有限公司
装　订	廊坊市广阳区广增装订厂
版　次	2021 年 9 月第 1 版
印　次	2021 年 9 月第 1 次印刷
开　本	710×1000　1/16
印　张	15.5
插　页	2
字　数	216 千字
定　价	88.00 元

凡购买中国社会科学出版社图书，如有质量问题请与本社营销中心联系调换
电话：010 - 84083683
版权所有　侵权必究

前　言

教育财政是教育经费来源的支撑手段，是影响教育发展的关键，因而，教育财政问题凝聚成教育经济研究永恒的焦点。对各级教育投入问题的分析宜始自教育产品属性。以教育产品属性动态原理为理论视角管窥当前我国普通高中教育产品属性，呈现出由准公共产品向纯公共产品偏移的轨迹。公共产品理论、市场失灵理论和教育公平理论以及发达国家的教育发展实践进一步佐证政府成为普通高中教育投入绝对主体之必然趋势。然而，教育投入不足仅仅是普通高中教育财政问题之一隅，因教育财政概念本身已不再囿于国家的财政性教育投入这一狭义释义。伴随经济与教育体制改革的进行，顺应国家"建立与公共财政体制相适应的教育财政制度"的时代要求，教育财政舍弃国家分配时代的荣光，其含义由计划经济时代单纯强调政府供给教育财政资金，拓展为包括筹集教育资源、配置教育资源和监督教育资源使用这一系列的联动活动。基于此，教育财政可被定义为政府及政府中主管教育的公共部门为保证公共教育服务而通过行政、经济、法律手段进行的包括对教育资源筹措、分配及使用监督的活动。以此释义审视当前我国普通高中由县级负责的教育财政现状，在普及高中阶段教育的时代背景之下研究普通高中县级教育财政效率问题，思考如何保障普通高中教育财政职能发挥，以促进普通高中教育发展是一个历久弥新的重大课题。

筹集教育资源、配置教育资源和监管教育资源使用是串联教育财政活动的三大基本要素，据此可将教育财政活动看作一个三维体系，进而以"三维分析法"作为理论参照可将教育财政效率解构分解为教育财政筹资效率、配置效率和技术效率。分别运用三维容积法比较普通高中县级教育财政筹资效率、泰尔指数法分析普通高中县级教育财政配置效率、DEA数据包络分析法计量普通高中县级教育财政技术效率,其结果表明:普通高中教育财政筹资效率存在"中位塌陷",政府、市场和第三部门投入比例失调;普通高中教育财政配置效率落差明显,教育财政支出差距有逐年扩大的趋势,且县际之间的差距远远大于校际之间的差距;普通高中教育财政技术效率县际失衡,经济发达地区的普通高中教育财政技术效率低,投入冗余大,存在明显的资源浪费。构成三维体系的三要素是一个联动装置,普通高中教育财政三维低效率联动形成的合力使普通高中教育财政效率陷入总体缺失的困境。

制度是影响效率的关键因素,制度内载的效率装置使教育财政制度与教育财政效率之间构架了理论的链接。教育财政作为资源配置的一种手段,必须通过教育财政制度这一载体来实现。探讨教育财政制度与效率的关系是研究普通高中教育财政效率缺失的一个基本切入点。从改革开放至今,基础教育财政制度几经变化,义务教育财政投入重心上移至省,而普通高中教育财政制度仍然停留于县级负责,制度供给不足的缺陷已十分明显。现有教育财政制度未能保障普通高中教育投入,无法缩小普通高中教育投入差距,难以监督学校经费使用,是导致普通高中教育财政效率总体缺失的制度根源。普通高中教育财政制度供给中的政府"经济人"利益诉求,制度变迁中的路径依赖、利益冲突和制度供给悖论是普通高中教育财政制度有效供给不足的内在机理。

推动普通高中教育财政制度变迁是实现普通高中教育财政制度有效供给,增进普通高中教育财政效率的必然路径,也是政府基于普通高中教育发展的要求整合各利益主体价值需求作出的应然选择。推进普通高中教育财政制度变迁需要在坚持公平和充足的价值取向基础上,参考义务教育财政制度变迁模式,改变当前普通高中教育财政制度单一的诱致性制度变迁为主的模式,构建起诱制性制度变迁与强制性制度变迁的"融合模式"。该融合模式的构建包括两个方面的内容。其一，培育起诱致性普通高中教育财政制度变迁中的制度需求显示机制，发挥地方政府、学校和公民这三大主体的力量，尊重普通高中教育利益相关者的首创精神。其二，积极设计普通高中教育财政制度框架及内容，适时进行以国家为制度变革主体的强制性普通高中教育财政制度变迁。普通高中教育财政制度设计可以从筹资制度、分配制度和经费使用监管制度三个方面进行。普通高中教育财政筹资制度设计的内容包括：突出中央和省级政府责任，实现投入重心上移；鼓励各类资本投入普通高中，拓宽筹资渠道；化解普通高中学校债务，减轻学校负担。设计普通高中教育财政分配制度可从三个方面入手：首先，进行财政转移支付，缩小县际差距；其次，建立公平的学校资源分配制度，增加对非重点高中的投入；最后，建立普通高中教育拨款基准，逐步实现高中教育免费。普通高中教育经费使用监管制度设计的内容包括：坚持财务收支两条线，专设校财局管中心；完善学校财务管理制度，公开普通高中教育经费统计数据及方法；积极构建普通高中学校财政支出绩效评价体系等。只有基于合理的制度设计基础上，实现诱制性制度变迁和强制性制度变迁的"融合"，才能从制度层面为普通高中教育财政活动提供相对完善的制度依据，为增进普通高中教育财政效率提供有效的制度保障。

Preface

As a supporting means of education funds, education finance is the key factor of educational development, so the research on education finance condenses into eternal focus in the field of economics of education. Almost all analysis of educational investment could be started from education product attribute. On the view of education product attribute dynamic theory, we can see the high school's product attribute changed from quasi public goods to pure public goods. The theory of public goods, market failure, education fairness and the education practice of developed countries approve that goverment will become the absolute subject of high school's investment. While inadequtate investment in education is only a tip of the iceberg, because the concept of education finance is no longer confined the narrow definition, national investment. With the economy and educaiton system reform, complying with the requirements of our nation's "establishing financial system of education in line with public financial system", the definition of education finance abandons the glory of national distribution era, and its meaning expands from the emphasis on the supplying funds from goverment to a series of linkage activities which includes raising education resources, allocating resources and supervising resource's using. So the definition of education finance can be defined as an acitivity for ensuring the public education service, the goverment and education administration use administrative, economical and legal means to raise educaiton funds, allocate funds and supervise high school using fund. Basing on the definition to research on high school's current situation which is responsible by county's education finance, to study on efficiency of county level's education finance of high school under the background of high school educational popularization, to consider how to ensure education finance' function of high school to promote high school is a major issue with the times.

The three basic elements to connect education finance activties are rasing educational resources, allocating resources and supervising resouces' using. Basing on this, we can think education finance activities as a three-dimensional system. Then, with the theory of "three-dimensional analysis", efficiency of education finance can be devided into three levels' efficiency: raising resources efficiency, allocating resources efficiency and technical efficiency. We use three-dimensional volume analysis method to compare the raising resources efficiency of high school's education finance, and use Theil-index method to analyse allocating efficiency of high school's education finance, and use DEA data envelopment analysis method to measure technical efficiency of high school's education finance. The results show that the raising resources efficiency of high school's education finance appears collapsing in the middle, and educational input from the goverment, the market and the third sector is out of balance; the allocating efficiency of high school's finance is quite different, and the education expenditure gap is widening year by year, and the gap between counties is far greater than the gap between schools; the technical efficiency of high school's education finance loses balance and there is a huge waste of educational resources in developed regions. The three elements in three-dimensional systems is often a linkage device. Because the three-dimension of high schools' education finance is lack of efficiency, high schools' edcation finance faces low efficiency overall.

The institution is a key factor to affect the efficiency. The efficient de-

Preface

vice contained in institution arouses a theoretical link between the financial system of education and efficiency of education finance. As a means of the resource allocation, education finance must be realized through the carrier, the financial system of education. It is a basic starting point to research the high school education lack of efficiency by researching on the relationship between the education finance system and efficiency. Since China's reform and opening – up, the basic education financial system has been changed for several times and the core of compulsory education finance investment has been moved to the province, while the high school education financial system has been still in charge of the county, and the insufficient supply of system has been extremely obvious. The existing financial system fails to ensure high school education investment, can not narrow the gap in high school education inputs, and is difficult to supervise the school funds use, which is the institutional reason of high school education finance inefficiency overall. The "economic man" interests demand of government, the path dependence of institutional change, interest conflict and paradox of institution supply are the inner mechanism of the insufficiency of institutional supply of high school education finance.

To promote institutional changes of high school education finance is the inevitable path to achieve effective supply of high school education financial system and to safeguard the education finance function to enhance the general high school education finance efficiency, and is also the necessary choice based on the development requires of high school education development by the government. To promote education financial institution change of high school needs to refer to the financial institution of compulsory education change mode basing on insisting on fair and the adequate value orientation to change the single induced institution change mode of the current high school education finance, and build "fusion change mode". The construction of the "fusion change mode" includes two aspects. On the one hand, it needs to cultivate high school's demand displaying mechanism in the induced institution change of high school educaiton finance system, and respect the initiative of high school stakeholders to let the three main body local government, schools and citizens play the role. On the other hand, it needs to timely force high school education finance system changes, and take active in designing the high school financial system framework and content. The high school education finance institution desgin can be carried out from three aspects of financing insitution, distribution system and the use of funds supervision system. The design includes the responsibility of the central and provincial government, and the input focus shift; it encourages various types of capital investment in the ordinary high school, and broadens the financing channels; and it also resolves the ordinary high school debt, and reduces the burden of school financing. To bulid the system of education financial allocation is an important content to narrow the distance among the high schools. The contents are as follows: to run financial transfer payment to narrow the gap between county; to establish the fair resource allocation system to increase the input of non – key high school; to reform the mode of reforming funding and set high school inputting criterion to let high schools to be free step by step. Meanwhile, educational funds using institutions of high school contain 1) adhering to system of the two lines, financial income and expenses, setting up the school financial bureau center; 2) perfecting the school financial management system, and making the education funds statistical data and the method of high school pubilc; 3) actively building the ordinary high school school fiscal expenditure performance evaluation system. Only basing on reasonable institutional desgin, and then building the institution's "fusion change mode", can the perfect institution foundation and safeguard be provided to high school education financial activities from the system level to increase high school educational finance efficiency.

目 录

第一章 导论 … 1

    第一节 选题背景与问题提出 … 1

    第二节 文献综述 … 10

    第三节 研究设计 … 36

    第四节 本书的创新点 … 43

第二章 普通高中教育财政效率的分析逻辑 … 45

    第一节 教育财政的核心功能解析 … 45

    第二节 教育财政效率的分解 … 53

    第三节 普通高中教育财政效率的理论逻辑 … 62

第三章 我国普通高中教育财政收支的基本格局 … 76

    第一节 我国普通高中教育财政收入的构成 … 76

    第二节 我国普通高中教育财政支出的结构 … 82

    第三节 我国普通高中教育财政收支特点归结 … 89

第四章 普通高中县级教育财政效率的实证分析 … 93

    第一节 普通高中县级教育财政筹资效率测度与分析 … 93

    第二节 普通高中县级教育财政配置效率测度与分析 … 101

    第三节 普通高中县级教育财政技术效率测度与分析 … 107

    第四节 普通高中县级教育财政效率的基本判断 … 121

第五章　普通高中县级教育财政效率缺失的制度分析 …… 125

　　第一节　教育财政制度与教育财政效率的逻辑因应 …… 126

　　第二节　教育财政制度供给不足引致普通高中教育财政

　　　　　　效率缺失 …… 141

　　第三节　普通高中教育财政制度有效供给不足的机理 …… 153

第六章　增进普通高中教育财政效率的制度变迁模式设计 …… 162

　　第一节　教育财政制度变迁的可能模式与借鉴 …… 162

　　第二节　普通高中教育财政制度变迁的价值取向与

　　　　　　路径趋向 …… 168

　　第三节　普通高中教育财政制度变迁的"融合模式"

　　　　　　设计 …… 176

结束语 …… 202

附　录 …… 208

参考文献 …… 213

后　记 …… 231

第一章

导　论

第一节　选题背景与问题提出

"科学和知识的增长永远始于问题，终于问题。"① 没有基于问题意识基础之上的研究，只可能是研究者的无病呻吟或者自我欣赏。面对纷繁复杂的教育理论和实践中存在的诸多看似问题的问题，研究者总是在自己的价值体系中挑选自己认为最重要、最有价值的问题进行研究，希冀凸显研究的意义。对于中国的教育经济问题，从宏观层面的教育经济价值到中观层面的教育资源配置，再到微观层面的教育资源利用效率，学者们从不同角度进行了研究，在各自的研究领域做出了卓著的理论贡献。20世纪以来，诸多教育投入方面的相关研究结果，均显示出我国政府为教育投入做出的巨大努力，然而，在教育资源投入不断增加，经费短缺问题得到极大缓解的同时，教育财政效率总体不高却仍然是中国教育无法回避的现实问题。笔者选取普通高中教育财政效率作为研究课题，不仅源于对教育财政由来已久的兴趣，更是出于对我国普通高中教育财政问

---

① 卡尔·波普尔著：《猜想与反驳》，傅季重等译，上海译文出版社2001年版，第318页。

题的强烈关怀。

一 选题背景

(一) 普及高中阶段教育发展目标的实现迫切

普通高中教育是高中阶段教育的重要构成部分，既属于非义务教育，又是基础教育的范畴，① 具有衔接义务教育"出口"和高等教育"入口"的纽带作用，是现代国民教育体系的重要构成部分，承担着把我国巨大的人口资源转化为人力资源优势的特殊使命。从国际教育发展趋势来看，走普及小学、初中、高中，进而实现高等教育大众化的发展模式是教育可持续发展的健康路径。然而，自20世纪80年代开始实施"普九"政策以来，义务教育成为整个教育工作的重中之重，政府逐渐成为义务教育的投入主体，义务教育经费呈现出快速增长的态势。相对而言，同样属于基础教育的普通高中则成为发展的"附属内容"而被"一带而过"，② 其政策规定也往往作为其他重要教育政策中基础教育的附属部分"捎带"提及。20世纪90年代中后期，国家提出"普及高中阶段教育"的目标，处于发展相对薄弱位置的中等职业教育被看作高中阶段教育发展的战略重点，普通高中仍未能够得到足够重视。21世纪初，教育主管部门的工作重心又转移到高等教育的大规模扩招上。可见，我国教育事业的发展重心是直接从义务教育阶段，经由中等职业教育跳跃到高等教育，是跨越普通高中教育而直接迈入高等教育大众化阶段的。在普及九年义务教育和高等教育进入大众化时代，处于二者之间的高中阶段教育，成为我国教育事业的"瓶颈"和"低谷"，是人民最期盼得到的而优质教育资源又明显不足的教育领域。③

为满足人民群众对高中阶段教育的需求，党的十六大明确提出

---

① 国家教育发展研究中心编著：《2003中国教育绿皮书——中国教育政策年度分析报告》，教育科学出版社2003年版，第175页。

② 杨润勇、杨依菲：《我国普通高中发展二十年政策回顾与分析》，《教育理论与实践》2010年第7期。

③ 万翼、叶清：《加快普及高中阶段教育背景下民办普通高中发展策略》，《教育学术月刊》2009年第12期。

要"基本普及高中阶段教育";党的十七大又适时地进一步提出"加快普及高中阶段教育";国家教育发展"十一五"规划纲要又明确提出,高中阶段教育入学率要从2006年的近60%,进一步提高到2010年的80%;《国家中长期教育改革和发展规划纲要(2010—2020年)》再次重申"加快普及高中阶段教育",并明确提出,到2020年普及高中阶段教育,实现2015年高中阶段教育毛入学率达到87%,2020年达到90%。加快普及高中阶段教育这一目标,是在我国综合国力显著增加、基本普及九年义务教育、高等教育大众化、人民群众对优质教育需求不断增加以及教育需求多元化等背景下提出来的。① 在加快普及高中阶段教育的社会背景下,普通高中作为高中阶段教育的重要构成部分,也相应地得到了发展。本书导源于对如何实现普及高中阶段教育发展目标的思考,进而,在普及高中阶段教育这一背景下,追问我国普通高中教育财政应作出怎样的安排。

(二)"后普九时代"普通高中教育免费的呼声强烈

中国普及义务教育的梦想始于清朝末年,② 怀揣这一梦想,中国人民进行着艰难的世纪接力。2011年11月,中华人民共和国用事实向世界宣告:中国全面完成普及九年义务教育和扫除青壮年文盲的战略任务。③ 在进入这样一个"后普九时代",一方面是义务教育的均衡发展问题成为关注的重点,另一方面则是高中教育问题得到更大程度重视。近年来国家虽不断重申普及高中阶段教育发展的目标,但普及并不意味着将高中阶段教育纳入义务教育。普及高中

---

① 祁占勇、司晓宏:《我国欠发达地区普通高中教育发展的现实困境与理性选择》,《教育科学研究》2009年第11期。
② 1904年清政府在《奏定初等小学堂章程》的《学务纲要》中明确指出:"初等小学堂为养正始基,各国均认为国家之义务教育。"该章程还明确提出:"此项学堂,国家不收学费,以示国民教育国家认为义务之本意。"这是我国历史上第一次由官方明确提出"义务教育"的概念,被认为是近代中国义务教育的正式发端。
③ 《中国普及九年义务教育和扫除青壮年文盲报告》,http://www.edu.cn/zong_he_news_465/20120911/t20120911_841283.shtml。

阶段教育中的"普及",一般是指高中阶段毛入学率①达到85%以上。② 然而,现实表明,当前我国普通高中,特别是农村普通高中存在大量的学生辍学现象。③ 有研究对普通高中生辍学原因的分析表明,家庭经济条件不允许是其辍学的重要原因。④ 要提高高中阶段毛入学率,实现普及目标,其首要的条件必然是增加投入以保证初中毕业生不因家庭经济原因而失去继续读书的机会。因此,"普及"强调了政府在实现普及高中阶段教育目标中的责任。目前国家为促进职业教育的发展,出台了《关于扩大中等职业教育免费政策范围 进一步完善国家助学金制度的意见》。然而对于普通高中而言,收取学费、择校费仍然是其经费构成的重要组成部分,高收费、乱收费问题也同时并存,这导致社会对普通高中收费问题积怨很深。同时,由于各地区经济水平的差异,省域范围之内的普通高中县际之间、学校之间差异大。在这样一个"后普九时代",普通高中实施免费教育的呼声强烈。

从国际上看,美国、加拿大、以色列等国家的高中教育都是属于义务教育的范畴。⑤ 然而,当下要求推行"十二年义务教育"为时过早,我们鼓励有条件的地区实施高中阶段教育免费,但综合我国的国情、国力,我国尚不具备延长义务教育的条件。⑥ 就我国的具体情况而言,走高中教育免费之路却是教育发展的必然趋势。近年来,我国部分地区已在陆续施行普通高中教育免费:县域经济发

---

① 高中阶段毛入学率是指高中阶段各类学校在校生总数与适龄人口总数的百分比,高中阶段毛入学率=高中阶段各类学校在校学生总数/高中阶段适龄人口数×100%。
② 林连光:《怎样理解"加快普及高中阶段教育"中"普及"二字》,《齐齐哈尔师范高等专科学校学报》2008年第4期。
③ 叶小红:《农村普通高中辍学现象的调查与分析——基于湖北省浠水县竹瓦高中的个案分析》,硕士学位论文,华中师范大学,2006年。
④ 仲献荣:《涪陵地区普通高中辍学现象的调查研究》,硕士学位论文,西南大学,2007年。
⑤ 朱家存、陈家斌:《我国普通高中教育的困境与出路》,"聚焦学校变革:中国经验与国际对话"国际学术探讨会,2011年,第97—101页。
⑥ 于忠宁:《延长义务教育年限呼声渐高 "免费高中"有多远》,《工人日报》2011年10月14日。

展较快的陕西省吴起县，自2007年开始实施15年免费教育；2007年珠海开始实行高中阶段教育免费；2008年唐山市免除公办普通高中公助在校生的基本学费；2011年四川双流县、陕西镇平县等也推行了高中免费教育；2012年春季重庆彭水县实施高中学费全免，秋季重庆渝中区开始实施高中免学费政策；内蒙古更是在2012年率先实现在一个省域之内实施免费高中。① 虽然普及高中阶段教育和延长义务教育并非同语，但高中实施免费教育，是教育发展的客观要求，也是保护因学费过高或家庭困难而无法入学的弱势群体的受教育权利，保障公民受教育权利的必然选择。回应普通高中教育免费的呼声，在普及高中教育的过程中，政府增加对普通高中教育投入的同时，如何发挥好教育财政配置资源以及监督资源使用的功能是教育财政不能回避的话题。

二 问题提出

教育财政活动是一个包括从资源筹集、资源配置再到资源使用这样三个层面的联动活动，只有把握住这三个层面的现实状况，才能从整体上了解教育财政系统的运行。目前普通高中教育财政面临教育经费不足、资源配置呈现"马太效应"、学校资源利用效率不高的问题，这成为本书确立研究方向的问题之源。

（一）普通高中教育投入不足与普通高中教育发展要求存在矛盾

近年来，政府不断加大对普通高中教育的投入，2002—2010年我国普通高中的财政教育投入从262.7亿元增长到1175.9亿元，预算内教育经费占普通高中总投入的比例从41.5%提高到58.7%，② 但普通高中教育经费仍然存在巨大缺口。由于普通高中教育拨款的基数小，普通高中教育在三级教育总经费中的比例仍然偏低。2009年全国教育经费在义务教育、高中教育和高等教育三级教育中的分配比例为50.47∶19.43∶30.20，③ 呈现出"两头大、中间小"的畸

---

① 高平：《今年起内蒙古实现高中免费教育》，《光明日报》2012年1月18日。
② 根据《中国教育经费统计年鉴》（2003—2011）计算得来。
③ 根据《中国统计年鉴》（2010）计算得来。

形发展趋势,在三级教育中普通高中成为教育发展的谷地,成为制约我国教育协调发展和人力资源开发的瓶颈。

现状表明,普通高中教育面临经费不足的困境,为维持学校的正常运行,增加学费、收取择校费成为学校经费的重要来源。由于政府责任的缺位使个人分担普通高中教育经费的比例偏高,导致"高中致贫"问题凸显。① 学费再加上其他费用,如资料费、补课费和在校生活费等,普通高中生一年的花费为7000—8000元,而2011年我国农村居民的家庭人均纯收入为6977元,② 一个农村家庭的收入仅能维持一个高中生的费用。中西部地区农村家庭收入更低,一般家庭根本无法承担如此大的一笔支出,有些家庭为了让孩子能上高中读大学,不得不举债度日,让家庭背上了沉重的经济负担。同时,有调查显示,民间资本对普通高中教育的投资意愿普遍不强。2009年,各级民办教育中,普通高中仅占7.5%,远远低于其他各类教育。③ 同时,即使收取了学杂费和择校费,仍有部分高中学校入不敷出,办学举步维艰,不得不负债经营,连支付利息都存在困难。同时,各地兴起示范高中建设热潮,许多省、市级重点高中为进行规模扩张和硬件建设,而加入负债的行列。时下,高中学校校长们把增加教育投入和还清债务列为当前普通高中教育发展最需要解决的问题。据江西省教育厅统计数据,截至2008年,江西省普通高中负债累计达15亿元,多数学校投入不足,办学条件亟待改善。④ 而陕西省某县6所普通高中欠债就高达1.5亿元,该县每年的财政收入仅有5000万元左右。⑤ 与普通高中教育投入不足相对

---

① 李芙蓉:《我国普通高中教育投入现状分析》,《教育发展研究》2008年第1期。
② 彭波:《论普通高中教育发展的现实藩篱及其突破》,《教育学术月刊》2012年第11期。
③ 彭波:《论普通高中教育发展的现实藩篱及其突破》,《教育学术月刊》2012年第11期。
④ 曾水兵、孙垂霞:《普通高中教育面临的发展困境与破解思路》,《教育学术月刊》2011年第6期。
⑤ 祁占勇、司晓宏:《我国欠发达地区普通高中教育发展的现实困境与理性选择》,《教育科学研究》2009年第11期。

应的是普通高中学校办学条件达标率偏低。2010年，全国普通高中体育运动场（馆）面积达标校数比例为81.6%，体育器材配备达标校数比例为81.1%，音乐器材配备达标校数比例为77.0%，美术器材配备达标校数比例为77.8%，理科实验仪器达标校数比例为84.6%，建校园网的学校占普通高中学校总数的比例为84.6%，达标校数均未达到85%。①从全国范围看，普通高中教育发展参差不齐，整体相对滞后，在高中教育普及进程中，普通高中教育经费短缺的问题将愈加凸显。普及高中阶段教育的前提之一就是政府必须提供充足的教育经费，基本实现学生免费入学。基于我国当前普通高中教育经费不足的现状，为普通高中阶段教育提供充足的资源，是促进高中阶段教育发展，推动高中阶段教育普及的首要任务。

（二）普通高中教育资源配置的"马太效应"加剧普通高中非均衡发展

中华人民共和国成立50多年来，为培养一批高级专门人才，国家采取了非均衡的发展策略，鼓励各级政府优先办好了一批重点高中，形成了各地重点高中和薄弱高中并存的局面。采取非均衡的发展策略，是我国在处于社会主义初级阶段的特定时期，国家为集中财力保证优秀人才的培养做出的合理决策。这一策略在促进"示范高中""重点高中"快速发展的同时，也导致了教育资源，特别是优质教育资源分布呈现极大的不均衡，重点与非重点高中之间形成巨大的差距。伴随社会经济的发展，义务教育均衡发展的逐步推进，教育公平理念深入人心，要求均衡配置普通高中教育资源，取消重点高中、重点班级，实现高中教育均衡发展的呼声高涨，这在追求高中教育均衡发展道路上迈出了重要的步伐。②

但是，目前普通高中实行县级负责的教育财政制度，因而，高中教育经费在很大程度上受地区经济水平的影响。普通高中属于非

---

① 资料来源于《2010年全国教育事业发展统计公报》。
② 马少兵：《高中教育非均衡发展原因及对策分析》，《商丘师范学院学报》2011年第11期。

义务教育阶段，近年来国家财政投资以外的其他渠道筹集的普通高中教育经费所占的比例越来越大，重点学校能够从多渠道筹资体制中获取更多的经费。同时，由于普通高中财务管理实行经费收支两条线的管理方式，很少有地区对教育财政收入实行统筹配置，结果是区域之间，县域内城乡之间、学校之间的普通高中教育资源不均衡进一步加剧，造成资源配置的"马太效应"，加剧普通高中教育发展不均衡的恶性循环。[1] 孔维虎的研究表明，示范性高中与普通高中、普通高中与乡镇高中之间的差异巨大，并且在不断加剧。[2] 高中教育普及化发展的要求意味着高中教育性质将发生转变，高中教育将不仅是人人应该接受的教育，而且应是人人能够接受的教育。缩小区域之间、城乡之间、学校之间的差距，促进普通高中教育均衡发展是普及高中阶段教育的应有之义，也是教育公平的重要内容。针对当前普通高中县级教育财政配置出现的"马太效应"问题，合理配置普通高中教育资源，缩小差距，促进高中均衡发展，将在很大程度上推动高中教育普及。

（三）普通高中教育资源浪费与建设节约型学校的要求背道而驰

教育资源的有限性与人们对教育需求的无限性是教育事业永恒的矛盾，而提高资源利用效率是缓解这一矛盾的重要途径。当前，在我国教育经费投入不足的情况下，如何提高现有教育资源的利用效率对整个教育事业的健康发展起着至关重要的作用。为切实提高教育资源的利用效率，教育部先后印发了《关于贯彻落实国务院通知精神做好建设节约型社会近期重点工作的通知》（教发〔2005〕19号）和《关于建设节约型学校的通知》（教发〔2006〕3号），要求迅速落实，积极做好建设节约型学校工作。2005年，温家宝总理在所作的《高度重视、加强领导，加快建设节约型社会》报告中

---

[1] 唐丽静：《从财政学角度分析我国普通高中教育》，《教育财会研究》2008年第6期。

[2] 孔维虎：《贵阳市高中"择校"问题研究》，硕士学位论文，东北师范大学，2007年。

强调,"教育部门要将建设节约型社会的内容纳入到中小学教育、高等教育、职业教育和技术培训体系"。节约型学校建设是以提高学校资源利用效率为核心,以促进学生全面发展为出发点,优化学校资源配置,提升学校办学效益,并不断促进自身可持续发展的一种新型学校发展模式。① 可见,提高资源利用效率,建设节约型学校也是建设节约型社会的必然要求。

然而,长期以来,我国教育资源浪费严重、利用效率不高的问题一直存在。② 我国普通高中在学校经费总体投入不足的同时,也存在着资源配置不合理、使用效率不高的问题。尤其是对重点高中而言,因其具有的资源积累优势可以为学校筹集充足甚至过剩的资源,而学校没有节约成本的动机,导致资源浪费现象普遍。2005年,广州某中学为创建示范高中,仅拆迁费就花费了3个亿。③ 2006年,新华网报道,我国沿海某省一所县级中学,投资2亿多元,占地800亩,建筑面积12万平方米。该学校仅校园绿化维护一年也得几百万元。④ 这样的现象并非个别。陕西省某中学投资2亿多元,占地200多亩,校内体育馆、天象馆、音乐厅一应俱全。湖北一所名校,投资1.2亿元,学校校门长达近百米,十分气派。⑤ 重点高中的奢华风格是高中教育资源浪费的明显表现。除此以外,普通高中学校存在大量的资源闲置现象。笔者在一所高中调研时发现,该校图书室建设气派,书架上书籍排放整齐,从管理员处了解到这里有近十万本藏书,但除有部分教师借阅外,几乎没有学生借阅。原来学校图书室只有在上级检查或是兄弟学校参观时才开放。

---

① 王燕、赵云:《节约型学校的提出及其内涵初探》,《内蒙古师范大学学报》(教育科学版) 2007 年第 3 期。
② 丁建福、成刚:《义务教育财政效率评价:方法与比较》,《北京师范大学学报》(社会科学版) 2010 年第 2 期。
③ 孺子:《示范高中的政策亟须匡正》,《羊城晚报》2005 年 10 月 31 日。
④ 张晓晶、丁锡国、宋常青:《示范高中追求硬件高标准要由谁"埋单"》,《陕西教育》2006 年第 5 期。
⑤ 张晓晶、丁锡国、宋常青:《示范高中追求硬件高标准要由谁"埋单"》,《陕西教育》2006 年第 5 期。

而另外，多所乡镇上的普通高中学校花费大量资金为每个班级配置的多媒体教学设备，也只有在上示范课、公开课的时候才使用几次。可见，普通高中教育资源利用效率不高的现实与建设节约型学校的要求相违背。

综上所述，当前我国普通高中存在教育财政筹资不足、资源配置不均和资源利用效率不高的问题，这三个层面的问题是教育财政活动核心功能失灵的表现，是导致普通高中教育财政效率维持在较低水平的根本原因。鉴于此，正视我国普通高中教育财政的现状，在普及高中阶段教育的背景下，研究普通高中教育财政效率问题，探究普通高中教育财政效率缺失的制度根源，探讨普通高中教育财政制度应作出怎样的制度安排，才能有效保障教育财政功能的发挥，进而增进普通高中教育财政效率，这是本书的研究目的所在。

第二节　文献综述

通过对中国知网（http：//www.cnki.net）检索，以"高中教育投入""高中教育经费""高中教育成本"以及"高中教育财政"为题名进行模糊检索，对检索到的期刊论文、优秀硕士论文、博士论文、重要报纸文献以及会议论文统计发现，国内对普通高中教育投入相关问题的研究十分有限，且时间主要集中在2003年以后，同时，研究成果主要见诸学术期刊，硕博论文较少。对已有文献进行梳理，可将普通高中教育经费及教育效率方面的相关研究归类整理为以下几个方面。

一　普通高中教育产品属性的研究

普通高中的教育产品属性定位是其教育投入主体确认的依据。目前学者们对高中教育产品属性的看法主要有以下三类：①高中教育是准公共产品。王善迈教授认为，在现阶段，我国高中教育属于非义务教育,其性质属于准公共产品,判断的依据是:第一,高中教育在消费上具有排他性;第二,高中教育具有外部社会效益。①②高中教育是公共产品。王兆娟认为,在近几年高中教育产品在公共产品和私人产品构成的两极数表轴中,越来越趋向于公共产品,也即其公共产品属性越来越突出。②③高中教育产品属性的区域性。陈亚伟在认同普通高中教育是准公共产品的基础上,根据普通高中教育所处地域的不同,将我国三类区域经济的高中教育产品属性区分为以下三类:A类地区的普通高中属于"区域性准公共产品",B类地区则属于"准全国性公共产品",而C类地区则属于"全国性公共产品"。③ 由此可见,当前对普通高中教育产品性质尚存争议,要确认普通高中投入主体,需要重新审视当前我国普通高中教育产品属性。

二 普通高中教育成本分担的研究

虽然学术界对普通高中教育产品属性的认识尚不一致,但大多数学者都认同政府应是高中教育成本分担的主体,只是对政府和个人共同分担高中教育成本的比例持不同的意见。陈文娇认为,当前我国高中教育应该由政府和个人共同分担成本,且个人分担的比例应低于政府分担的比例。④ 李亚勋、沈百福认为,现阶段至少做到普通高中教育个人分担的教育成本低于25%。⑤ 李芙蓉的研究则表明,在高中教育下一步的发展中,应该加大政府的投入责任,保证普通高中预算内教育拨款占总投入的比例达到50%以上。⑥ 刘泽云

---

① 王善迈:《教育投入与产出研究》,河北教育出版社1996年版,第274页。
② 王兆娟:《免费公办高中教育的矛盾与出路》,《2008年中国教育经济学年会会议论文集》,2008年。
③ 陈亚伟:《普通高中教育筹资中政府角色研究》,硕士学位论文,华东师范大学,2007年。
④ 陈文娇:《高中教育成本分担的理论与实证分析》,《江西教育科研》2007年第7期。
⑤ 李亚勋、沈百福:《公办普通高中教育投入的地区差异分析》,《教育科学》2009年第12期。
⑥ 李芙蓉:《我国普通高中教育投入现状分析》,《教育发展研究》2008年第11期。

在《我国高中阶段教育政府投入的实证分析》一文中指出，我国普通高中教育的政府投入比例既低于经济发展水平较高的 OECD 国家，也低于经济发展水平不如我国且高中阶段私立规模大于我国的印度尼西亚和印度等国。要实现普及高中阶段教育的目标，政府应承担更大的投入责任。① 并提出"2010 年前后，政府分担的比例应达到 70%，到 2015 年应达到 80%"。② 但由于我国经济发展水平存在很大的地区差异，在全国范围内实行一个标准不切合实际。因此，陈亚伟提出应依据我国三类区域情况，构建有差异性的普通高中教育筹资模式，在 A 类地区实行"以省为主、以县为辅"的教育筹资制度；B 类地区实行"以中央和省级政府为主，县级政府为辅"的教育筹资制度；C 类地区实行"以中央政府为主，省级政府和县级政府为辅"的教育筹资制度。③ 当然，普通高中属于非义务教育，"非义务教育的发展政府只能承担部分责任"。④ 然而，戚业国认为，尽管普通高中教育是非义务教育，但是当受教育者的教育收益主要是国家和社会时，那么这种非义务教育的成本也应由国家补偿。⑤ 同时，另有学者认为，高中教育应逐步纳入义务教育范畴，主要由国家财政负担。⑥ 可见，越来越多的学者们认为，政府应成为普通高中教育成本分担的绝对主体。董俊燕和杜玲玲认为应该增加政府分担比例，减少家庭教育负担，提高生均预算内教育经费投入，教育经费用于高中的比例应逐步提高，还应加大对经济不发达

---

① 刘泽云：《我国高中阶段教育政府投入的实证分析》，《教育发展研究》2008 年第 19 期。
② 刘泽云：《我国普通高中经费政府分担比例问题研究》，《教育与经济》2009 年第 1 期。
③ 陈亚伟：《普通高中教育筹资中政府角色研究》，硕士学位论文，华东师范大学，2007 年。
④ 杜育红：《教育发展不平衡研究》，北京师范大学出版社 2000 年版，第 150 页。
⑤ 戚业国：《教育成本分担中的几个认识问题》，《教育评论》1998 年第 3 期。
⑥ 闫建璋：《免费高中教育：开发我国人力资源的有效途径——高中教育产品属性的视角》，《中国教育经济学年会会议论文集》，2010 年。

地区的财政转移支付。①

三 普通高中教育经费问题的研究

(一) 普通高中教育财政性投入相关研究

从教育经费的投入来看,目前我国普通高中教育的投入水平很低,学者们就当前高中教育财政性投入现状进行了大量有益的研究。我国普通高中目前执行的是全国统一的"以县级政府为主、中央和省级政府为辅"的多级财政投入体制。有学者认为,目前实行的县级负责的普通高中教育财政制度忽略了地方政府所具备的财力,OECD国普通高中执行"以县为主"的财政投入体制的国家,其人均GDP比较高,比如美国,2006年其人均GDP达42076美元。② 而我国同期的人均GDP仅为2010美元。2013年OECD主要成员国在普通高中教育财政经费占GDP比重这一指标上的均值为1.07%,其中比利时最高达到了1.9%,日本最低但是也达到了0.7%,而我国仅为0.36%,远低于OECD的水平。③ 在我国现有的经济发展水平下,执行全国统一的普通高中财政投入比例,可能会由于地方政府财力不均导致各地高中教育发展不均衡的现象。彭湃、陈文娇分析了我国高中教育经费来源构成,得出1996年到2003年,政府投入从83.2亿元增长至289.4亿元,非政府投入从86.2亿元增长至387.5亿元;从增长速度上看,政府投入仅增长了2.5倍,非政府投入增长了3.5倍,政府投入增长速度远低于非政府投入。④ 黄晶晶认为我国普通高中教育经费主要由政府拨款和预算外收入构成,我国普通高中教育总经费从2006年的1087.6亿元

---

① 董俊燕、杜玲玲:《教育成本分担结构对普通高中教育质量的影响——基于1998—2011年省级面板数据的分析》,《教育经济评论》2016年第4期。

② 覃利春、沈百福:《OECD成员国普通高中财政投入及其启示》,《教育发展研究》2011年第7期。

③ 唐一鹏、薛海平:《普通高中教育财政的充足性与公平性研究》,《首都师范大学学报》(社会科学版) 2017年第4期。

④ 彭湃、陈文娇:《我国普通高中教育成本分担研究——理论、实证分析与政策建议》,《教育发展研究》2007年第4期。

增加到 2010 年的 1779.4 亿元，预算内教育经费由 468.0 亿元增加到 985.3 亿元，预算外经费从 619.6 亿元增加到 794.1 亿元，预算外经费的数额增长不及预算内经费的数额增长。① 孔养涛的研究得出，当前我国普通高中教育经费的投入严重不足且不均衡。2004 年普通高中的经费投资中，国家财政性投资占当年普通高中教育投资的 40.8%，高等教育投资中国家财政性投资占 44.73%，初级中学教育投资中国家财政性投资占 71.30%。高中教育财政投入没有体现以政府投入为主的普通高中教育政策。② 刘泽云利用 1998 年以来全国及各省市的数据，分析了我国普通高中教育经费政府分担比例的变化趋势和地区差异，得出从 1998 年到 2006 年，我国普通高中教育经费政府分担比例的总体趋势是先下降然后上升，2003 年达到 53.11% 的最低点，到 2006 年上升到 58.96%。③ 傅志明在对我国财政教育支出层级结构问题研究中得出，2014 年我国普通小学和普通初中教育支出中财政经费所占比重分别为 95.78% 和 94.07%，普通高中教育支出中财政经费所占比重呈"U"形，最低值是 2003 年降到 39.05%，后逐年上升到 2014 年的 77.99%。2014 年普通高等教育支出中财政经费占比 60.46%。④ 李芙蓉的研究表明，近年来各级政府对普通高中教育越来越重视，普通高中教育投入实现了快速增长；但同时我国普通高中教育拨款的基数小，在各级教育中是最低的，尽管增长快，但其总量仍较少，只有普通高校的一半左右。⑤ 沈有禄、范先佐的研究得出，高中预算内生均经费占总生均经费的比例以及预算内生均事业经费占总生均事业经费的比例不高，

---

① 黄晶晶：《我国普通高中教育经费来源的多元化问题研究》，硕士学位论文，广西师范大学，2014 年。

② 孔养涛：《论欠发达地区普通高中教育投资体制的现实困境与体制选择》，《湖南医科大学学报》2010 年第 3 期。

③ 刘泽云：《我国普通高中经费政府分担比例问题研究》，《教育与经济》2009 年第 1 期。

④ 傅志明：《我国财政教育支出层级结构问题研究》，硕士学位论文，集美大学，2017 年。

⑤ 李芙蓉：《我国普通高中教育投入现状分析》，《教育发展研究》2008 年第 11 期。

2003—2006年均不足50%，只有到了2007年才勉强超过50%，分别达到50.62%和50.38%，说明我国各地对高中经费的财政性投入不高。①"有的县（市）级财政除了仅仅提供普通高中教师的部分工资外，其余全部支出都由学校自筹，有的高中甚至还成为了当地教育行政部门的创收机构。"②徐彩霞的研究表明，我国普通高中教育经费由2012年的2847.75亿元增加到2016年的3847.76亿元，普通高中教育经费支出规模的总量是逐年递增的，政府对普通高中教育虽然有所重视，但重视程度还有待提高，与国际相比，我国政府对于普通高中教育投入处于偏低行列。③

具体到地区而言，宋飞琼对河南省1998—2006年政府投入普通高中教育的经费进行统计分析的结果表明，与国内同期其他省市的普通高中教育经费投入情况相比，河南省普通高中教育经费政府分担的比例偏低，提高学费增加普通高中教育经费收入的空间不大。因此，应强化政府对普通高中的财政责任，努力提高预算内经费投入比例。④盖素霞对河北省平山县三所高中教育现状的实地调查研究表明，平山县教育投入不足，整体投入低，学校教学设备落后，学生生活环境差。"学生住宿紧张，八个人的标准学生宿舍一般都是12个学生居住，宿舍内非常拥挤。此外学生的就餐条件也十分简陋，学生一般都是在食堂前面一块空地上，蹲在地上就餐，遇到雨雪天气则只能挤在宿舍。"⑤高中学校在政府投入不足，且不能在短时间内大幅度增加收入时，学校便大规模举债办学。"民族地区高

---

① 沈有禄、范先佐：《各地高中生均经费配置不平等状况分析》，《教育科学》2010年第8期。
② 朱家存、陈家斌：《我国普通高中教育的困境与出路》，"聚焦学校变革：中国经验与国际对话"国际学术探讨会，2011年。
③ 徐彩霞：《我国普通高中教育财政供给效率研究》，硕士学位论文，河南财经政法大学，2019年。
④ 宋飞琼：《河南省普通高中教育经费政府投入的实证分析》，《河南职业技术师范学院学报》2009年第4期。
⑤ 盖素霞：《农村普通高中教育存在问题的调查——以平山县3所中学为例》，硕士学位论文，河北师范大学，2009年。

中教育的政府投入不足，负债发展是民族地区优质高中运行的普遍状态。"① 于璇对我国中西部贫困地区普通高中教育的危房进行统计得出，2016年全普通高中共有587.2万平方米的危房，占全国普通高中总校舍面积的1.19%，超过90%的普通高中学校危房都分布在中西部地区，其危房面积有扩大的趋势，甘肃、云南、广西、江西普通高中的危房率高于全国平均水平。普通高中的危房不仅严重扰乱正常的教学秩序，还威胁到了学校师生的人身安全，比如发生在2017年的双峰四中校舍垮塌事件。② 范慧娟通过对黑龙江普通高中教育经费使用结果情况进行分析得出，黑龙江的普通高中教育经费主要用于支付教师工资和资助学生，用于改善办学条件和增加教学设施的资金投入相对较少。③

（二）普通高中教育非财政性投入相关研究

面对高中教育财政投入不足的现状，寻求非财政性收入是高中教育筹资的另一途径，而提高学杂费标准成为首要选择。有研究表明，1996年至2003年，政府分担高中教育成本的比重逐年下降，个人分担的比重逐年上升。④ 2002年至2008年，我国普通高中教育的学费收入持续增长，由2002年的162.27亿元增长到2008年的439.48亿元。⑤ 高额的学杂费已经引起群众的强烈不满，甚至在一些地方曾经出现学生不堪重负而罢课的现象。⑥ 提高学费标准会面临巨大的社会压力。2006年重庆市因大幅度调整高中学费，学费暴

---

① 殷正明：《对贵州民族地区优质高中教育资源建设的思考》，《黔南民族师范学院学报》2008年第2期。
② 于璇：《我国中西部贫困地区普通高中教育发展困境与治理路径研究》，博士学位论文，华东师范大学，2019年。
③ 范慧娟：《黑龙江省普通高中教育经费问题研究》，硕士学位论文，黑龙江大学，2016年。
④ 彭湃、陈文娇：《我国普通高中教育成本分担研究——理论、实证分析与政策建议》，《教育发展研究》2007年第4期。
⑤ 李楠：《我国普通高中教育普及化进程中教育成本分担问题研究》，硕士学位论文，河南大学，2011年。
⑥ 陈文姣：《高中教育成本分担的理论与实证分析》，《江西教育科研》2007年第7期。

涨 3—6 倍，引起媒体广泛关注，最后由副市长出面向公众解释原因。① 通过对"高分数"学生收取较低的学费，对"低分数"学生收取高额择校费，可转移公众的关注点，但由此可能引发高中学校乱收费。有学者认为，目前，扩大择校生比例，收取高额的择校费和设置多轨收费制度使高中收费政策混乱，也为一些学校的乱收费提供了可乘之机。② 目前的择校费不仅大大高出教育成本，而且已经远远超过居民的承受能力。李芙蓉对 2000—2006 年的教育经费数据进行分析的结果表明，我国普通高中个人分担的比例偏高，引起"高中致贫"现象。③ 以江西省为例，2002 年江西农民人均纯收入为 2334 元，以一家四口计算，一个家庭要负担一个择校生 3 年的择校费约 3 万元，需要全家 3 年多不吃不喝。④ 高一子通过对家庭承受能力的分析发现，有超过 84% 的家庭负担不起高中教育支出，而不得不向银行、亲朋好友借钱。⑤ 高额择校费的收取，导致了一系列的问题，如教育资源配置不均衡；教育寻租行为的产生；加重低收入家庭负担，损害教育公平。⑥ 目前，除学费和择校费外的高中学校的非财政性收入很低。高中教育经费中的私人办学、社会捐集资办学和其他教育经费总投入比例低且呈现出大幅度下降的趋势，尤其是社会团体和公民个人办学经费的比例 5 年间下降了近 13 倍。⑦ 张翔认为，很多学校为缓解教育资源经费不足，出现高中教育乱收费的现象，教育资源投入不均衡衍生出了高昂的择校费问

---

① 《重庆高中学费"涨三倍"事出有因》，《中国经济时报》2006 年 8 月 29 日。
② 王迁：《浅议普通高中教育的政府经费分担责任问题》，《周口师范学院学报》2009 年第 1 期。
③ 李芙蓉：《我国普通高中教育投入现状分析》，《教育发展研究》2008 年第 11 期。
④ 冷淑莲、冷崇总：《江西高中教育收入与成本分析》，《金融与经济》2004 年第 6 期。
⑤ 高一子：《影响经济欠发达地区农村家庭普通高中教育选择因素的经济学分析——以吉林省农村为例的实证分析》，硕士学位论文，东北师范大学，2007 年。
⑥ 张静、钱志祥：《我国高中择校费的经济学分析》，《现代教育科学》2010 年第 4 期。
⑦ 李楠：《我国普通高中教育普及化进程中教育成本分担问题研究》，硕士学位论文，河南大学，2011 年。

题,提高学费标准后,有的贫困家庭会承担不起学费而出现上学困难的问题。① 于璇认为,不断上涨的普通高中教育收费为很多贫困家庭造成了沉重的经济负担,他根据《中国教育扶贫报告2016》的数据分析出安徽、河南、湖北等都是因学致贫较高的省份。② 以湖南省为例,普通高中生一年的学费加上其他费用在5000—6000元,而一个家庭的收入只能勉强供一个高中生上学的费用。③ 社会投入收入和校办产业收入在普通高中教育经费中所占比例非常少,政府投入的比重偏低,所以在很大程度上都依赖于学费,导致个人分担成本偏高,家庭对教育支出压力大,影响了教育公平目标的实现。④ 由于高中教育投资的资金回报周期长、平均收益率低等特点,加上一些政策的束缚,导致很多民间资本不愿意投资到高中教育当中来。⑤

（三）普通高中教育投入不足原因分析的研究

众多学者将当前高中教育投入不足的原因归结为政府责任缺失。王迁认为,当前我国高中教育阶段政府经费责任普遍存在政府职责"缺位"和"错位",政府经费责任法律划分难以操作,事权混乱,中央和地方政府经费职责区分不明确等突出问题。⑥ 杨润勇等以教育部（原国家教委）1989—2009年以来《工作要点》为线索,对我国不同阶段教育政策进行分析,得出20年教育政策的战略主线为"普及（巩固、提高）九年义务教育,大力发展职业教育,提高高

---

① 张翔:《我国高中教育收费规范化路径研究》,硕士学位论文,南昌大学,2013年。

② 于璇:《我国中西部贫困地区普通高中教育经费投入：成就、问题及对策》,《教育学报》2019年第3期。

③ 刘建民、毛军、吴金光:《湖南省普通高中教育经费投入：现状、问题及对策》,《湖南社会科学》2012年第5期。

④ 刘建民、唐婷、吴金光:《教育经费投入与支出对普通高中发展的影响——基于湖南省的分析》,《中国教育学刊》2012年第12期。

⑤ 储诚炜、徐创洲:《普通高中教育经费投入保障机制研究》,《教学与管理》2013年第27期。

⑥ 王迁:《浅议普通高中教育的政府经费分担责任问题》,《周口师范学院学报》2009年第1期。

等教育质量"。① 基于这样的教育发展政策,普通高中教育受到一定程度的忽视和轻视,其投入不足似乎是必然。而张文认为,高中教育经费短缺的现状,是由于社会力量投入不足。2005年,在高中教育投入中,对社会力量办学的投入比例只有7%,由于政府投入不足一半,因此剩下的部分只能靠学费来弥补。② 陈亚伟从多个层面对高中教育投入不足的原因进行归纳得出:分税制使县、乡两级政府履行公共服务的能力大大下降,普通高中教育筹资在很多时候心有余而力不足;普通高中教育筹资事权划分不科学,财政转移支付制度未到位;普通高中教育利益集团在整个教育系统利益集团中处于弱势地位等。③ 还有学者认为,是因为地方财政对普通高中学校的支持力度不够;非财政性教育投入渠道没有充分发挥作用;教育部门经费紧缺和浪费并存,资金使用效率不高;教育收费标准偏低;财政配置城乡不均衡的原因导致高中教育经费短缺。④ 可见,总体而言,国家对高中阶段教育的投入总量在不断增加的同时,从教育投资来源看,教育投入渠道逐渐变窄。⑤ 靳思昌认为,普通高中教育经费的投入缺少法律保障和政策支持,"由地方政府负责,分级管理,以县为主"的"低重心"体制导致政府公共财政对普通高中教育经费投入不足,现有的公共财政政策中普通高中教育投入的规定没有行使这种权利的细化的规则支持,在对各级政府普通高中教育发展的评价指标中,除了入学率以外,既没有公共财政对普通高中教育经费投入和增长的硬性要求,也没有相关生均公用经费标准、生均教育事业经费标准,而且没有将普通高中教育经费投入

---

① 杨润勇、杨依菲:《我国普通高中发展二十年政策回顾与分析》,《教育理论与实践》2010年第7期。
② 张文:《高中教育发展失衡的现状、原因及对策》,《教育探索》2008年第11期。
③ 陈亚伟:《普通高中教育筹资中政府角色研究》,硕士学位论文,华东师范大学,2007年。
④ 陈玉华:《西部贫困省区普通高中财力资源配置现状调查与分析》,《教育发展研究》2005年第4期。
⑤ 沈百福:《20世纪末我国教育投资变动分析》,《教育科学》2002年第1期。

纳入各级政府政绩评价范围,这就导致了各级财政对普通高中教育经费的投入自由裁量权过大,完全取决于政府部门及其领导干部对普通高中的认知高度和重视程度。①

(四) 普通高中教育投入差距的相关研究

普通高中教育经费由县级负责,由于地区、城乡之间存在巨大经济差异,加之重点学校能够从多渠道筹资体制中获取更多的经费,结果是地区之间、城乡之间、重点与非重点之间普通高中教育投入不平衡程度进一步加剧。②"一些东部省市已经普及了高中教育,可以像发达国家一样逐步推行免费高中教育,而广大的中、西部地区,特别是西部农村,政府举办高中教育的能力非常有限。"③"西部地区普通高中教育的资源非常滞后……无论是教育经费、基础设施还是师资力量,西部地区普通高中教育都远远落后于东部地区和全国平均水平。"④刘泽等以1996年、2000年和2004年作为三个观察时间点,通过变异系数对我国31个省、自治区、直辖市基础教育生均教育经费进行分析,发现我国地区间高中教育投入的相对差异很大,在省际间的不均衡已很明显。⑤沈百福也对我国31个省、自治区、直辖市的普通高中的生均教育经费、生均学费及学费占教育经费比例、生均教育拨款等进行地区差异相关分析,其结果表明,普通高中生均学费基本是发达地区较高,欠发达地区较低。按四类地区划分,我国普通高中生均学费的地区平均值分别为:京

---

① 靳思昌:《我国普通高中教育经费保障机制研究》,《产业与科技论坛》2017年第1期。
② 唐丽静:《从财政学角度分析我国普通高中教育投入》,《教育财会研究》2008年第6期。
③ 汪燕:《西部农村地区普通高中教育投入问题小议论》,《科技创业月刊》2007年第12期。
④ 张亚丽、邵芳方:《中国西部地区普通高中教育发展现状及问题分析》,《现代教育科学》2008年第4期。
⑤ 刘泽、侯风云:《我国基础教育投入地区差异的量化分析》,《华东经济管理》2007年第9期。

津沪1759元、东1276元、中883元、西574元。① 沈有禄等通过对各省区市普通高中生均经费的各种差异指标分析发现，在总生均经费方面，上海、北京、天津、浙江、广东、江苏等地区与陕西、河南、贵州、甘肃、江西、青海等地区的差距及其与全国平均水平之间的差距越来越大；在生均预算内经费方面，上海、北京、西藏、天津、广东、浙江等地区与河南、陕西、湖北、湖南、安徽、贵州等地区的差距及其与全国平均水平间的差距越来越大。② 于璇对我国各地区2006年到2016年这10年来普通高中教育经费投入情况分析得出，中西部贫困地区普通高中教育经费投入不足，与经济发达地区差距较大。其中2006年东部地区生均预算内教育事业费比中西部地区加起来还要多，2016年东部地区分别是中部地区和西部地区的2倍和1.6倍。③

我国城乡之间、重点与非重点普通高中学校投入也存在巨大差距。各级政府都把重心放在建设和发展城镇的中学上，稀有的优质资源往往向城镇集中，农村高中的教育投入极其有限。④ 孔维虎通过对贵阳市普通高中非均衡发展的研究表明，示范性高中与普通高中、普通高中与乡镇高中之间的差异巨大，并且在不断加剧。⑤ 除财力投入外，在教师人力资源投入方面，市域内学校间也存在巨大差异。有调查显示，示范性高中教师本科毕业率为58%—92%，非示范性高中只有22%—55%；示范性高中高级教师占13%—29%，

---

① 沈百福：《我国普通高中学费的地区差异分析》，《当代教育论坛》2006年第5期。
② 沈有禄、陈浩：《全国分地区普通高中生均经费差异分析》，《现代教育管理》2010年第7期。
③ 于璇：《我国中西部贫困地区普通高中教育经费投入：成就、问题及对策》，《教育学报》2019年第3期。
④ 陈凤兰：《我国农村高中教育的现状及原因分析》，《青海民族大学学报》2010年第2期。
⑤ 孔维虎：《贵阳市高中"择校"问题研究》，硕士学位论文，东北师范大学，2007年。

而非示范性高中只有0—11%。① 刘建民、毛军和吴金光对湖南省同一个地区不同类型的普通高中教育经费投入的研究表明,示范性高中生均教育经费为8998.03元/人,非示范性高中为8359.19元/人,由此可见经费投入的差异十分明显。②

(五) 普通高中教育资源利用的相关研究

原苹的研究表明,当前普通高中学校的教学仪器、设备和图书资料利用效率不高,重复建设、低水平重复、追求"小而全"和外延发展的现象普遍存在。③ 陈玉华的研究表明,甘肃省普通高中财政预算内教育事业费的增长,不抵个人部分的政策性增资和新增人员的支出,加上物价上涨的原因,实际的学校公用经费逐年下降,使学校教学设施难以齐全、合理的办学条件难以形成,也无法保证教学任务的完成。同时加之学校规划和管理不到位,学校布局不够合理,重复办学、重复设置、条块分割,使多方筹措争取来的教育设备闲置,资金重复投放,教师队伍臃肿,冗员增多,导致普通高中教育资源极大浪费。④ 宋飞琼的研究表明,由于缺乏提高教育资源利用率的有效机制,公办高中教育资源浪费现象大量存在,如财务管理混乱,开支随意,账外有账;财产无人管理,损坏流失,甚至新进的几万元的设备搁置一年半载不用仍属正常现象;教师闲置或无故离岗现象时有发生。⑤ 可见,目前普通高中学校更多是重视经费的争取,而对经费的使用和管理未给予足够的重视,学校财务制度也不健全,导致使用过程中的漏洞和浪费时有发生。这种"既

---

① 彭湃、周自波:《双轨制成本分担与高中教育公平》,《当代教育科学》2008年第15期。

② 刘建民、毛军、吴金光:《湖南省普通高中教育经费投入:现状、问题及对策》,《湖南社会科学》2012年第5期。

③ 原苹:《我国公办普通高中教育财政投入问题研究——以江苏省公办普通高中为例》,硕士学位论文,南京师范大学,2010年。

④ 陈玉华:《西部贫困省区普通高中财力资源配置现状调查与分析——以甘肃省13个样本市(区)各级普通高中为个案》,《教育发展研究》2005年第4期。

⑤ 宋飞琼:《公办普通高中教育投资效率研究》,硕士学位论文,天津大学,2003年。

缺经费却又浪费、既没钱却又乱花钱"的状况，无疑进一步加剧了经费的短缺。① 黄晶晶认为，我国普通高中教育经费管理不善，资源利用率低，体现在两个方面：一个是教育经费使用的低效。不同的学校在拥有同样的资源情况下，好的学校会比差的学校取得好的教育成果，教师在利用教师资源时出现低效。另一个是教育投资效益不高。普通高中教育经费被挪用到了其他领域，地区间的分配差距大，经济发达地区学校设备奢华浪费，偏远地区设备落后、留不住优秀老师等问题，这些都造成了教育效率低下。②

（六）普通高中教育经费问题的对策研究

针对当前普通高中教育投入存在的问题，学者们提出了有益的对策，从投入体制来看，主要包括以下四个方面。

一是加大政府投入力度，确立政府责任。从目前来看，以县为主的高中教育财政投资体制不能有效解决基础教育投入不足的问题。当前必要的做法是，正确、科学地划分中央和地方的事权，强化中央和省级的投资责任。③ 叶天莲认为，应加强和完善教育立法；建立促进高中教育公平发展的教育财政制度；实行12年义务教育。④ 王媛博也认为，适当延长义务教育年限，将普通高中阶段教育纳入义务教育的范畴，是确保国家对普通高中教育投入主体地位的重要而可行的举措。⑤ 范慧娟认为政府应该制定有关普通高中教育经费投入的法律法规，制定合理的投入标准，以法律的形式确立社会与个人的投入分担比例，完善投入法以及普通高中教育法等相

---

① 熊尔康：《我国普通高中教育经费问题研究——以西部地区某城市普通高中为个案》，硕士学位论文，东北师范大学，2007年。
② 黄晶晶：《我国普通高中教育经费来源的多元化问题研究》，硕士学位论文，广西师范大学，2014年。
③ 杨猛猛：《我国基础教育财政支出效率研究》，硕士学位论文，厦门大学，2007年。
④ 叶天莲：《农村家庭高中阶段教育投资现状及其影响因素研究——以赣州市为例》，硕士学位论文，南昌大学，2008年。
⑤ 王媛博：《我国现行普通高中国家投入问题探究》，硕士学位论文，东北师范大学，2008年。

关法律法规的制定。① 刘建民、毛军和吴金光认为应加快普及普通高中阶段教育,到 2015 年政府对普通高中的投入比例应力争达到 75%,为普通高中教育发展提供必要、充分的经费来源,逐步降低家庭在教育成本分担中的比重。②

　　二是多渠道筹集经费,补充教育资源。某高中学校校长认为,从为学校筹资角度看,增加学费收入可以缓解学校的资源短缺。"建议政府将普通高中的收费标准适当提高,一来可有效解决学校发展资金短缺的问题,二来对一般家庭的负担也不会很重。"③ 沈百福认为,当前在我国高中教育阶段,人均教育投资的地区差异显著,且学杂费占教育经费总量比例的地区差异显著,高中教育收费应从国情出发,实行差别定价。④ 关于高中学费的收费标准,有学者认为应参照国际经验,推行高中收费制度改革的基本原则,即非义务教育学杂费标准应以 60%家庭能负担的金额作为基准线,以 80%家庭能负担的金额作为助学金和贷款的补助线,低于补助线的家庭要得到政府补助。⑤ 刘复兴认为,大力发展民办高中,鼓励民间资本进入普通高中也是解决普通高中教育经费不足的有效途径。民办普通高中不仅在于扩大了人民群众接受教育的机会,缓解了教育经费不足的矛盾;同时,它还以先进的办学理念、灵活多样的办学机制和优胜劣汰的市场法则,给普通高中教育改革和发展注入生机和活力。⑥ 然而,营利性民间资本进入普通高中教育领域挑战着

---

　　① 范慧娟:《黑龙江省普通高中教育经费问题研究》,硕士学位论文,黑龙江大学,2016 年。
　　② 刘建民、毛军、吴金光:《湖南省普通高中教育经费投入:现状、问题及对策》,《湖南社会科学》2012 年第 5 期。
　　③ 江西省干部培训中心:《高中发展与教育资源配置——高中校长座谈综述》,《江西教育学院学报》2005 年第 2 期。
　　④ 沈百福:《20 世纪末我国教育投资变动分析》,《教育科学》2002 年第 2 期。
　　⑤ 刘复兴:《事业单位改革背景下我国高中学校的分类管理与投入体制研究》,《华南师范大学学报》(社会科学版)2010 年第 12 期。
　　⑥ 张亚丽、邵芳方:《中国西部地区普通高中教育发展现状及问题分析》,《现代教育科学》2008 年第 4 期。

普通高中教育的公益性，因而，良好的制度安排就成为保障营利性学校在追求合理营利时实现教育公益性强有力的手段。唐丽静认为，这就要建立营利性学校的资格认证、注册审批和解散淘汰标准和制度，把好入口关和出口关；明确规定普通高中最基本的质量标准；明确规定学校收费标准，把教育成本控制在合理限度内；建立校务公开制度。① 陈亚伟认为，在普通高中教育筹资中引入现代金融手段也是可行的。"在偿还能力较强的地区，政府可以发行专门针对普通高中教育的债券，允许债券在市面上自由流转；中央可以发行教育彩票，并在所得收益中专门划拨出部分作为普通高中教育发展所需经费。在政府财力较困难的地区，可推行银校合作；设立普通高中教育发展专项基金。"② 也有学者倡导以股份制形式创办"国有民办"的高中教育，并主张运用市场手段调整学校的择校费、借读费和赞助费。③ 还有学者认为，可借鉴高速公路建设的经验，采取"BOT"（Build-Operate-Transfer）模式，通过承认投资者若干年的盈利权来吸引大量的市场投入，既能在短期内为高中教育筹集资源，又能通过以盈利权换产权的方式提高政府可控的高中数量。④ 范慧娟认为可以通过社会人士和政府以及家庭的共同努力来加大普通高中教育经费，社会投入有两个方面：一是社会捐赠，政府制定优惠政策鼓励社会团队和个人进行捐赠。二是民办学校的发展，发展民办学校有利于政府财政教育经费投入的分流，将"积极鼓励，大力支持，正确引导，依法管理"的民办学校发展方针落到实处。⑤

---

① 唐丽静：《从财政学角度分析我国普通高中教育》，《教育财会研究》2008年第6期。

② 陈亚伟：《普通高中教育筹资中政府角色研究》，硕士学位论文，华东师范大学，2007年。

③ 江西省教育科学研究所课题组：《江西省加快高中教育发展经费问题的若干分析》，《江西教育科研》2003年第9期。

④ 丁宏：《制度安排在普通高中教育发展中的作用》，《郑州航空工业管理学院学报》（社会科学版）2006年第4期。

⑤ 范慧娟：《黑龙江省普通高中教育经费问题研究》，硕士学位论文，黑龙江大学，2016年。

三是均衡配置资源，改变投入不均衡状态。针对当前高中教育不均衡的现状，有学者提出在多渠道增加投入的同时，应合理、有效、公平地配置县域内的教育资源；加大对薄弱学校的投入和改造；科学测算高中阶段学校经费需求，建立省级统筹的经费投入和管理体制。① 李娟也认为，对于东部地区和中西部经济发达地区，主要由县、市级政府承担高中教育经费责任，省级政府统筹安排本省教育经费，基本实现本省区域内普通高中学校的均等化拨款；中西部经济欠发达地区，由省级政府为主承担普通高中教育经费责任，中央政府承担均衡省际间财政能力的责任。② "对经济特别落后的地区，中央要加大财政转移支付力度，以相应的监督保证机制，保证资金足额到位；对经济欠发达的地区，应提高高中教育经费中中央财政的比例，发挥中央政府的主导作用；对经济较发达地区，应以省级和县级财政投入为主导，加强省级财政转移支付的力度；对经济发达地区，地方财政可以承担起全部责任，并通过省级财政的转移支付实现省内高中教育的均衡发展。"③ 祁占勇、司晓宏也认为，"中央和省级政府应加大对欠发达地区普通高中教育经费的统筹力度……省、市、县政府应分项目、按比例分担普通高中教育所需经费，将普通高中的教育经费纳入各级政府的财政预算，实行普通高中教育经费单列，并依法建立高效、透明的教育财政预算、拨款、评估制度"。④ 考虑到目前我国普通高中贫困家庭学生的资助政策被排除在国家政策体系之外，李芙蓉认为，普及高中阶段教育目标日益临近，普通高中贫困家庭学生的资助问题将愈加突出。因

---

① 张绘：《我国公办普通高中校际间资源配置不公平现象的分析——以我国中部地区某县的调查研究为例》，《继续教育研究》2009年第3期。
② 李娟：《我国普通高中教育财政体制问题研究》，硕士学位论文，东北师范大学，2010年。
③ 刘泽、侯凤云：《我国基础教育投入地区差异的量化分析》，《华东经济管理》2007年第9期。
④ 祁占勇、司晓宏：《我国欠发达地区普通高中教育发展的现实困境与理性选择》，《教育科学研究》2009年第11期。

此,"需要建立中央、地方各级政府和学校'分项目、按比例'共同分担的贫困家庭学生资助体系,使贫困学生也能平等地接受教育,不因贫困而失学"。① 从长远来看,我国高中教育发展的最终目标应是高位均衡发展,但这在现阶段很难实现。冯建军认为,目前要做的是保证高中教育发展的底线,实现底线均衡。高中教育的发展应不再是对重点高中的锦上添花,而应是对薄弱学校的雪中送炭,高中教育均衡发展应是把重点放在扶持基准以下的薄弱学校。② 为实现教师人力资源的均衡配置,有学者认为,可建立高中教师跨校兼课的合理流动制度,以解决地区之间、学校之间固有的师资队伍不均衡的问题,实现优质人力资源的优化配置。③ 刘建民、毛军和吴金光认为国家可设立专项奖金给予特别奖励,通过移动支付的手段,使教育资源偏向弱势地区和学校。④ 于璇认为要加大中央政府中西部贫困地区普通高中教育转移支付力度,使教育资金真正用于解决普通高中教育发展中的实际困难,对于中西部贫困地区应以省级政府为主承担普通高中教育投入责任,并且要建立健全普通高中贫困生资助体系,增加普通高中教育资助资金的投入力度,重点向中西部贫困地区倾斜,精准资助,以缓解"高中致贫"现象。⑤ 张红岩认为要将区域内最低生均费和最高生均费之间的差距控制在一个合理的范围内,要实现底线均衡。⑥

四是合理利用资源,提高资源利用效率。在应对高中资源使用

---

① 李芙蓉:《我国普通高中教育投入现状分析》,《教育发展研究》2008年第11期。
② 冯建军:《普通高中教育资源公平配置问题与对策研究》,《教育发展研究》2010年第2期。
③ 麻晓亮:《我国普通高中教育非均衡发展的实证分析》,《中国农业教育》2008年第6期。
④ 刘建民、毛军、吴金光:《湖南省普通高中教育经费投入:现状、问题及对策》,《湖南社会科学》2012年第5期。
⑤ 于璇:《我国中西部贫困地区普通高中教育经费投入:成就、问题及对策》,《教育学报》2019年第3期。
⑥ 张红岩:《河南省普通高中教育经费投入的现状、问题与建议》,《行政科学论坛》2017年第7期。

低效率问题上,李少萍认为,应节约支出,提高资金使用效益:学校要根据国家方针政策、年度国民经济和社会发展计划指标,合理编制年度财务收支计划;精打细算,妥善安排;对事业支出、建设性支出、经营支出和对附属单位补助支出实行分类管理。① 殷正明提出,"对一些规模小、硬件差、师资力量薄弱、教学水平低的学校,果断地进行资源重组,盘活有限的教育资源,把分散的资源变成整体的资源,把潜在的资源变成现实的资源,让优质教育资源的作用得到最大限度发挥"。② 谢建社提出,国家应制定政策,制止面向学校的各种摊派或变相摊派,以减轻学校的负担,提高教育投入的使用效益。③ 黄晶晶认为,我国应该对普通高中教育经费制定一套较为完善的、合理的监督机制,分配比例是多少应公开公正向社会公布,防止普通高中教育经费挪作他用和出现教育腐败,还要建立健全预算支付管理制度,加强普通高中学校的财务管理,反对铺张浪费,提高普通高中教育经费的使用效率。④

四 教育财政效率的研究

经济学中的效率被沿用到教育领域之初,教育效率的外延主要是指教育资源利用效率,它是将教育视为经济或生产活动,从而计量其投入与产出之比。如果把1924年苏联经济学家斯特鲁米林发表的《国民教育的经济意义》一文,看作教育经济学成为一门独立学科的标志,那么我们可以认为教育经济学的产生就是源于对教育效率的关注。因为,斯特鲁米林的《国民教育的经济意义》就是运用劳动简化法第一次计量苏联教育投资对国民收入的贡献和收益率。⑤

---

① 李少萍:《我国高中教育收费存在的问题及对策研究——以泉州地区为例》,硕士学位论文,福建师范大学,2006年。
② 殷正明:《对贵州民族地区优质高中教育资源建设的思考》,《黔南民族师范学院学报》2008年第2期。
③ 谢建社:《提高中国教育投入效益刍议》,《企业经济》2000年第11期。
④ 黄晶晶:《我国普通高中教育经费来源的多元化问题研究》,硕士学位论文,广西师范大学,2014年。
⑤ 范先佐:《教育经济学》,人民教育出版社2000年版,第15页。

而后，教育经济学发展至今，教育效率问题没有淡出过教育经济学学者们的研究视野，只是对教育效率的研究有一个分水岭。从教育经济学产生到20世纪60年代，国外的学者们对教育效率的研究更多关注教育对经济增长的作用，也即宏观层面的教育的外部效率。其代表人物及文献有美国经济学家沃尔什的《人力资本观》（1935）、舒尔茨（W. Schultz）的《论教育的经济价值》、丹尼森的《美国经济增长的因素和我们的选择》（1962）和英国经济学家韦锥（J. E. Vaizey）与希恩（J. Sheehan）出版的《教育所用的资源》（1968）等，这些研究中都论及教育资源有效利用对促进经济增长的作用。到20世纪六七十年代，学者们对教育效率的研究开始侧重于对教育组织内部投入和产出之间的关系研究，也即更多关注学校内部资源的使用效率。这一时期，对于教育资源利用效率的研究大多采用回归统计法探究教育投入与产出的相关性，并得出学校资源投入、教师素质以及学生家庭背景等因素都与学生学习成绩之间存在一种正相关关系。① 这一阶段的研究成果丰富：美国经济学家科尔曼等（Coleman et al.）研究了学校投入包括教师特征、学校组织特性及社区等因素对学生学业成绩的影响，得出在学生的成绩决定因素中学校不是最重要因素，家庭，其次是同伴被认为是学习成绩的基本决定因素。② 英国经济学家布劳格（M. Blung）和伍德哈尔（M. Woodhall）采用时间数列分析的方法研究了英国大学教育的生产效率趋势。③ 海尼曼（A. P. Heyneman）和洛克斯利（W. A. Loxley）对20世纪70年代中期29个国家初等学校教育质量与学生学业成绩的相关性进行了研究，得出教师质量与学校质量对学生成绩的影响，在低收入国家比在高收入国家明显得多的结论。另有研究

---

① 杨秀芹：《教育资源利用效率与教育制度安排——一种新制度经济学分析的视角》，华中师范大学出版社2009年版，第17页。

② Coleman, J. S. et al., *Equality of Educational Opportunity*, US Government Printing Office, Washington, D. C.

③ ［英］约翰·希恩：《教育经济学》，教育科学出版社1980年版，第158页。

表明,不同教师所教的学生在其成绩获取上存在显著的差异。①②

我国教育经济学学者们开始对教育资源利用效率进行研究是在20世纪80年代末90年代初,此时学者们更多地采用实证分析的方法对教育投资外部收益率进行计量。朱国宏对我国教育投资收益率进行实证分析得出初等教育、中等教育和高等教育的个人收益率分别为12.36%、8.14%和5.17%,社会收益率分别为8.33%、5.6%、-0.49%。③ 李海生对我国11个省市城镇居民的收入数据进行分析的结果表明,我国教育的个人收益率约为5.4%。④ 陈晓宇等根据我国30个省区市的1991年、1995年和2000年的收入数据,利用明瑟收入法进行分析,其结果显示我国教育个人收益率从1991年的7%上升到2000年的9%。⑤ 李实的研究表明,总体上我国教育收益率的平均水平比较低,接受大学教育的收益率高于接受高中以前教育的收益率。⑥ 孙志军指出,大部分数据显示农村地区教育收益率为正值,但我国农村仍有教育收益率呈负值的情况,而且我国西部地区教育投资收益率高于中部地区,中部地区又高于东部地区。⑦

至20世纪90年代,学者们对教育效率的研究开始转向学校内部效率,特别是对高校内部资源使用效率的研究更加深入。闵维方、丁小浩对陕西、贵州、湖北、云南、山西5个省的156所高校的发展规模与办学内部效率进行了实证分析,其结果表明,重视高

---

① Hanushek, E. A., "Teacher Characteristics and Gains in Student Achievement: Estimation Using Micro-data", American Economics Review, 1971 (2).
② Murnane, R. J., Philips, B., "What do Effective Teachers of Inner-city Children have in Common?", Social Science Research, 1981 (1).
③ 朱国宏:《中国教育投资的收益》,《复旦教育》1992年第3期。
④ Haisheng Li, "Economic Transition and Returns to Education in China", Economics of Education Review, 2002 (22).
⑤ 陈晓宇、陈良焜、夏展:《20世纪90年代中国城镇教育收益率的变化与启示》,《北京大学教育评论》2003年第2期。
⑥ 李实:《中国居民收入分配实证分析》,社会科学出版社2000年版,第126页。
⑦ 孙志军:《中国农村的教育成本、收益与家庭教育决策》,北京师范大学出版社2004年版,第45—51页。

等院校的规模效益也将使在既定的生均成本下,提高学校的质量投入水平成为可能。① 王善迈教授指出,我国教育投资一方面是面临投资短缺,政府教育拨款不足,另一方面是有限的教育投资利用效率较低,因此亟待进行教育财政拨款体制改革。② 阎凤桥、闵维方对我国高校资源配置现状进行了研究,得出我国高等教育领域存在重复投资等问题,没有实现资源配置的"帕累托最优",进行高等学校内部整合以及中央和地方联合办学是提高高等教育资源利用的重要途径。③ 闵维方通过对全国616所高校进行研究发现,我国高校存在教育总投入不足问题的同时,资源配置效率也不高。④ 李福华采用规范分析和实证分析相结合的研究方法,对我国1000余所高校资源(人力、物力和财力)的利用效率进行分析,也得出我国高等学校教育资源利用效率整体不高,并且不同地区、不同层次和类型高校的资源利用效率存在较大差异。⑤ 熊健民通过对湖北省37所高等职业院校和76所高等学校的内部教育资源利用效率的比较分析,得出高等职业院校内部教育资源利用效率低于高校平均水平。⑥ 李星云通过对南京市几所学校的实证研究表明,生师比、教师质量、生均经费、设备等因素对教育资源利用效率有重要影响。⑦ 胡咏梅、杜育红采用数据包络分析法对中国西部农村部分初级中学资

---

① 闵维方、丁小浩:《中国高等院校规模效益:类型、质量的实证分析》,《教育与经济》1993年第1期。
② 王善迈:《改革教育财政拨款体制 提高教育资源配置效率》,《教育研究》1995年第2期。
③ 阎凤桥、闵维方:《对于我国高等教育资源配置中存在的"木桶现象"的探讨》,《教育与经济》1999年第2期。
④ 闵维方:《高等教育运行机制研究》,人民教育出版社2002年版,第188—214页。
⑤ 李福华:《高等学校资源利用效率研究》,北京师范大学出版社2002年版,第122页。
⑥ 熊健民:《高等职业院校内部教育资源利用效益的实证研究》,《理工高教研究》2005年第2期。
⑦ 李星云:《江苏省义务教育资源利用效率的调查与思考——基于南京市几所学校的实证研究》,《江苏教育学院学报》2010年第1期。

源配置效率进行了评估,其结果表明,西部农村初级中学资源配置效率状况良好,但仍有约20%的学校还需要提升教育生产技术效率、改善学校规模效率。① 郭俞宏、薛海平对我国中东部地区义务教育生产效率状况进行了实证分析,其研究结果表明我国中东部地区义务教育生产效率状况并不理想,学校办学效率存在较大提升空间。②

到20世纪末21世纪初,我国学者们对教育效率关注的视角进一步拓展,有研究者开始关注教育资源的非配置低效率问题。如范先佐教授认为,在教育资源稀缺的前提下,可以通过降低教育的费用,实现教育资源的排他性使用,进而有效增加教育资源投入量,减少教育领域内由于"搭便车"、预算软约束等造成的教育资源利用低效率。③ 卫荣凡的研究表明,由于学校内部个人之间的摩擦、不合作、不协调等问题可能导致非配置效率或者称X(低)效率。④ 腾建河也对高等教育X低效率问题进行了研究,其结果表明高等学校内部X低效率的存在是一个非常普遍的现象,主要表现为高等学校教职工工作时间、精力投入不足和高等学校内部组织机构不健全两个方面。⑤

在我国,对教育财政效率的研究主要是从20世纪90年代末开始的,主要包括对我国基础教育、高等教育财政效率的实证分析和测度方法的研究。比如,杜育红对我国基础教育财政体制效率进行了实证分析。他用预算内教育经费与国民生产总值的比率,以及预算内教育经费与政府财政支出的比率来衡量基础教育财政体制外部

---

① 胡咏梅、杜育红:《中国西部农村初级中学配置效率评估:基于DEA方法》,《教育学报》2009年第10期。
② 郭俞宏、薛海平:《我国义务教育生产效率实证分析:基于DEA方法》,《上海教育科研》2011年第3期。
③ 范先佐:《教育的低效率与教育产权分析》,《华中师范大学学报》(人文社会科学版)2002年第3期。
④ 卫荣凡:《高校内部教育资源利用效率与道德调节机制》,《广西大学学报》(哲学社会科学版)2002年第11期。
⑤ 腾建河:《高等教育X低效率研究》,硕士学位论文,华中师范大学,2006年。

第一章 导论

效率,并认为可用三类单项指标(学校规模效率、教育投入效率和教育质量效率)反映基础教育财政体制内部效率。① 宋飞琼通过对河南省50所普通高中教育投资效率的实证分析后指出,按照委托—代理理论就能够设计出科学、实用的委托—代理均衡合同,实现委托人和代理人双方效用的最大化,从而形成提高高中教育资源使用效率的内在机制。② 廖楚晖的研究表明,由于教育财政的层级管理受自然环境、规模经济、总体财政效率、地区公平以及政府职责再次划分等因素的影响,中央政府和地方政府间、地方政府间都存在着相互竞争教育资源的博弈行为,造成效率的损失和政府间教育资源竞争。③

之后,研究者们对教育财政效率的计量方法展开了研究。丁建福、成刚认为,计量义务教育财政效率的主要评价方法有指标法、DEA数据包络分析法和教育增值法,通过其研究比较发现,这三种方法各有优缺点。指标法具有的优点是容易理解和应用,不需要复杂的数量模型和统计知识,缺点是某一指标只能够反映学校运行的局部效率而非整体效率,同时,对不同指标的加权使学校效率的计量结果模糊。DEA方法的优点在于在进行分析时不必预设函数形式,同时DEA可以处理多种产出与多种投入的效率评估,并且在投入产出之间,无须决定其相对的重要性。教育增值法是以学生学习成绩的增长为评价的指标,评价学校在为促进学生成绩增长方面的作用和贡献,是一种相对公平和科学的评价方法。④ 栗玉香的研究将教育财政效率定义为在满足教育财政支出根本目的基础上的教育

---

① 杜育红:《市场化改革与中国基础教育财政体制效率》,《清华大学教育研究》1999年第3期。
② 宋飞琼:《公办普通高中教育投资效率研究》,硕士学位论文,天津大学,2003年。
③ 廖楚晖:《多级教育财政的博弈行为及效率研究》,《云南财贸学院学报》2004年第6期。
④ 丁建福、成刚:《义务教育财政效率评价:方法及比较》,《北京师范大学学报》(社会科学版)2010年第2期。

财政支出的有效程度,是覆盖教育财政资金支出全过程的效率,并给出了测度教育财政效率的指标,分析了影响教育财政效率的因素。① 袁连生认为,教育财政效率主要是指教育经费的使用效率,即教育的经济效率。进而,他将教育财政效率分为外部效率和内部效率。外部效率则是指教育的外部产出与教育投入的关系,主要包括教育对经济增长的贡献率、教育的社会收益率和个人收益率等。而内部效率则是指教育的内部产出与教育投入之比,如单位投入的学业成绩、单位投入的教育增加值等。② 胡敏、卢振家运用 DEA 模型,以高等教育、高中教育、初中和学龄儿童的毛入学率、生均预算内教育事业费支出分别作为输出、输入指标,分析了广东省 2000—2007 年教育财政支出效率,其研究结论是广东省教育财政支出效率总体不高,对提高各级各类教育毛入学率作用不明显,但有逐步改进的趋向。③ 可见,学者们对教育财政效率的研究还处于起步阶段,需要有更多的学者对教育财政效率及其计量进行深入的研究。徐彩霞利用 DEAP2.1 软件对 2012 年到 2016 年全国 31 个省区市的普通高中教育财政供给进行实证分析得出我国普通高中教育财政供给效率在下降,且普通高中教育财政供给效率不与经济发展水平成正比。④ 朱茂勇把相关投入与产出的数据纳入 deap – xp1 软件中得出结论,2004 年到 2011 年这八年从总体来看我国普通高中教育经费配置的技术效率比较好,经费配置效率处于较高水平,但是从区域分布来看却不容乐观,东部经济发达地区普通高中教育经费配置效率最低,中部地区最高,中西部地区平均效率值相

---

① 栗玉香:《教育财政效率的内涵、测度指标及影响因素》,《教育研究》2010 年第 3 期。

② 袁连生:《中国教育财政体制的特征与评价》,《北京师范大学学报》(社会科学版) 2011 年第 5 期。

③ 胡敏、卢振家:《基于 DEA 模型的教育财政支出效率研究——以广东省为例》,《肇庆学院学报》2010 年第 1 期。

④ 徐彩霞:《我国普通高中教育财政供给效率研究》,硕士学位论文,河南财经政法大学,2019 年。

差不大，各地区要根据自身的发展状况合理调整教育资源，从而提高教育经费利用效率。① 朱茂勇和张新平利用 Tobit 模型实证分析得出，从影响贵州教育经费效率的因素来看，人均 GDP 是正的影响，而财政自给率、人均教育财政指数和人口密度都是负的影响，且财政供给率是影响目前我国普通高中教育经费配置效率最重要的因素。②

五　研究述评

通过对以上相关研究的梳理发现，在基础教育投入方面的相关文献中，大量研究都集中在对义务教育，尤其是对义务教育财政投入、城乡义务教育均衡发展、缩小义务教育差距等问题的探讨，而关于普通高中教育方面的文献较少，且更多是关于普通高中教育课程改革方面的研究，针对普通高中教育投入方面的研究总体不多，且主要集中在 2003 年后。分析已有的关于普通高中教育投入方面的文献，从其研究的具体内容来看，有文献涉及了普通高中教育产品属性及成本分担的研究，但相对较多的研究侧重于对普通高中教育财政的筹资功能，即普通高中教育投入现状及问题进行研究，主要考察政府投入是否充足，如何多渠道为普通高中筹措资源。诚然，为教育筹集充足的资源是教育财政的重要内容，这些关于普通高中教育投入的文献为我国普通高中教育如何筹集充足的资源提出了丰富的、有建设性的对策建议。然而，教育财政是一个覆盖教育资源筹措、配置和使用的联动过程。要从总体上把握普通高中教育财政问题需要将教育财政活动的筹资功能、配置功能和监督使用功能串联并进行整体研究。

同时，教育财政效率和教育效率之间的关系联系紧密，已有的关于教育效率及其计量方面的大量文献为本研究提供了丰富的可供

---

① 朱茂勇：《普通高中教育经费配置效率研究》，硕士学位论文，南京师范大学，2016 年。
② 朱茂勇、张新平：《普通高中教育经费配置效率研究——基于 DEA – Malmquist 和 Tobit 模型实证分析》，《天津师范大学学报》（基础教育版）2017 年第 3 期。

参考借鉴的理论与方法，但这些关于教育效率方面的文章也更多是对教育资源利用效率这一微观层面的考察，很少将普通高中教育财政筹资效率、配置效率和技术效率进行系统考量。

综上所述，在已有的研究中，将普通高中教育财政作为一个完整的系统进行研究的几乎没有，相关研究散见于普通高中教育财政投入、高中教育资源使用效率和教育经费管理的策略研究中，缺乏完整性和系统性，这为本书留下了可以深入挖掘的空间。本书将在对教育财政效率进行分解的基础之上，客观考察普通高中教育财政效率现状，努力探寻现行高中教育财政效率问题的制度根源，竭力探讨增进普通高中教育财政效率应作出怎样的制度安排，力争在理论和实践方面有所突破。

第三节　研究设计

一　研究思路

目前普通高中实行县级负责的教育财政制度，也即，一般而言，我国普通高中教育经费配置是由县级教育财政负责。探究普通高中县级教育财政效率问题是本书的立题之本，如何增进普通高中教育财政效率是破题之关键。本书主要回答，国家提出普及高中阶段的教育发展目标，接受高中教育正逐渐成为社会的基本需求，那么普通高中教育产品的性质是否发生改变？政府是否应成为普通高中教育投入的主体？教育财政有哪些核心功能？如何对教育财政效率进行研究？目前普通高中教育财政收支的特点是什么？普通高中教育财政效率现状如何？是什么样的教育财政制度导致普通高中教育财政效率缺失？增进普通高中教育财政效率，教育财政制度应进行怎样的变迁？以对上述问题的回答为破题之线索，可将本书的研究思路作图如下（见图1-1）。

```
┌─────────────────────────────────────┐
│  立题：普通高中县级教育财政效率问题研究  │
└─────────────────────────────────────┘
      ↓                    ↓
┌──────────────┐    ┌──────────────────┐
│ 概念解读：     │    │ 理论考察：         │
│ 教育财政的含义 │    │ 普通高中政府供给的理论逻辑 │
│ 教育财政的核心功能│ │ 普通高中教育财政追求效率的理路 │
└──────────────┘    └──────────────────┘
              ↓
┌─────────────────────────────┐
│ 教育财政效率分解              │
│ 筹资效率  配置效率  技术效率   │
└─────────────────────────────┘
       ↓          ↓          ↓
┌───────────┐ ┌───────────┐ ┌───────────┐
│普通高中县级 │ │普通高中县级 │ │普通高中县级 │
│教育财政    │ │教育财政    │ │教育财政    │
│筹资效率    │ │配置效率    │ │技术效率    │
└───────────┘ └───────────┘ └───────────┘
              ↓
┌─────────────────────────────┐
│ 普通高中教育财政效率总体缺失    │
└─────────────────────────────┘
              ↓
┌─────────────────────────────┐
│ 普通高中教育财政制度供给不足    │
└─────────────────────────────┘
              ↓
┌─────────────────────────────┐
│ 破题：推进普通高中教育财政制度   │
│ 变迁提高普通高中教育财政效率     │
└─────────────────────────────┘
```

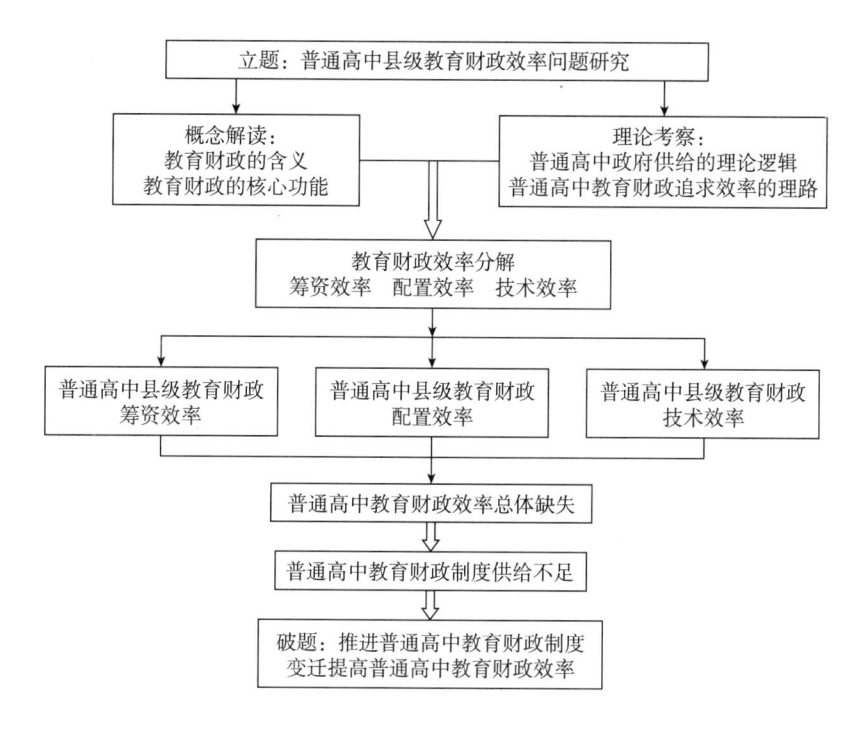

图1-1　本书研究思路

首先，本书就教育财政的含义进行阐释，在此基础上将教育财政核心功能分解为筹集资源、配置资源和监督资源使用三重功能，并基于"三维分析法"将教育财政效率解构为教育财政筹资效率、配置效率和技术效率，之后对普通高中教育财政追求效率的理论逻辑进行考察。其次，从总体上分析我国普通高中教育财政收支格局，归纳普通高中教育财政收支特点，为进行普通高中县级教育财政效率的实证分析奠定基础。再次，选取A省三个具有代表性的区（县）作为调查对象，对普通高中教育财政筹资、配置和监督使用方面进行调查研究，对获取的相关数据材料进行统计分析。最后，基于实证分析得出的结论，从教育财政制度供给的角度分析普通高中教育财政效率总体缺失的根源，探讨普通高中教育财政制度供给不足的内在机理，并在此基础上给出增进普通高中教育财政效率的制度变迁模式，为解决问题提供路径参考。

二 技术路线

循着如上的研究思路,本书在进行理论分析和深入实际进行调研的基础上,努力遵循"是什么—为什么—怎么样—如何办"的知识创造和认识过程展开研究,其具体的技术路线如图1-2所示。在确定研究对象后,首先,从理论角度澄清本书中的教育财政概念及教育财政效率的维度,确立本书研究的前提。其次,选取A省较具有代表性的三个区县作为调查对象,对普通高中教育财政效率现状进行实证调查,并选择三维容积分析法、泰尔指数法、DEA数据包络分析法作为分析工具对获取的数据资料进行统计分析,验证研究假设是否成立。最后,进行问题归因,借鉴制度经济学等学科相关理论探讨普通高中教育财政效率缺失的生成机理,并在此基础上给出增进普通高中教育财政效率的对策建议。

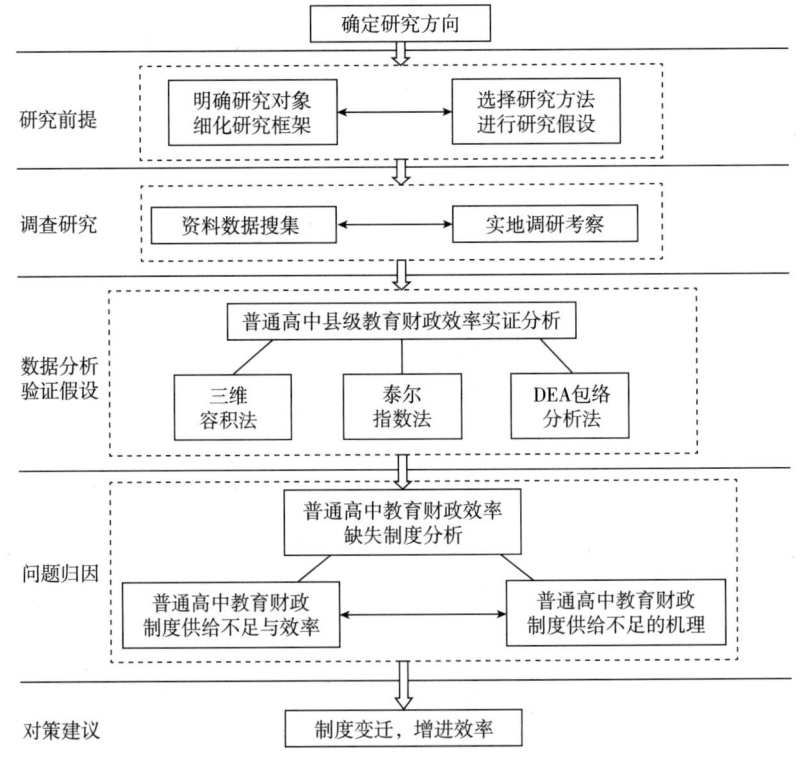

图1-2 本书技术路线

三 研究方法

"工欲善其事，必先利其器"，任何创造性的研究都是针对研究对象而选择恰当的研究方法展开的。本书的研究从方法论、具体方法两个层面思考选择研究方法。

（一）研究的方法论

桑德斯（Saunders）曾以剥洋葱的比喻图解出经济管理研究的方法论，他认为研究者首先必须酝酿采用何种指导哲学，然后斟酌总的研究方法，推敲研究路线，接下来是拟订研究进程，以及选择相应的数据搜集方法。相对于胡编乱造、主观杜撰的所谓的研究而言，以客观和价值中立为特征的定量研究方法无可辩驳地具有其优越性，然而，我们也看到定量研究本身存在的机械、呆板的缺陷，以及工具理性的应用限制和研究姿态"超然中立"的不可靠性。以强调社会是由现实构建而成，关注人们对社会环境所作的解释与行为之间因果关系的定性研究方法为我们提供了研究的新的哲学指导。本书将综合运用定量分析与定性分析相结合的方法论思想。

定量分析主要是对研究对象的数量关系进行计算、度量和说明，其优点是对问题的分析结果多是通过数据的方式呈现，结果明晰清楚。定性分析主要是对研究问题进行描述和阐释。本书通过对《中国教育经费统计年鉴》《中国教育事业统计年鉴》《A省教育经费统计年鉴》中的相关数据以及在A省三个区（县）教委财务科和普通高中样本学校调查搜集到的原始数据进行统计和描述分析，在此基础上选择三维容积法、泰尔指数法和DEA数据包络分析法为分析工具，分别对普通高中教育财政效率、配置效率和技术效率进行统计计量，并用表格和图形对计量的结果进行反映和表现，使定量描述更加直观清楚。同时，也把同调查区县教委的财务科人员、教育行政部门人员、学校财务科室人员以及校长的访谈结果进行了整理、分析并做描述性呈现，对定量分析的结果进行补充。

（二）具体方法

一项研究采用何种具体的研究方法，主要取决于两个方面：一是研究问题的需要；二是研究者本人对研究方法的掌握程度以及对研究工具的运用能力。鉴于以上两点，本书选取了以下研究方法。

1. 文献法

除了对本书研究的相关领域进行了文献梳理外，研究中另有两个问题主要是通过文献法来完成的。一是对教育财政概念的解读及对教育财政效率的分解阐释。通过文献分析发现，有众多学者们意识到，伴随经济与教育体制改革的进行，公共财政体制框架下的教育财政含义，已由国家财政时代的更多指向政府的财政性教育投入向有关教育经费的政府活动转向。这一转向凸显了政府在教育经费管理中的筹资、配置和监督使用的功能。二是对制度文本的分析。制度文本是政策的具体表达，教育财政相关制度是教育财政活动的依据。本书进行分析的制度文本主要包括《关于解决教育经费问题程序的通知》《中共中央关于教育体制改革的决定》《国务院关于基础教育改革和发展的决定》《国家中长期教育改革与发展规划纲要》（2010—2020）以及《中小学财务制度》（1997）和《中小学财务制度》（2012）等。通过对普通高中相关教育财政制度文本的分析，可以了解普通高中教育财政制度变迁轨迹，进而把握普通高中教育财政效率缺失的制度根源。

2. 调查法

本书选取 A 省作为调查区域，并依据 A 省各区（县）GDP 排名情况，从 GDP 排名处于低、中、高水平的区（县）中分别选取了一个具有代表性的区或县作为调查对象，通过问卷、访谈、资料收集等方式对普通高中教育经费筹集、配置和使用现状进行调查。本书研究所需的相关数据，除《A 省教育经费统计年鉴》外，部分数据的获得主要来自从县区（县）教委财务科和学校财务科获得的普通高中生均教育经费统计报表。同时，考虑到教育经费问题是十分敏感的问题，仅仅通过获得的数据分析也难以把握问题的实质，而实地调查访谈更可能触及问题的本质。因此，笔者自编访谈提纲对普通高中教育财务活动相关人员如县教委财务科人员、教育行政部门人员、学校财务科（后勤处）人员、校长进行调查访谈。自编访谈提纲分别从普通高中教育财政筹资、资源配置和学校资源利用三个维度进行设计，目的是通过访谈了解当前普通高中教育财政活动现状，包括高中教育财政收入现状、教育投入是否满足高中学校发展需求、资源配置方式是否合理、教育经费的使用问题等。

四 调查说明

（一）普通高中特指公办一般普通高中

普通高中是衔接初等教育与高等教育的纽带，既属于基础教育的范畴，也是非义务教育阶段。当前，我国普通高中施行县级负责的教育财政制度，然而，由于普通高中教育阶段存在着省级、市级示范高中（也称重点高中、实验高中等）和一般普通高中两类，各地示范高中教育经费来源有额外的省级或市级财政拨款，而一般普通高中则是由县级教育财政负责。本研究侧重考察县级财政效率问题，因此，将本书研究的对象限定于公办一般普通高中，各级示范高中未纳入调查研究的范围。

（二）样本学校选择

本书研究中样本学校的选取尽量做到典型性与代表性相结合。本书研究将A省按各区县的GDP进行排名，从A省的区县中选取了A、B、C三个县作为调查区域。为简化名称，调研的三个区（县）都统一使用县来代称。A县位于A省城区，该县的经济发展水平位于各区县排名的1—15位，一定程度可以代表A省经济较为发达地区普通高中教育财政状况。B县的经济发展水平处于各区县GDP排名的15—25位，一定程度上代表了经济处于中等水平地区（中部地区）普通高中教育财政投入的一般情况。C县是一个经济落后的国家级贫困县，其经济发展水平处于区县排名的后15位，可以代表A省经济相对落后地区的普通高中教育财政状况。我们选取的西部A省三个的普通高中学校样本情况构成为：A县共有20所普通高中（其中6所完中），B县共有8所普通高中学校（其中3所完中）、C县共有4所普通高中（其中1所完中）。为全面把握A、B、

C三个县的普通高中教育财政效率现状，排除各县的示范高中和完全中学，本书选取普通高中学校共12所（A县4所、B县5所、C县3所）作为调查的样本学校。以教育财政效率三个维度的划分为依据，调查研究也从这三个维度进行。为计量普通高中教育财政筹资效率、配置效率和技术效率，笔者从县教委财务科和学校获取近5年普通高中教育财政收支情况及学校经费使用情况作为研究分析的原始数据。其次，对三个区（县）12所高中学校领导、财务处会计人员、教师和县教委财务科人员共84人进行访谈，了解其对普通高中教育财政的看法，特别是普通高中教育财政运行中存在的问题，笔者访谈高中学校领导36人，访谈学校财务处人员36人，教育行政部门包括教委财务科人员12人。

（三）调研的可能性分析

调查样本的选取除需要考虑代表性外，还需要考虑是否具有可能性。我国是一个人情社会，调查地是否有"熟人"在一定程度上决定了调研的可能性与否，这也是决定一项调查是否能够开展的重要因素之一。当年费孝通先生选择"江村"作为调查研究地域，是"因我姐姐费达生在那里办缫丝厂。我作为她的胞弟，与当地的村民容易熟悉，要想到哪一家走访就可以到哪一家。人家都认识我，知道我的来历"。[1] 教育经费本身是敏感的话题，而当前普通高中教育经费问题较为复杂混乱，要对其进行调研比较困难。[2] 笔者之所以选取A、B、C三个县作为研究区域，也是因为三个县恰好都有笔者的同学在当地教委和高中学校从事工作，这为笔者调研的开展提供了难得的机会。

（四）研究伦理的遵循

研究者需要公正地对待被研究者和研究的结果，恰当地处理敏

---

[1] 费孝通：《城乡和边界发展的思考》，天津人民出版社1990年版，第30页。
[2] 在笔者预调研的过程中就遇到有两所高中学校领导谢绝调研的情况，而有一所学校则是在将学校的教育经费统计报表中的数据更改后才交给我。

感性材料。① 本书研究引用的数据,来自普通高中学校内部经费使用情况和教委财务科数据,而相关访谈是同一线学校管理者、财务会计人员以及教委财务科人员的访谈。为了获取真实的数据和资料,减少研究对象对研究者的"提防",每次调查访谈前我们都会向被调查者说明调查的性质:"所得数据、资料和访谈内容只用于学术研究,不会泄露任何关于学校及访谈人员真实名称的信息"。因而,在本书研究的叙述中,为遵循研究的伦理,在涉及敏感的经费数据、材料时,均隐去调查对象的真实名称。同时,本研究中采用访谈法是通过随机交流进行的,访谈过程中被访谈对象话语中可能带有的个人主观观点与情绪,笔者都做了记录,希望读者不深究被访谈对象的主观观点。而关注普通高中财政投入不足的实际情况。

第四节 本书的创新点

本书在对普通高中教育财政效率进行实证分析的基础上,借鉴制度经济学的相关理论对普通高中教育财政效率总体缺失问题进行制度分析,并不揣浅陋地提出了增进普通高中教育财政效率的教育财政制度变迁模式,但万万不敢言及有多大的创新。因为仅就普通高中教育财政相关问题的研究,笔者也或许远未穷尽所有的文献,对普通高中教育财政效率问题的现有所思也无非是在已掌握的文献基础上的叠加与延展,若有些许延展甚好,若更多重复叠加则权当不谋而合了。此处,胆怯地认为本书的研究在以下几个方面略有新意:

第一,本书的研究不是仅就一般意义上的普通高中教育财政效率的微观层面,即教育资源利用效率层面进行研究,而是将教育财

---

① 陈向明:《质的研究方法与社会科学研究》,教育科学出版社2000年版,第9页。

政活动看作一个以教育筹资为起点、配置资源为过程、监督资源使用以提高教育资源利用效率为目的的联动过程，并以"三维分析法"为理论依据，对教育财政效率进行了分解。通过选择适当的计量方法分别对普通高中教育财政筹资效率、配置效率和技术效率进行实证分析，为我们把握普通高中县级教育财政的整体效率提供了相对客观的依据。

第二，本书的研究在基础教育财政制度变迁中以筹资制度为线索梳理出了普通高中教育财政制度和义务教育财政制度的不同变迁轨迹。已有的关于基础教育财政制度演变的相关研究，更多是单一地梳理出义务教育财政制度的演变路径，鲜有对普通高中教育财政制度变迁的梳理。其部分原因是，我国普及九年义务教育的要求使义务教育的地位凸显，在基础教育财政制度中，义务教育财政制度变迁的轨迹清晰可见，而普通高中教育财政制度却若隐若现。即便如此，我们仍然努力描绘出普通高中教育财政制度的演变轨迹。通过对基础教育财政制度的分类梳理发现，我国义务教育投入重心经历了"U"形变化路径，而普通高中是"＼"形变化路径。

第三，本书的研究从制度变迁的视角提出增进普通高中教育财政效率应构建起普通高中教育财政制度变迁的融合模式。制度经济学家们认识到单一的强制性制度变迁模式或诱致性制度变迁模式都不是推进制度变迁的最好方式。一项制度在进行诱致性制度变迁的同时，适时地进行强制性制度变迁是推进制度供给的有效途径。在分析借鉴义务教育财政制度变迁模式的基础上，本书提出要增进普通高中教育财政制度，需要改变目前普通高中财政制度单一的以诱致性制度变迁为主的模式，培育诱致性普通高中教育财政制度变迁中的需求显示机制，适时进行基于合理制度设计的强制性制度变迁，实现普通高中教育财政制度诱制性变迁与强制性变迁的融合。

第二章 普通高中教育财政效率的分析逻辑

对教育财政作合理的解释是本书研究的支点，然而，目前学界对教育财政概念的理解尚未达成共识。事实上，伴随经济与教育体制改革的进行，以及我国公共财政体制的逐步建立，教育财政已由国家财政时代单纯强调政府提供教育财政资金的活动，拓展为包括教育财政机构筹集资源、配置资源和监督资源使用这样一系列的联动活动。对教育财政运行过程进行分解，并以"三维分析法"为理论依据解构教育财政效率是研究展开的核心内容。在此基础之上，铺垫普通高中追求教育财政效率的理论基石是本书生发开来的逻辑起点。

第一节 教育财政的核心功能解析

一般而言，人们对"教育财政"的认识大多停留在政府的财政性教育投入层面。然而，这只是我国计划经济体制下，对政府（国家财政）应是公共领域投资主体这一认识的固化和延续。伴随我国市场经济的发展和公共财政体制的逐步建立，教育财政的含义得到延展，其功能也得到更大程度的发挥。财政是教育财政的上位概念，分析国家财政与公共财政二者的区别有助于理解教育财政的含义和功能。

一 国家财政与公共财政之别

中国财政体制改革的目标在 1998 年得到确定，并在政府和学术界取得共识：建设基于社会主义市场经济体制的公共财政体制。2003 年《中共中央关于完善社会主义市场经济体制若干问题的决定》明确提出，要进一步健全和完善公共财政体制。次年，教育部颁布《2003—2007 年教育振兴行动计划》，正式提出"建立与公共财政体制相适应的教育财政制度"。自此，建设公共教育财政制度的目标在国家政策层面日益明确。[①] 可见，当下的教育财政是基于公共财政框架之下的公共教育财政，要理解教育财政的含义应该首先了解公共财政的内涵。

从"财政"或"国家财政"到"公共财政"，这是我国财政改革在观念上取得的重大进步。[②] 公共财政是为解决中国自身问题的需要而提出的一个富有中国特色的概念。[③] 从逻辑上讲，将"公共"与"财政"连缀在一起，一定有着不同于以往"财政"概念的特殊含义。"财政"就其直意理解，"财"即财富、金钱、货币；"政"乃政府、政治、政策。财政结合起来，即是政府管理公共钱财的活动。财政是以国家为主体的经济活动，财政从来就是国家财政，这是财政的本质。20 世纪 60 年代初，在我国计划经济体制下，国家将国民经济置于直接控制之下，财政也就成为服务于国家经济建设的手段，此时，"国家分配论"[④] 确立了在我国财政学中的主流地

[①] 王善迈：《公共财政框架下公共教育财政制度研究》，经济科学出版社 2012 年版，第 6 页。

[②] 雷艳红：《避免公共财政"神化"运动——公共财政"公共性"矫正》，《人民论坛》2007 年第 2 期。

[③] 高培勇：《公共财政：概念界说与演变脉络》，《经济研究》2008 年第 12 期。

[④] 国家分配论，是指政府为了实现其职能（或满足社会的公共需要），并以其为主体凭借政治权力参与一部分社会产品的分配。其实质是社会产品分配中所形成的以政府为主体的分配关系。参见陈工、雷根强编著《财政学》，北京科学出版社 2000 年版，第 6 页。

位。可见,"国家分配论"作为财政本质的结论,是基于此时已经形成的"国家财政"类型实践经验的总结得出的。"国家分配论"的立论基点是对国家主体的强调,是以国家为基点去分析一切财政活动,这些都恰好与"国家财政"类型的基本特征和内容相一致。可见,计划经济是"国家分配论"产生的必不可少的体制基础。①然而,国家性质不同,社会经济运行体制不同,就决定了以国家为主体的经济活动目的以及达到目的的途径也有所不同,从而形成了财政类型或财政模式的差异性。简言之,财政的本质都是相同的,但财政类型却有不同。在计划经济时期,我国财政的公共性事实上被政府意志所取代;而在市场经济体制下,用"公共财政"代替"财政"就是为了凸显财政的"公共"特性,强调公共财政是为市场提供公共服务、应对市场失灵和满足公共需要的政府行为和活动。这意味着,在市场经济条件下,财政制度实际上是为弥补市场失灵,为市场的有效运作创造条件的。也正因为如此,在经过20年的市场化改革之后,我国政府明确地将公共财政体制作为我国财政制度改革的目标。可见,我们要建立的公共财政是财政的一种具体类型或模式,是与市场经济相适应的财政模式。②

近年来,以公共财政为基本导向,我国学者贾康、张馨等就公共财政的内涵作了较为深入的研究。贾康认为,公共财政的内在导向就在于强调其"公共性",公共财政的基本特征包括:以满足公共需要作为分配的主要目标,通过"以财行政"的基本方式弥补市场失灵和提供公共产品;以公民权利平等和政治权力制衡为前提的规范的公共选择制度作为决策机制。③ 张馨从财政与市场的关系出发对公共财政的内涵进行了研究,其观点主要包括:公共财政应为

---

① 张馨:《"公共财政"与"国家财政"关系辨析》,《财政研究》1997年第11期。
② 郑建新、柯永果:《公共财政再分析》,《财政研究》2002年第6期。
③ 贾康:《关于公共财政基本特征的认识》,《中国财经信息资料》2003年第32期。

市场提供公共服务；是公众的财政；与市场经济体制相适应。① 融合以上两位具有代表性的学者对公共财政内涵的解读，我们将公共财政视为，国家或政府为市场提供公共服务并弥补市场失灵的经济活动，同时，认为公共财政是与市场经济相适应的一种财政类型或模式。只有我们对公共财政的理解跳出"财政"国家分配论的阈限，才能以拓展的视角来审视教育财政的含义。

二 公共财政体制下教育财政含义的拓展

公共财政框架下的教育财政是公共财政在教育领域的职能发挥。对教育财政的研究，在 CNKI 上以"教育财政"为篇名搜索到的我国最早的一篇文章是来自学者陈友松的。他在 1935 年发表的《中国教育财政改造》一文中对中国当时面临的教育财政问题进行了分析。② 之后陆续有学者对国外教育财政研究的引介。③④ 到 20 世纪 90 年代，我国教育财政逐渐形成为一门新兴学科，开始出现对教育财政学的相关研究。⑤ 然而，目前学界关于教育财政概念的界定尚无定论。不同的学者由于其理论观点不同，对教育财政的理解也不同。西方学者对教育财政的界定有如下两种。一种认为，教育财政是指"教育经费的筹措和开支以及学校财务管理的科学与实践"。⑥ 这种观点强调教育财政不仅关注教育资源宏观层面的筹措，也注重对微观的教育资源使用效率的管理。另一种认为，教育财政是"公共财政的重要组成部分，其资源也来自国家之外的社会和家庭，其职能是对教育资源进行管理"。⑦ 可见，西方学者所指的教育财政配置的资源来源并非单是指财政性教育投入，而是对所有教育资源的

---

① 张馨:《马克思主义财政学的"创新"与"阶级财政论"的否定》，《财贸经济》2007 年第 11 期。
② 陈友松:《中国教育财政改造》，《教育与职业》1935 年第 3 期。
③ 郭志斌:《战后日本教育财政沿革初探》，《华中师范大学学报》（哲学社会科学版）1987 年第 8 期。
④ 李洪杰:《日本的教育财政》，《外国教育动态》1988 年第 1 期。
⑤ 令狐昌毅:《教育财政学对象初探》，《教育与经济》1990 年第 3 期。
⑥ Carter V. Good, *Dictionary of Education*, McGrow-hill Book Corporation, 1971: 30.
⑦ 《牛津现代高级英汉双解词典》，牛津大学出版社 1988 年版，第 431 页。

第二章
普通高中教育财政效率的分析逻辑

配置。

我国学者对这一概念的解释，与西方观点在关于教育财政配置功能方面的认识一致，但对配置资源的来源有不同的认识。在更多时候，囿于计划经济体制下国家财政概念的根深蒂固，部分学者通常把教育财政理解为政府的教育投入（财政教育投入）。例如，杨会良认为，与传统的教育投资、教育投入等概念不同，教育财政是从政府角度提出的一个范畴，主要考察政府在教育经费提供中应履行的职责和义务。教育财政分配的对象是社会剩余产品，主要是国家财政收入。[①] 贾康也认为，教育财政是国家财政的一部分，属于财政的二次分配。这是基于教育的国家主体责任，国家为主参与教育的分配为前提对教育财政的定义。[②] 而在众多关于教育财政的相关研究中，部分学者不加任何说明地将教育财政视为财政性教育经费，足见"教育财政"的泛化理解相当普遍，显示出众多学者们对教育财政的理解依然恋恋不舍"国家分配"时代的荣光。然而，另有学者对此有不同的观点。顾明远、梁忠义认为，教育财政是国家（包括地方）政府根据一定的教育政策，为开展公共教育事业而采取各种途径获得必要的财源，并将其配置于公共教育的各个部门而进行管理的一系列经济活动的总称。[③] 宁本涛认为，教育财政是国家对教育经费及其他相关教育资源的管理，包括国家对教育经费及其他教育资源的筹措、分配及使用的监督等。[④] 林皎认为，由于非政府主体不断参与教育的分配活动，教育财政已经远远超过了国家财政的范围……我们认为，教育财政是指以国家为主的教育资源配置、调节、使用、评价活动及其与之相关的体制、机制、制度等保

[①] 杨会良：《当代中国教育财政发展史论纲》，人民出版社2006年版，第16—17页。

[②] 贾康：《财政本质与财政调控》，经济科学出版社1998年版，第58页。

[③] 顾明远、梁忠义：《世界教育大系——教育财政》，吉林教育出版社2000年版，前言。

[④] 宁本涛：《教育财政政策》，上海教育出版社2010年版，第3页。

险体系。① 崔玉平也认为，教育财政是政府及政府中主管教育的公共部门有效地筹措、分配、使用和管理各种教育资源的经济行为。② 陈孝彬认为中央和地方政府为发展本国、本地区的教育事业，对其所需的教育财力的筹集、分配和管理、监督等一系列有秩序的活动就是教育财政。简言之，有关教育经费的政府活动通常被称为教育财政。③ 廖楚晖则认为，教育财政有广义和狭义之分。广义的教育财政即政府教育投入或公共教育投入。狭义的教育财政的研究是指政府教育财政行为中有关教育的经费来源和使用的相关分析。④ 同时，他认为"随着经济理论的发展和进一步细分，以及经济领域对狭义的教育财政领域研究的深入，狭义的教育财政学已经逐渐成为教育经济学领域的一门系统的边缘学科……在研究教育财政时，应当把广义和狭义的教育研究统一起来，并为国家教育政策和财政政策的有效实施提供理论依据，真正指导人们的教育与经济活动"。⑤ 钟和平认为，从教育经费负担的主体来看，教育经费可分为财政性教育经费和非财政性教育经费，但多数国家都将二者作为国家财政活动统一列入国家教育经费总支出中，在教育经费的财会活动中很难区别对待。因此，凡是有关教育经费的政府活动通常被称为教育财政。⑥

综上可见，我国学者对教育财政概念的界定不一，但无论何种观点，都肯定了政府在教育筹资中的核心主体作用，而根本的分歧在于，教育财政收入是仅指财政性教育投入还是包括政府部门筹集到的所有资源。我们认同，"在计划经济体制下，教育财政作为国

---

① 林皎：《公共经济视野下当代我国教育财政问题研究》，博士学位论文，湖南大学，2006 年。
② 崔玉平：《美国教育财政的理论与实践》，海南出版社 2000 年版，第 5—6 页。
③ 陈孝彬：《教育管理学》，北京师范大学出版社 1999 年版，第 235—236 页。
④ 廖楚晖：《教育财政学》，北京大学出版社 2006 年版，第 3 页。
⑤ 廖楚晖：《教育财政学》，北京大学出版社 2006 年版，第 4 页。
⑥ 钟和平：《我国高等教育财政中的政府责任研究》，硕士学位论文，湖南大学，2009 年。

家财政的一个特殊组成部分,是由一般财政分化出来的具体结果,是国家发展到现代教育成为其重要职能时出现的一种特殊的财政分配形式"。[①] 但是,伴随我国财政类型的转型,要建立与公共财政体制相适应的教育财政制度,教育财政概念本身势必应做出新的解释。我们认为,政府是教育投入的主体,但任何政府都不可能包揽教育所需的全部资源。公共选择理论为公共教育财政提供了理论基础,除政府以外的市场和第三部门也是教育投资的主体。因此,教育财政配置的资源是包括政府部门筹集到的所有教育资源。进而,整合学者们对教育财政概念的界定,结合研究的需要,我们将教育财政定义为,政府及政府中主管教育的公共部门(教育财政机构)为保证教育公共服务而通过行政、经济、法律手段进行的包括对教育资源筹措、分配及使用监督的活动。其实质是教育经费筹措配置中形成的以政府为主体的配置关系。进而,本书研究中的普通高中教育财政即是指政府部门通过行政、经济、法律等手段为普通高中筹集、配置和管理经费的活动。

三 教育财政的三重核心功能

在现代国家中,教育财政对教育事业的发展发挥着日益显著的作用,其功能的发挥是影响教育,尤其是学校教育生产与发展的重要因素。公共财政的功能无外乎三个方面,即筹集财政收入、安排与监督使用财政收入。教育财政的基本职能是公共财政职能的延伸,是教育领域内财政职能的具体表现。因而,可以认为,教育财政的功能也包括三个方面:一是政府为培养社会发展所需人才而筹集的供给教育服务所必需的货币收入,即筹集资金。二是政府在教育领域如何分配其货币资金保障教育公平,即如何合理安排教育财政资金。三是政府如何监管学校教育经费的使用,以保证教育服务的有效供给。筹集资金的手段包括:通过制定相关法律法规,确定教育经费的筹集渠道及相应比例,保证教育经费筹集的合法性和有

[①] 陈彬:《教育财政学》,武汉工业大学出版社 1992 年版,第 31 页。

效性；在各级政府公共财政支出中保证政府教育投入增长；通过各种行政或经济手段吸纳各种社会资源投资教育事业。配置教育资源的基本依据是国家有关教育法律法规与政策、社会对各级各类教育的需求以及各级各类教育自身的经费需求。监管学校教育经费的使用则是要防止各级各类教育机构违法违纪使用教育经费，杜绝铺张浪费，保证教育经费在学校内部的合理配置和教育资源的有效使用。[①] 总而言之，教育财政的核心功能包括筹集资源、配置资源和监管学校使用资源三个方面（如图2-1所示）。

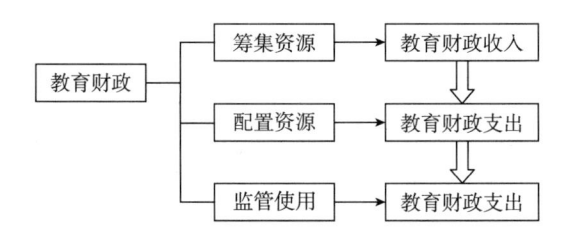

图2-1 教育财政的功能

教育财政筹资职能是教育财政的首要功能，是教育财政后续功能实现的前提。不同的利益主体基于不同的目的以不同的方式对教育进行投入，从而使这些分散的资源汇聚在一起构成教育财政收入，其货币表现形式即教育经费。目前，在绝大多数国家的教育投入中，政府都是教育投资的核心主体，政府投入在教育经费总投入中占有非常大的比重。然而，世界上也没有哪一个国家是仅仅通过政府力量来办教育的。资源的稀缺性决定了政府投入教育的资金有限，依靠市场机制为教育融资也是教育经费来源的重要渠道。除此之外，伴随公民社会的产生，第三部门以志愿供给的方式在教育筹资方面也发挥出愈加重要的作用。可见，为教育筹集充足的资源，

---

① 刘建发：《教育财政投入的法制保障研究》，经济管理出版社2006年版，第2—3页。

教育财政需要有效协调好政府、市场和第三部门在教育筹资中的作用。

教育财政的资源配置功能是指政府将筹集到的教育资源（教育财政收入）合理分配到各级各类学校的管理活动，属于教育财政支出环节。然而，教育财政支出包括分配资源和监督使用资源两个层面，教育财政将筹集到的教育资源分配到学校的过程只是教育财政活动的中间环节，学校资源的利用效率才是教育财政活动的落脚点。也即，学校经费的使用是从属于教育财政支出范畴的。可见，教育财政不仅包括如何为教育筹集充足的资源，也包括如何将业已筹集到的教育资源按照一定的原则和程序，科学合理地配置到各级各类学校，还包括如何保障教育资源的有效使用。教育财政的上述三大核心功能是相互独立又彼此依存的综合体，任何一项功能发挥的失调，都将影响其他功能的发挥和整个教育系统的运行。

第二节　教育财政效率的分解

在经济社会中，如何将稀缺资源配置于不同的组织，使其所生产的产品在类别和数量上均满足消费者的需要；在生产组织内部，如何将生产资源转换为最大化的产出，这都涉及效率问题。前文已述，教育财政是一个联动的过程。要对教育财政效率进行分析，就需要抽象出教育财政中的关键因素，这是对教育财政效率进行分解研究的前提内容。基于前文对教育财政活动的分析，我们认为教育财政可以看作一个三维体系，因此，"三维分析法"可以成为分解教育财政效率的理论支撑。

一　教育财政效率分解的理论依据

（一）"效率"的经济学意蕴

人类自产生之初就有追求效率的原始意识，劳动工具的创造就是人类追求效率的产物。但直到19世纪，效率才作为一个科学概念应用于物理学、机械学和工程学，它被定义为有效输出量与输入量的比值，本是一个简单的数量概念，但经济学却为之赋予了更为丰富、深远的社会意义。对经济学领域效率含义的理解是我们研究教育财政效率的基础。

在经济学中，"效率"一词应该是使用得最为广泛的概念了。人类的一切经济活动无不以效率为前提。对效率的研究是贯穿于经济学发展始终的一条主线。从古典经济学到新古典经济学，再到制度经济学，经济学的发展过程体现了对效率研究的不断深入。经济学一般意义上的效率主要包括生产效率和配置效率两种形式。生产效率指在产出量一定的条件下，投入的资本成本最小化的状态，也被称为投入产出效率。另一种是资源的配置效率，也即帕累托效率，它是指在投入量和技术确定的条件下，使既定的投入实现产出最大化的状态。制度经济学派认为，鉴于现实生活中人的有限理性、交易成本等条件约束，任何时点上的资源配置都不可能达到最优选择，其中，制度因素是影响资源配置效率的内生变量。[①] 无论是生产效率还是配置效率，其假设是同一的：企业是根据生产函数和成本函数进行生产，也即投入—产出关系和成本—产出关系是一种纯技术关系。基于这一假设，传统经济学仅限于关注稀缺资源在各种竞争性用途之间的配置问题，而排除了由于组织单位内部个体行为原因导致的没有充分利用现有资源的非配置低效率问题。20世纪60年代，美国经济学家哈维·莱宾斯坦（Harvey Leibenstein）抓住传统经济学基本假设与现实不一致的缺陷，对它进行了全面的批判，并提出了以X低效率（也简称"X效率"，X – efficiency）概念为中心的经济理论体系。该理论的发表，标志着经济学向现实经济生活又迈进一大步，是经济学的一个重大变革。可见，经济学的效率，无论是生产效率，还是配置效率，或是X效率，都是研究在一

---

① 杨秀芹：《教育资源利用效率与教育制度安排——一种新制度经济学分析的视角》，华中师范大学出版社2009年版，第68页。

定条件下,如何将有限的资源在若干种可供选择的用途上进行配置和利用,以便最大限度满足人类的欲望。因此,"效率"一词在教育财政领域的应用,其目的也无非是实现教育资源的合理配置和利用。

(二) 教育财政效率分解的理论支撑

学者们早就开始用三维的视角分析事物。美国系统工程专家霍尔(A. D. Hall)于1969年提出了三维结构模式,又称霍尔系统工程。霍尔的三维结构式将系统工程整个过程分成前后紧密衔接的七个阶段和七个步骤,以此形成由时间维、逻辑维和知识维所组成的三维空间结构。[1]这样一个三维结构模式为解决复杂系统的规划、组织和管理问题提供了一种统一、清晰的思想方法,因而在世界各国得到广泛的应用。我国学者黄飞对三维分析法有深入的研究,他提出了著名的三维分析体系。黄飞认为,要判断分析对象是否属于三维事物,需要运用抽象的方法,为每类要素起定名称,作为基本要素存在,构成具有典型意义的三维事物。如果抽象掉每个基本要素所具有的具体内容,那就会得到一个具有一般意义的由三个要素组成的完整体系,此体系称为三维体系。[2]在这个共同的三维体系中,增加一个要素,不是与此体系无关,就是可以由这三个要素派生出来,成为多余的重复要素;而减少一个要素,又会使三维体系结构不完整,甚至解体,因而又不能减少。这或许就是我们通常意义上讲的"三"所具有的稳定性所在。检验三维体系构成中的三个基本要素是否合理的主要尺度包括必要性、最简性和完整性。[3]必要性是指三个基本要素在内容上既相互独立又具有兼容之处,缺少任何一个因素,内容都不完整,三个要素是必不可少的要素。最简性是指所确定的三个基本要素,在内容上不能重复,一个基本要素不能由另外两个基本要素派生或者组合形成,而且这三个基本要素

---

[1] 郁滨等编著:《系统工程理论》,中国科学技术大学2009年版,第171页。
[2] 黄飞:《三维分析法》,山西经济出版社1999年版,第23页。
[3] 黄飞:《三维分析法》,山西经济出版社1999年版,第278页。

能从本质上代表每类要素的特征。完整性是指三个基本要素内涵的集合能完整地表达分析对象的内涵，由此而建立的三维体系能完整地表达分析对象的内在结构。三维体系的整体状态是由三要素的合力决定的，由于三要素所处的地位不同，每个要素对整体状态的作用大小也不同，一个主动要素的变换，导致其他两个从动要素也相应地发生变化，最终引起整体的变化。三维体系在运动过程中，以主动要素变化为起点，以三要素间相互作用为中介，以三要素综合变化为终点，完成了一个运动周期。① 三维体系的运动轨迹如图2-2所示。

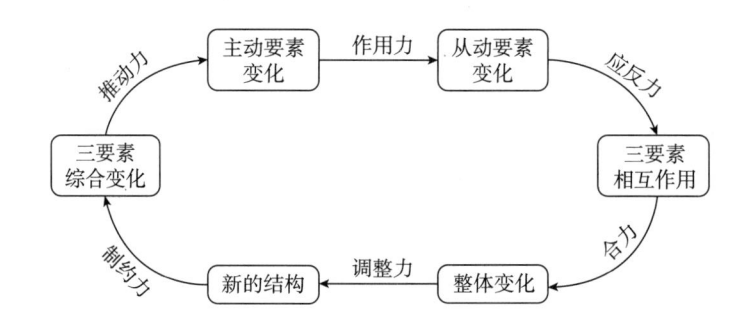

图2-2 三维体系运动轨迹

根据前文对教育财政及其功能的分析，我们可将教育财政活动看作一个联动的过程。因此，要对教育财政效率进行研究就需要抽象出其中的基本要素，并在此基础上，确定主动要素和从动要素，探寻教育财政效率的短板，进而为增进教育财政效率提出策略。

二 教育财政效率的三个维度

将经济学的效率概念引入教育领域后，研究者出于不同的研究视角对效率做出了相应的解读。教育财政效率即是效率概念在教育财政领域的应用。分析教育财政效率需要对教育财政过程进行解

---

① 黄飞：《三维分析法》，山西经济出版社1999年版，第49页。

构。前文已述，教育财政主要有三重功能，是包括从筹集资源、配置资源，再到监管使用资源这样一个联动的过程。筹集充足的资源是合理分配资源的前提，学校有效使用资源是教育财政效率的最终体现，也是教育财政下一循环的动力。可见，这三重功能覆盖了教育财政活动整个过程，三个环节中任何一环脱节都会导致教育财政活动无法实现。结合三维体系的一般判定模式（由三个最基本要素构成，三要素之间具有不可分割的内在联系，三因素之间相互制约），可以将教育财政看作一个三维体系。进而，根据三维体系基本要素的检验标准，我们可以规定出教育财政效率的三维，也即教育财政效率的三个基本要素。

教育财政效率是反映国家或地区教育财政管理水平高低的一个极其重要的标志，要提高一个国家或地区的教育发展水平，不仅在于增加教育投入，提高国家或地方财政教育支出在整个国家财政总支出中所占的比重，也在于加强教育财政管理，提高教育财政管理水平，最终提高学校对教育资源的使用效率。提供能够满足公众教育需求的教育经费是教育财政效率之本，而提高教育财政支出效率是教育财政永恒的追求。关于教育财政效率的界定，有学者认为，教育财政效率是指在教育资源总量一定的情况下，教育财政部门通过对教育资源配置方案的比较分析，在最大限度减少教育资源闲置和浪费的基础上，充分利用现有教育资源，获得最大教育产出以满足社会的效用。[1] 栗玉香教授认为，教育财政效率是覆盖了教育财政资金在不同环节所显示的效率，包括教育财政资金配置效率、财政资金拨付的财政运行效率、财政资金在教育生产或教育结果形成中的教育财政技术效率。[2] 进而，栗玉香教授认为，教育财政效率主要表现为：财政资金在三级教育中配置结构和比例是否合理，财政资金从政府部门配置到学校这一具体生产单位过程中是否存在效

---

[1] 李晓多：《我国农村义务教育财政体制问题研究》，博士学位论文，沈阳农业大学，2007年。

[2] 栗玉香：《教育财政学》，经济科学出版社2009年版，第148页。

率损失,以及教育服务生产过程中是否实现了成本最小化或产出最大化。① 可见,栗玉香教授在假设教育财政筹集到一定教育资源的前提下,只是在支出层面对教育财政效率进行分解。台湾学者林文达认为,教育财政效率有三类:一是增加教育投入,同时增加教育产出,使总投入获得最大总产出的经济效率。为获得这种效率,一方面教育投入应有选择性,应使每个人边际生产力最大;另一方面教育投入获得帕累托效率,即实现教育财政投入使部分人获益而没有任何人受损的情况。只要有人受益而无人利益受损,政府就应不断增加教育支出。二是维持一定教育投入水平,改进组织和管理技术以提高教育产出。三是限制教育投入,以保持同一的投入效率。② 林文达对教育财政的阐述则更大程度上覆盖了教育财政的整个过程,至少包含教育财政的三重效率:在教育财政支出水平较低的情况下,增加教育投入,为教育筹集充足的资源;在教育支出水平一定的情况下,追求资源配置的帕累托效率;在学校资源一定的情况下,提高学校资源利用效率。

  融合学者们对教育财政效率的解释,以三维分析法为理论支撑,笔者认为教育财政效率应该是覆盖教育财政从收入到支出整个过程的效率,从教育财政活动中抽象出来的基本要素应具有必要性、最简性和完整性,且三要素之间是独立的、相互制约的关系。结合上文笔者对教育财政功能的分解,本书将教育财政效率界定为,在满足教育发展需求根本目的基础上的教育财政运行的有效程度,是覆盖教育财政资金从筹集、配置到教育产出不同环节的效率。进而,我们将教育财政效率划分为三个维度:教育经费来源层面的教育财政筹资效率,经费分配层面的教育财政配置效率,微观层面的教育财政资金在教育结果形成或教育服务供给中的教育财政技术效率。教育财政效率三维各自有自己的特性,三者之间是相互制约的关

---

① 栗玉香:《教育财政学》,经济科学出版社2009年版,第147页。
② 林文达:《教育财政学》,台湾三民书局1986年版,第31—33页。

系，任何一个要素的变化都必然会影响到其他两个要素的变化。教育财政正是在教育财政筹资效率、配置效率和技术效率的相互依存、制约中实现其功能。因而，本书对普通高中教育财政效率的考察也由此三个维度生发开来。

三 教育财政效率的价值立场

（一）经济效率并非价值无涉

经济效率的研究具有纯技术性的成分是必须承认的，然而，经济学毕竟有别于自然科学，无论怎样强调研究方法的科学性，它仍然是以人类的经济行为作为研究对象，因而，不可能完全采用价值无涉的自然科学研究方法。经济效率并不像实证经济学家认为的那样可以处于一种绝对的"真空"状态，它从一开始就是为了生存，进而更好地生活而做出的各种努力，其主体是人。因此，对于经济效率而言，无论是资源配置格局的改变，还是交易过程中交易成本的节省，或是生产过程中的资源合理利用等，其最终结果都会使人的生活发生改变，而这些改变对不同的人会产生不同的影响，得到人们或好或坏的评价也就不同。这种关于好与坏的评价本身就是一种价值判断。可见，经济效率所包含的价值判断即效率观隐含了效率标准的多元性。[①] 所以，经济分析也不可避免地包含着价值判断，并且是以一定的价值判断为前提。面对同一种事实上的效率状况，不同的人基于不同的效率观可能做出不同的效率评价：甲可能认为是有效率或高效率的，而乙则可能是相反的评价。这样一来，对效率判断的前提是必须澄清其价值立场，也即，只有基于一定价值立场下的效率判断，其结果才是合目的性的。

（二）教育财政效率内含公平的价值立场

效率概念内含了强烈的价值判断，效率本身就是基于不同的目

[①] 黄少安：《资源配置效率标准的多元性与一致性原理——兼论帕累托效率标准》，《经济评论》1995年第3期。

的而言的。① 目的和效率统一于人们的实践活动中，包含有价值判断的目的是效率的起点和归宿，提高效率是实现目的的核心环节。事实上，在教育领域，不存在完全经济学意义上的效率，因为不管学校的规模有多大，学校设施有多完备，如果它没有促进人的发展，没有为国家和社会发展培养出合格的人才，从根本上说，这样的教育是没有效率的。对教育活动而言，教育的目的是促进学生的发展，这里的学生是指所有的学生，也即促进每一个学生的发展，这恰恰是教育公平最核心的内容。可见，教育效率的追求应内含公平的价值立场。进言之，在教育领域，公平与效率的关系不是各自独立的，而是目标和手段的关系，前者是后者存在的基础，后者是前者存在的条件，两者统一于教育产出的质量。与此相对应，教育财政效率也应体现公平的价值立场，其代表的核心利益主体是教育活动委托代理关系中的初始委托人——全体公民中的多数。

具体到普通高中教育财政效率的三层次来看，其内含的公平价值立场表现为：普通高中教育筹资追求的效率是为普通高中筹集充足的资源，有效发挥政府、市场和第三部门在教育筹资中的不同作用，内含的是起点的公平，即保证任何一个高中学生不因家庭经济原因而失学；普通高中教育财政配置效率追求的目的是满足全体公民对教育产品的需求，实现教育资源配置的公平，促进高中教育的均衡发展；教育财政技术效率的公平追求的是，学校内部资源得到合理的利用，减少资源浪费，提高教育产品质量，让学生获得公平的教育服务。

(三) 教育财政效率的表征

上文已述，追求教育财政效率是实现教育财政公平的手段，实现教育财政效率必须坚持公平的价值立场。事实上，具体到微观层面的教育财政公平，无非是用最小的成本，提供最优质的教育产

---

① 朱富强：《现代主流经济学的效率概念与价值无涉吗》，《学术研究》2009 年第 10 期。

品，满足最大多数人的教育需求。这体现出教育财政公平对效率追求的初衷。如果教育消费者对政府提供和配置教育资源的活动比较满意，政府也是按照公平的原则安排教育产品的供给，政府也能有效监督学校资源利用情况，那么就可以认为教育财政是有效率的。教育财政效率的理想状态是，如果这种效率达到了一种无法通过调整配置结构，使一部分人的公共教育需求的满足程度得到改善，而另一部分人的公共教育需求的满足程度不下降，这就达到了教育财政效率的帕累托最优状态。[①] 我们认为，在教育领域，由于公平因素的渗透以及教育产出计量的不准确性，使帕累托效率对教育效率的衡量具有一定的解释力。

因此，本书将帕累托最优认定为教育财政效率追求的目标。有学者基于帕累托效率的角度，对以公平为价值立场的教育财政支出效率的评价标准进行了概括，他认为评价教育财政支出效率应包括三个方面：一是教育财政支出的目标是否满足社会公共教育产品的需求；二是教育财政支出的过程中是否是以成本最小化方式进行；三是教育财政支出是否产生了最佳的教育产出。[②] 基于这一教育财政支出效率的评价标准，我们将其应用到本书的研究中，并认为普通高中教育财政帕累托最优的表征是：普通高中教育经费来源的主体为普通高中发展投入充足的资源，满足了公众对教育产品的需求；教育财政合理配置资源，实现普通高中教育差距逐步缩小，实现教育公平；学校内部教育经费使用获得最优的教育产出。反之，则可以认为当前的高中教育财政存在效率缺失，还有进行帕累托改进的空间。

[①] 由于帕累托效率没有统一的度量标准，只能通过比较的方式来定性描述效率的有效程度，使其运用受到了一定局限。

[②] 廖楚晖：《教育财政学》，北京大学出版社2006年版，第148页。

第三节　普通高中教育财政效率的理论逻辑

对效率的追逐是人类社会发展的永恒主体，前文对教育效率相关问题的理论梳理为本书的研究提供了坚实的理论支撑。具体到普通高中教育，其教育财政活动对效率的追求是普通高中教育领域永恒的内容。对普通高中教育财政效率的理论考察包括两个层面：一是为何要强调政府在供给普通高中教育产品中的作用；二是普通高中教育财政追求效率的内在理论渊源是什么。下面将对以上两个层面的问题进行回答。

一　普通高中教育财政运行的理论基点

普通高中教育财政运行的逻辑起点回答的是既然普通高中属于非义务教育阶段，为何要强调政府在供给普通高中教育产品中的作用。决定一种物品供给主体的依据是该物品的产品属性。通过对普通高中教育产品属性的分析发现，普通高中教育产品属性发生位移，这一结论与普通高中教育市场失灵和追求以"资源平等"为原则的高中教育公平，共同构成本书研究的理论逻辑起点。

（一）普通高中教育产品属性位移

公共产品理论是我们分析普通高中教育产品属性的理论基点，而在此基础之上，以教育产品属性动态原理审视，我们可以发现当前我国普通高中教育产品属性正发生位移。

1. 公共产品理论

对公共产品概念做出开创性界定者当属萨缪尔森，他在1954年和1955年的两篇精湛的论文中给公共物品做了严格的定义，即每个人对这种物品的消费不会造成任何其他人对该物品消费的减少。[1]

---

[1] Samuecson, P. A., "The Pure Theory of Public Expenditure", *Review of Economics of Statistics*, 1954 (11).

他从物品的两个基本特征——竞争性和排他性出发,把物品进行了分类:一个物品同时具有非竞争性和非排他性就是公共产品;一个物品同时具有竞争性和排他性就是私人产品;非竞争性和非排他性不完全的产品则为准公共产品。进而,公共产品理论可以简单地概括为,社会产品按照其消费形态和使用状况,可以分为公共产品、私人产品以及兼具公共产品和私人产品特征的准公共产品。该理论是决定产品供给主体的理论基础。公共产品理论认为,一般而言,公共产品是由国家来提供,私人产品由市场来提供,准公共产品由政府和私人共同生产和提供。整体而言,教育产品通常被认同为属于准公共产品,但是,教育领域的各个层次的公共产品纯度[①]是不同的,教育层级越低,公共产品属性越强,教育层级越高,私人产品特征越明显(见图2-3)。目前,学术界对义务教育和高等教育有大致相同的看法。一般认为,义务教育更接近于纯公共产品,高等教育更接近于私人产品,而对介于其中的高中教育产品属性的判定则一直不够明确。

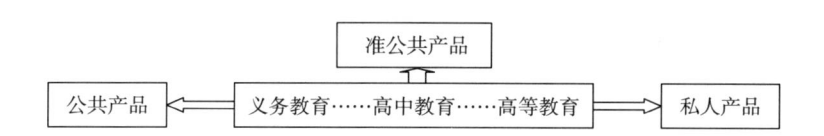

图2-3　各层次教育产品属性分布

2. 教育产品属性动态原理

无论一种产品是被作为私人产品生产,还是作为公共产品提供,并不是由产品本身恒定不变的自然属性决定的,而是人们通过在特定历史条件下对该产品的规定与限制,决定把它作为私人产品或是公共产品。进言之,所谓的教育产品属性其实是指教育产品的社会

---

① 陈国庆、王叙果:《公共产品纯度:公共产品市场建设的理论基础》,《财贸经济》2007年第10期。

属性，而非自然属性。而既然是社会属性，在不同的社会发展阶段，社会属性是会发生变化的。有学者提出了教育产品属性动态原理。它是指一种物品的产品属性并非是一成不变的，在不同的经济阶段同一物品也可能因其所处的社会经济环境的差异而呈现出不同的产品属性。① 按照产品属性的动态原理，回溯义务教育的发展历程就可以发现，我国义务教育产品属性经历了从准公共产品向纯公共产品的变更。因为从世界范围内来看，各国义务教育涵盖年限的规定不是固定统一的，而是随着时代变迁不断地发生着变化，其总体趋势是义务教育年限不断延长：最初义务教育仅涵盖了小学阶段，而后逐步扩展至初中，再后来部分国家将其扩展到高中阶段。② 可见，义务教育年限是通过制度安排的形式规定的。从这个意义上讲，公共产品实际就是一种制度安排。③ 基于此，我们认为义务教育的公共产品属性不是自身固有的，而是其应对社会经济发展做出的改变，并可以通过制度安排的形式固定下来。

3. 普通高中教育产品属性发生位移

一种社会物品人们对它的需求越具有基础性时，这种物品所表现出来的公共性越强。随着高中教育入学率的不断提高并走向普及，中国人力资本积累将主要依靠高中教育的扩大。高中教育将成为人力资本增长的主要贡献者，而在此之前，初中教育的贡献最大。④ 当社会对于普通高中教育的需求越来越强时，其基础性地位就要求政府发挥其公共服务的功能，承担起高中教育的政府责任。现实表明，普通高中教育的基础性凸显。从1999年以来，我国高等

---

① 雷晓康：《公共物品提供模式的理论分析》，陕西师范大学出版社2005年版，第12页。
② 闫建璋：《免费高中教育：开发我国人力资源的有效途径——高中教育产品属性的视角》，《中国教育经济学年会会议论文集》，2010年。
③ 顾笑然：《教育产品属性发凡——基于公共产品理论的批判与思考》，《中国成人教育》2007年第12期。
④ 李慧：《高中教育发展失衡的现状分析及对策思考》，《教学与管理》2010年第6期。

第二章 普通高中教育财政效率的分析逻辑

教育大众化进程的步伐逐年加快,截至 2010 年我国高等教育的毛入学率达 26.5%,到 2015 年将达到 36%,新增劳动力平均受教育年限将达到 13.3 年,接近中等发达国家平均水平。[①] 这说明普通高中教育正在成为教育的基本需求。同时,从交易成本理论的视角来看,统一的国民素质的形成有利于减少生活(也即交易过程)中的摩擦,降低交易成本,从而达到提高社会经济效益的目的。普通高中是培养统一的国民素质,形成统一的价值观和道德观的重要阶段。[②] 高中教育将在为进一步提高我国基本国民素质方面发挥更加重要的作用。

上述分析表明,时代对普通高中教育的需求发生变化,普通高中教育产品属性应作出调适性适应:普通高中教育产品属性由准公共产品向纯公共产品位移。我们可以用一个数轴来表示,数轴的左端代表公共产品,右端代表私人产品,普通高中教育产品属性用一个三角表示(如图 2-4 所示)。公共物品的经济发展观主张要动态地看待物品的产品属性,势必要求动态地看待物品的提供模式,按照这一观点,普通高中教育产品属性的位移,势必要求政府转变当前高中教育产品的提供方式,发挥出政府对具有强公共产品属性的教育产品供给的主体作用。

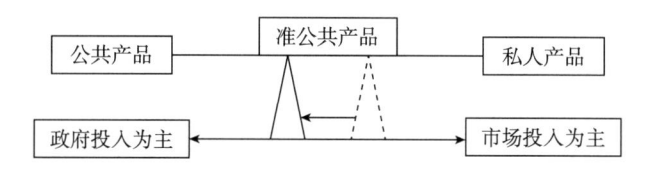

图 2-4 高中教育产品属性位移

[①] 《我国高等教育毛入学率达 26.5%》,《人民日报》2011 年 3 月 29 日。
[②] 王兆娟:《免费公办高中教育的矛盾与出路》,《2008 年中国教育经济学年会会议论文集》,2008 年。

（二）普通高中教育市场失灵

上文对普通高中教育产品属性的分析表明，普通高中教育凸显出更多的公共产品特征，更需要加强政府的责任。然而，强调政府的责任并非不鼓励市场对普通高中教育投入。在理论界，一般认为，政府、市场和第三部门共同参与公共产品的供给，才能有效实现三者在功能上的相互补充和失灵时的相互矫正。① 教育的公共产品属性决定了政府、市场和第三部门理应成为教育投入的三大主体。然而，三级教育因具有不同的产品属性，市场、政府和第三部门作为投入的主体在各级教育经费投入中发挥着不同的作用。② 市场是通过价格和竞争等机制来调节需求和供给从而配置资源的有效方式，教育资源的有效配置也需要发挥市场的作用。学校教育实质就是学校提供教育机会满足个人和社会对教育机会的需求。因此，教育中实际上只有一个市场，即教育机会市场。③ 市场机制能够有效地配置社会资源是建立在完全竞争市场④假设基础上的，但现实中的市场却存在由于市场机制不能或不能完全有效地发挥作用而导致社会资源无法得到最有效配置，即市场失灵。同一般市场一样，教育机会市场也存在失灵问题。其失灵主要表现在两个方面：一是不能充分筹集教育资源；二是在筹集资源的过程中，损害了受教育者的权益，影响了教育事业的健康发展。

普通高中教育机会市场失灵的表现较为明显，如民间资金利用不足，私立普通高中发展遭遇困境；为筹集更多的教育资源，高中学校高收费、乱收费导致低收入家庭教育放弃等。分析我国高中教育机会市场失灵的原因，主要包括两个方面：一是由于普通高中教

---

① 谭俊英：《构建第三部门投入农村义务教育的非正式制度环境》，《现代教育管理》2012年第1期。
② 谭俊英：《第三部门投入农村义务教育的制约因素研究》，硕士学位论文，西南大学，2010年。
③ 张学敏、叶忠编著：《教育经济学》，高等教育出版社2009年版，第142页。
④ 完全竞争市场必须同时具备私人占有资源、信息完全、不存在外部性、资源完全自由流动和不存在垄断等条件。

育机会市场中的垄断办学和垄断定价使公共教育机构之间常常缺乏充分的竞争,[①] 加之优质教育资源的稀缺,这必然导致教育机会市场出现垄断。公办高中由于得到财政的历史倾斜,不论在学校软件还是硬件上都具有较强的优势;而处于起步阶段的私立学校在数量和质量上都难以和公立学校竞争。[②] 垄断办学使公办高中和重点高中从资金、师资、政策福利和生源方面都具有私立学校无法与之竞争的优势,导致私立高中学校要提升社会吸引力很难。另外,由于普通高中学校处于绝对的卖方市场,垄断定价妨碍了有效竞争,个人和家庭在教育机会市场中不能通过竞价手段实现对优质教育的获取,因此出现高收费和乱收费现象,造成了教育机会市场的失灵。二是政府对教育干预所存在的越位和缺位现象。[③] 20世纪90年代,因重点学校政策而导致的普通高中发展不均衡,使民众炽热的教育选择需求在多渠道筹措办学经费的政策默许背后被刺激起来,形成了极具中国特色的高中学校择校收费现象。高中择校收费在为重点学校筹集了更多的资源的同时,带来了深层次的教育不公平问题,这也是教育机会市场失灵的表现。面对高中择校引发的教育乱收费问题,2003年7月,教育部办公厅发出《关于公办高中严格执行招收择校生"三限"政策的通知》,要求各地公办高中严格执行"三限"政策。[④] "三限"政策的出台标志着我国普通高中择校收费从多年的政府管制的非法乱收费行为,转变为政府许可的合法行为。该政策背后显示出,政府作为利益相关者不愿承担太多普通高中投资义务的利己心态和希望能够在有选择愿望和能力的家长中进行融资以扩大经费来源的心态。[⑤] 收取高额择校费这一类普通高中教育机

---

① 甘国华:《论教育市场失灵与政府规制》,《江西教育科研》2005年第1期。
② 刘弘:《我国教育市场垄断性的实证研究》,《财经研究》2008年第4期。
③ 张学敏、叶忠编著:《教育经济学》,高等教育出版社2009年版,第157页。
④ "三限"政策是指政府举办的公办高中在完成本年度招生计划的前提下,可以招收一定数量的择校生,但必须严格限人数、限分数和限钱数。
⑤ 王星霞:《论"普通高中"三限政策的终结》,《上海教育科研》2011年第12期。

会市场失灵问题产生的本源是政府责任的缺位。因此，加强政府对普通高中教育的责任是矫正普通高中教育机会市场的重要途径。

（三）实现以资源平等为原则的高中教育公平

罗尔斯的平等原则带有较强的平均主义倾向，适用于义务教育，因为义务教育追求的是适龄儿童平等地接受教育，体现的是国家对公民素质的基本要求。而普通高中即使实现普及，也不是等同于9年义务教育，因为它仍然具有为高等教育选拔人才的性质，关注高中教育平等用罗尔斯的平等原则不太适切。1981年，美国著名的法学家、哲学家罗纳德·德沃金（Ronald Dworkin）在《哲学与公共事务》上发表了两篇论文，提出了资源平等理论。德沃金对资源的理解不是停留于一般意义。他所指的"资源"是广义上的资源，包括人格资源和非人格资源两个部分。非人格资源主要包括货币、房屋和土地等可以被分配和转让的财富；而人格资源则包括个人的禀赋、健康、体格和技能等。此前的平等主义理论大多只关注个体自身之外的不平等条件，比如形式上的不平等（歧视）和实质性的不平等（家庭经济背景和社会背景等），较少关注人格资源的不平等（自然禀赋）。① 然而，众所周知的是，不同个体间人格资源存在巨大差异。德沃金认为要实现人格资源的平等，就应该通过非人格资源的再分配，为人格资源的欠缺者提供补偿性非人格资源，使他们在基本知识、基本能力等方面基本达到与正常人同样或相当的水平。按照德沃金的分析，国家和社会有责任保证公民能够平等地生活，既要保证公民的命运不受外部条件，如经济背景、种族、性别或不利条件的影响，也要努力使公民的命运与个体自身作出的选择密切相关。② 进而，德沃金提出了资源平等原则：按照平等原则，为人们分配相等的物质资源，以消除人们在非人格资源上的差别；按照个人责任原则，让个人承担自身选择而产生的结果。这种结果

---

① 张灵、黄学军：《德沃金资源平等理论及其教育意蕴》，《复旦教育论坛》2012年第1期。

② 冯建军：《高中教育公平的哲学基础》，《教育科学研究》2011年第2期。

可能是不平等的，但却是公平的。同时，为了在资源分配中体现个人责任原则，德沃金提出"拍卖"方案。在拍卖过程中，如果没有人宁愿放弃自己的而选择别人的那一份，那么拍卖的结果将是人人都是满意的。"拍卖"方案既给予了每个人平等的尊重，又赋予了每个人充分的选择自由。"拍卖"方案很好地体现了起点平等和个人责任原则。但是由于资源分配可能受一些客观因素的影响，如个人禀赋、运气等造成结果不平等，德沃金又提出了"保险"方案，即运用补贴的再分配形式，给人们提供一种基本的平等保障，是对"拍卖"不平等的补充。两种分配方案体现了"敏于志向"和"钝于天赋"的原则。德沃金对这两个原则的具体表述是，一方面"允许任何特定时刻的资源分配对人们的抱负敏感，也就是说，它必须反映人们作出的选择为自己带来的成本和收益……但另一方面，我们不允许资源分配在任何时候对天赋敏感，即让它受到给在自由放任经济中有着相同抱负的人造成收入差别的那一类能力的影响"。[①]简而言之，这两个原则表明，资源的分配应该取决于个人的志向，而不应该取决于他们追求志向的环境条件。

如果说义务教育是面向全体国民的教育，其公平关注的是平等；高等教育则是培养社会英才的精英教育，其公平注重的是自由选择；那么普通高中则是既关系到国民素质的提升，又要为高等教育选拔人才。因此，普通高中的教育公平既要考虑平等，又要注重个人的自由选择。这是高中教育的特殊性同"资源平等"理论的契合点。当前，我国已全面普及高中阶段教育。然而，普及高中阶段教育并不是普及普通高中教育，也就是说，仍然有大部分学生只能进入职业高中。可见，普通高中的另一端仍然连接着具有选拔性质的高等教育，普通高中依然肩负着人才选拔的使命。按照德沃金的公平原则，普通高中教育不能不考虑个人的天赋，但又不能只依据天

---

① 罗纳德·德沃金著：《至上的美德：平等的理论与实践》，冯克利译，江苏人民出版社2007年版，第94页。

赋，在资源配置中，需要为每个人提供一份"保险"。也就是说，普通高中学校应该提供的是一种合格的高中教育以保障高中生基本素质发展，而政府应该为那些希望读高中并有学习能力的学生提供基本的物质条件。因此，政府在为保证普通高中教育产品达到基本质量，提供基本的办学底线标准的同时，应该促进普通高中教育的多元化发展，使学生有可以选择的多种机会和可能。而在这两者中，加大政府对普通高中教育的投入力度，是以"资源平等"为原则追求高中教育公平的首要路径。

二　普通高中教育财政追求效率的内在机制

为普通高中教育筹集充足的资源是教育财政的首要内容，资源稀缺理论无疑成为本书研究的理论基石。同时，普通高中教育财政活动追求的效率其实是帕累托效率，帕累托改进理论当然也是本书研究的另一个重要的理论基础。此外，教育财政各环节都是具体的理性"经济人"在执行，存在机会主义行为在所难免，教育财政活动中存在的委托代理关系必然影响普通高中教育财政效率，因此，委托代理理论也为我们的研究提供了理论参照。

（一）资源稀缺理论

经济学产生的根本原因在于客观存在的资源稀缺性以及由此引起的选择的需要。资源的稀缺性也叫资源的有限性，是指相对于人类欲望的无限性，用来满足欲望的物品总是有限的。[①] 资源稀缺与人类欲望无限的矛盾是人类社会最基本的矛盾。从逻辑上看，资源的稀缺性是经济学的基本命题。没有稀缺性，也就无所谓经济学。萨缪尔森在《经济学》中这样写道："如果资源是无限的，生产什么，如何生产和为什么生产就不会成为问题。如果能够无限量地生产每一种物品，或者，如果人类的需要已完全满足，那么某一种物品是否生产得过多是无关重要的事情，劳动与原料是否配合得恰当

---

① 樊宝平：《资源稀缺是一条普遍法则——兼与周肇光同志商榷》，《经济问题》2004年第7期。

也是无关重要的事情。……研究经济学或'寻求经济的办法'就会没有什么必要。"正是由于稀缺性的存在，如何应对资源的稀缺成为人类面临的永恒问题。要解决这个问题，就必须进行选择。所谓"选择"，就是研究如何利用现有的资源去生产经济物品，以更有效地满足人类的欲望。因此，经济学实质是关于"选择"的科学，它主要研究人类和社会如何做出选择，使有限的资源和物品能更有效地满足多方面的需求。[①]

在教育领域，资源的稀缺性问题同样存在，因此，如何为教育筹集充足的资源也是教育发展面临的首要问题。目前，我国教育资源稀缺性问题还并非来源于人们无限的教育需求层面，而是基本的教育需求都得不到满足，教育投入不足问题在教育领域表现明显。据统计，目前在国家财政性教育投入层面，其世界平均水平为7%左右，其中发达国家达到9%左右，经济欠发达的国家也达到4.1%。[②] 4%的投入指标是世界衡量教育水平的基础线。虽然我国早在1993年就提出在2000年实现国家财政性教育经费占GDP 4%的目标，但时间表却推迟至2012年。而这仅有的占GDP 4%的教育财政性教育经费投入既要优先用于满足义务教育的发展，又要保证收益见效快的高等教育发展，这样导致的结果必然是高中教育财政性经费投入不足。教育资源的稀缺决定教育财政必须考虑效率因素。因此，如何为普通高中教育筹集更多的资源，如何充分调动协调好政府、市场和第三部门这三个投入主体之间的关系，提高教育财政筹资效率，是推动高中阶段教育普及，促进高中教育发展的前提条件。

（二）帕累托改进理论

帕累托改进（Pareto Improvement）是以意大利福利经济学家帕累托来命名的，并基于帕累托效率概念基础之上。帕累托标准的最

[①] 罗丽英等编著：《经济学导论》，湖南大学出版社2007年版，第4页。
[②] 吴晶、吴晶晶、崔静：《义务教育实至名归 再度考验4%的投入指标》，http://news.hexun.com/2008-03-06/104257070.html。

大特点在于避免对不同人之间的福利进行比较，也就是说，它从不试图去计算个人福利的数量、不去权衡不同人福利的损益。它强调的是能使一些人受益的同时而又无人受损的状态。所谓帕累托效率（Pareto Efficiency），也被称为帕累托最优（Pareto Optimality），是资源配置已经达到这样一种经济状态，即任何形式的资源重新配置方式，都无法使调整后一些人的境况变好，而其他任一个人的境况不变坏。[①]换句话说，"任何一个人要使自己处境更佳，必须以使其他人处境更差为前提"。[②]在现实生活中，帕累托最优只是资源配置的一种理想状态，绝大多数资源配置都处于配置低效或帕累托改进的状态。帕累托改进是指改变资源配置格局，没有使任何一个人的境况变坏，但至少使一个人的状况变好。可见，帕累托最优与帕累托改进二者的关系是：帕累托最优是不需要进行帕累托改进时的最优状态；而帕累托改进是达到帕累托最优的方法和路径。帕累托效率是公平与效率的"理想王国"。

在教育资源供给中，由于各地经济发展水平的差距和历史的原因，在不同地区和学校之间，存在着结构性短缺。这种结构性短缺反映为区域之间、重点学校与薄弱学校之间普通高中教育经费的明显差距。教育资源的区域和校际差距的存在，一方面是由于自然和历史的原因而造成的经济发展水平和教育基础的悬殊，比如在不同县域之间或是在同一县域内重点和非重点学校之间的生均教育经费相差数倍，实际上是几个历史阶段的教育差距累积所致。这种由于历史原因导致的差距，有赖于经济社会的协调发展，需要较长时间的努力。另一方面则是由于政府的非均衡发展政策，即在国家建设一批重点学校、优质学校的政策指引下，教育资源向这部分学校倾斜，导致了教育资源配置的不平等。这种结构性短缺如果不能得到

---

① 李娣、崔潮：《教育财政资源配置中的公平与效率问题》，《改革与战略》2011年第4期。

② ［英］詹姆斯·E. 米德著：《效率·公平与产权》，施仁译，北京经济学院出版社1989年版，第2页。

矫正，教育资源的"马太效应"将继续衍生，教育非均衡发展也将愈演愈烈。因此，合理配置教育资源，调整教育资源的配置格局，对教育资源配置进行帕累托改进，可以实现在既不减少重点学校境况的同时，也能够改善薄弱学校的经费短缺状况，进而促进教育的均衡发展。

（三）委托代理理论

委托代理理论起源于20世纪40年代，到70年代得到迅速发展，它是现代经济学理论的重要内容，被广泛地运用于制度经济学、产权经济学等领域。普拉特和泽克豪瑟（J. Pratt & R. Zeckhauser）认为只要一个人依赖于另一个人的行动，委托—代理关系就产生了。[①] 根据杰森和麦克林（M. Jensen & Meckling）的定义，委托—代理关系是指一个或多个行为主体根据一定的显明或隐含的契约或规则，制定或雇用另一些行为主体为其提供服务，与此同时授予后者一定的决策权力，并根据其提供服务的质量和数量支付相应的报酬，授权者为委托人，被授权者为代理人。[②] 委托代理理论是一种建立在信息不对称基础条件上的理论。基于信息不对称的存在，在委托代理关系中就难免会出现委托代理问题。从占有信息的情况看，代理人相对于委托人是信息优势方，因此，在一定程度上说，委托代理问题主要是指代理人问题。所谓代理人问题是指，由于代理人的目标函数与委托人的目标函数不一致，加上不确定性和信息不对称性的存在，代理人有可能会偏离委托人的目标函数行事，而委托人却难以对其进行监督，以致出现代理人行为可能会损害委托人利益的情况。虽然委托人和代理人可以通过签订契约在一定程度上约束代理人行为，但个人努力水平的难以观测性意味着代理人的努力水平不能够被完全包含在契约条款中。契约双方的信息不对称导致的代理人问题通常表现为逆向选择和道德风险。逆向选

[①] 胡代光：《西方经济学说的演变及其影响》，北京大学出版社1998年版，第2页。
[②] 孙伟忠、朱哲：《高等教育中的委托代理关系探析》，《长白学刊》2008年第2期。

择是指,在信息不对称的状态下,接受合约的一方利用自己占有更多私人信息的优势为个人谋利,从而使交易过程偏离信息缺乏者的愿望。可见,它是代理人在签约前隐瞒信息的机会主义行为。所谓道德风险,是指当交易契约达成后,代理人为使自身效用达到最大化而做出有损委托人利益的机会主义行为。由于信息不对称和契约不完全性的存在使代理人损害委托人利益的道德风险问题屡见不鲜,这就需要委托人设计出某种契约或机制,约束激励委托人和代理人行为,实现两者目标函数的契合,促进代理人选择适合委托人利益的最优努力水平。[①]

普通高中教育是一个有着众多利益相关者的教育活动,这种多层次的利益相关者就产生了多层委托—代理关系,导致了委托—代理问题的必然产生。粗略地看,其中的第一层委托—代理关系是全体社会公民与政府之间的委托—代理关系,这种关系是国家通过颁布制度法令等方式获得财政收入并交由各级政府代理国家实施的一种关系。全体公民(家庭、学生)将其接受普通高中教育所需资源委托给政府,成为初始委托人,政府则成为为公民提供教育服务的代理人。在此委托—代理关系基础之上,中央政府、省级政府和县(区)级政府之间又存在层层委托—代理关系。第二层委托—代理关系存在于各级政府与高中学校管理者之间。高中学校是提供教育服务的微观组织,因此,政府以委托人的身份与高中学校管理者之间形成委托—代理关系。政府由此成为中间委托人,学校则成为代理人。第三层是高中学校管理者和教师之间的委托—代理关系。由于学校管理者只是管理者,不是教育服务的直接提供者,他们只能委托教师完成教学任务。这就形成了学校管理者与教师之间的委托代理关系。第四层委托—代理关系发生在教学活动中,普通高中学校的教师作为"最终代理人"与"初始委托人"学生(家庭)实

[①] 陈天祥:《新公共管理:政府再造的理论与实践》,中国人民大学出版社2007年版,第52页。

现对接,达到初始委托人通过多层委托代理关系获得教育服务的目的。[①] 在普通高中教育财政活动中,由于这种多层委托代理关系的存在,作为"经济人"的个体,极易产生委托代理问题,导致普通高中教育财政效率缺失。

[①] 张学敏、叶忠编著:《教育经济学》,高等教育出版社2009年版,第303页。

第三章

我国普通高中教育财政收支的基本格局

学校经费如同教育的脊梁,[①] 教育发展需要有充足的教育经费。教育财政是支撑教育事业的骨骼,是教育领域配置资源的手段。进言之,教育资源配置是通过教育财政"收支"活动实现的。"收"是教育财政筹资功能的发挥,也即教育财政通过各种行政、经济、法律手段为教育筹集资源;而广义上的"支"则是教育财政资源配置功能和监管资源使用功能的发挥。[②] 教育财政收入和教育财政支出是相互依存的关系。教育财政收入是教育财政支出的基础和前提,教育财政支出是教育财政收入的目的和归宿,是教育财政活动的核心和关键所在。了解近年来我国普通高中教育财政收支格局是研究普通高中教育财政效率的基础。

第一节 我国普通高中教育财政收入的构成

稳定的教育财政收入是教育发展的物质基础和前提,积极有效

---

① 范先佐:《筹资兴教:教育投资体制改革的理论与实践问题研究》,华中师范大学出版社1999年版,第1页。

② 由于教育经费的使用要具体到微观的学校层面,限于研究时间和能力,本章不具体到学校层面,仅从普通高中教育财政资源配置功能的角度来考察。

地筹集充足的教育资源是教育财政活动的首要目标。① 普通高中教育财政收入的多少决定了其可能的支出量,分析近年来普通高中教育财政收入构成可以了解我国当前普通高中教育财政总体情况。

一 普通高中教育财政收入构成的理论分析

严格意义上讲的教育财政收入,是指国家运用国家权力以税收、发行公债等方式征收到的教育财政资金。然而,对应本书研究中教育财政的概念,政府筹集到所有的教育资源可以被视为教育财政收入的范畴。陈彬也认为,广义地讲,列入预算外的各种教育经费也属于财政资金的范畴,因而在多数情况下,教育财政收入与教育经费是同义语。② 下文笔者进一步从政策文本和现实层面分析将普通高中教育经费视为普通高中教育财政收入的合理性。一般而言,国际上的教育经费来源主要包括三个方面:一般性财政拨款、教育类税和教育非税收收入。我国还没有专门用于或主要用于教育的税种。因此,基于国际上的教育经费收入范畴,可以认为我国的教育财政收入包括财政性教育拨款和教育非税收入两部分。非税收入③第一次出现在政府文件中是2004年财政部颁发的《关于加强政府非税收入管理的通知》。参照非税收入的概念,教育系统政府非税收入则可以定义为,各级教育部门依法利用政府权力、政府信誉、国家资源、国有资产或者特定公共服务、准公共服务取得并用于满足社会公共需要或者准公共需要的财政资金。④ 我国目前

---

① 宁本涛:《教育财政政策》,上海教育出版社2010年版,第9页。
② 陈彬:《教育财政学》,武汉工业大学出版社1992年版,第50页。
③ 我国财政收入由税收收入和非税收入构成。从历史上来看,我国的非税收入是从预算外资金演变而来。财政部通知界定的政府非税收入是指,由各级政府、国家机关、事业单位、代行政府职能的社会团体及其他组织依法利用政府权力、政府信誉、国家资源、国有资产或提供特定公共服务、准公共服务取得并用于满足社会公共需要或准公共需要的财政资金,是政府财政收入的重要组成部分。政府非税收入管理范围包括:行政事业性收入、政府性基金、国有资源有偿使用收入、国有资产有偿使用收入国有资本经营收益、彩票公益金、罚没收入、以政府名义接受的捐赠收入、主管部门集中收入以及政府财政资金产生的利息收入等。
④ 《山东省教育系统政府非税收入管理暂行办法》,http://web.qdu.edu.cn/zzjg/caiwu/qdu_caiwu_view.asp?id=253。

开征的教育非税收入主要包括教育费附加、地方教育附加和地方教育基金、国有资源有偿使用收入、国有资产有偿使用收入、以政府名义接受的捐赠收入、应缴纳财政资金产生的利息收入等。同时，2011年政府收入分类科目中重新规定了"教育行政事业性收入"包括的主要项目有：高中以上学费、住宿费，高校委托培养费，函大、电大、夜大及短训班培训费等教育收费。广州省越秀区也对教育部门非税收入范围进行了详细的划分。① 可见，无论是教育行政事业性收入还是以政府名义接受的教育捐赠都是属于我国财政收入的部分。基于此，结合本书研究中广义的教育财政概念，联系当前普通高中教育经费"收支两条线"的财务管理模式，可以认为普通高中教育财政收入不仅包括政府运用国家权力以税收、发行公债等方式征收到的教育财政资金，不同的利益主体基于不同的目的以不同的方式为普通高中教育提供的资源，也是教育财政收入的范畴，其货币表现形式即是教育经费。

  从我国教育经费构成来看，政府、市场和第三部门是教育经费构成的三个主要渠道。综合上述分析可以推导出，财政拨款、市场投入（学生缴纳学费、住宿费、择校费等）和第三部门投入（以政府名义接受的捐赠收入）都可以看作教育财政收入的组成部分。然而，需要说明的是，学费、住宿费等收费是私人承担教育成本的一种方式，代表市场对教育的投入，而社会的教育捐赠是第三部门的教育投入，二者可以看作教育财政收入的构成部分，但将二者视为财政性教育投入是不适当的。因为，实践中虽对这些非税收入实行"收支两条线"管理，但这种管理方式不能改变学费、择校费等

---

① 教育部门非税收入指区属普通中小学、职业中学、特殊教育学校、幼儿园和其他教育部门属下事业单位收取的行政事业性收费、国有资产有偿使用收入、以政府名义接受的捐赠收入及其他收入，上述非税收入具体包括学杂费、书杂费、保教费、借读费、择校费、住宿费、实习费、出租场地收入、合作办学国有资产占用费、捐资助学款、国有资产处置收益、课外托管费、补课费、利息收入等学校应缴收入。参见《越秀区教育部门非税收入实行"收支两条线"的管理意见》，http：//www.yj.yuexiu.gov.cn/dsjw/lzdzs/detail.jsp?catid =6643 | 6663 | 6667&id=95。

收费的性质和第三部门的自愿捐赠性质，不能将私人、社会对教育的投入视为政府对教育的财政性拨款，即这些收费在性质上并不能因管理方式上的特殊而成为政府财政性资金。而且，两者是两个不同的层面，教育财政收入的载体是教育财政机构，政府财政性拨款的主体是政府。

进而，具体到我国教育经费构成的统计口径层面，教育经费可以分为两大部分：一是财政性教育经费，也即财政教育投入；二是非财政性教育经费，也即非公共性教育经费投入。[①] 从财政性教育经费和非财政性教育经费两个方面分析普通高中教育经费构成情况，就能把握普通高中教育财政收入情况，也能了解政府对普通高中教育投入的努力程度。

二 普通高中教育财政收入构成现状

为统计的方便，笔者将财政性教育经费归为政府投入，社会捐赠、集资办学经费归为第三部门投入，除此之外的事业收入（包括学杂费）和社会团体、公民个人办学经费以及学校其他收入，都视为市场投入。通过对《中国教育经费统计年鉴》（2006—2011）进行数据整理，我们得到 2005—2010 年我国普通高中教育财政收入的来源构成，见表 3-1。

表 3-1　　2005—2010 年我国普通高中教育财政收入构成

单位：千元

年份	2005	2006	2007	2008	2009	2010
总计	66818864	77023757	139350441	160223558	177944346	200334600

---

① 《中国教育经费统计年鉴》中对教育经费统计指标进行了说明。"国家财政性教育投入包括预算内教育经费（教育事业拨款、科研经费拨款、基建拨款、专项拨款和非专项拨款），各级政府征用于教育的税费，企业办学经费、校办产业（勤工俭学和社会服务）收入中用于教育的经费（以下简称'校办产业收入'）。非财政性教育经费包括学校的事业收入、捐赠收入和其他收入。"参见《中国教育经费统计年鉴》（2010）中关于全国教育经费统计指标说明。

续表

年份	2005	2006	2007	2008	2009	2010
一、政府投入	32919147	40782634	79481949	96124200	110934070	132183501
预算内教育经费	27905412	34532681	68990981	83789224	98536957	117585796
二、市场投入	32825397	35199728	58575679	62549019	64590498	66332641
1. 事业收入	26773822	28801789	52494180	56964934	58982355	61052575
其中学杂费	16960859	18268157	37097080	39269189	40719479	43574909
2. 民办学校投入	3259246	3618042	1562584	876452	705720	987095
三、社会捐赠	1074320	1041395	1292813	1550339	2419778	1818458

资料来源：根据《中国教育经费统计年鉴》（2006—2010 年）有关数据整理而得。

为进一步直观表达 2005—2010 年我国普通高中政府投入、市场投入和社会捐赠的变化趋势，我们将表 3-1 的数据绘制成图。由图 3-1 可以清楚地看到，2005—2010 年我国普通高中教育经费投入总体是上升的趋势。结合图 3-1、表 3-1 的内容可知，2005 年、2006 年，我国普通高中教育财政收入中的政府投入和非政府投入几乎各占一半。至 2007 年普通高中的教育财政投入急剧增长，比 2005 年增加了 1.4 倍。2007—2010 年政府对普通高中的教育投入

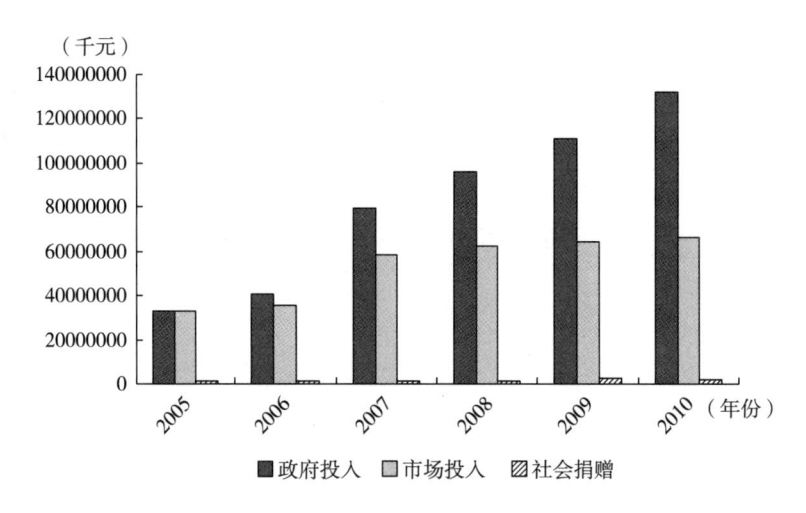

图 3-1　2005—2010 年我国普通高中教育经费变化

仍然保持平稳的增长趋势，至2010年普通高中财政性教育投入1321亿元，比2005年增加了3倍多；预算内教育经费也实现了快速增长，普通高中预算内教育经费由2005年的约279亿元增长到2010年的约1176亿元。

与此对应的是普通高中的市场投入，从2005年的约328亿元缓慢上升至2006年的约352亿元；至2007年，市场投入呈现急剧增长，比2005年增加了约1.8倍。从图3-1、表3-1还可以看出，普通高中教育财政收入中的国家财政性教育经费主要靠预算内教育经费拨款，并且预算内教育经费拨款占国家财政性教育经费的比例也呈逐年增加的趋势。普通高中预算内教育经费拨款占普通高中教育经费投入由2005年的41.76%增加到2010年的58.69%。同时，市场投入是普通高中教育经费构成的重要组成部分，而事业收入又是市场投入的主要构成来源。如表3-2所示，普通高中的事业收入占市场投入的比例从2005年的82%逐年攀升到2010年的92%。

表3-2　2005—2010年普通高中事业收入占市场投入的比重

年份	2005	2006	2007	2008	2009	2010
普通高中事业收入占市场投入的比重	82%	82%	89%	91%	91%	92%

在普通高中事业收入中学杂费收入又是其主体部分，2005—2010年普通高中学杂费收入占普通高中事业投入的比例也在逐年增加（见图3-2），由2005年的52%上升至2010年的66%，年均约增长2.8%（见表3-3）。

表3-3　2005—2010年普通高中学杂费占事业收入的比重

年份	2005	2006	2007	2008	2009	2010
普通高中学杂费占事业收入的比重	52%	52%	63%	63%	63%	66%

◆ 普通高中县级教育财政效率问题研究

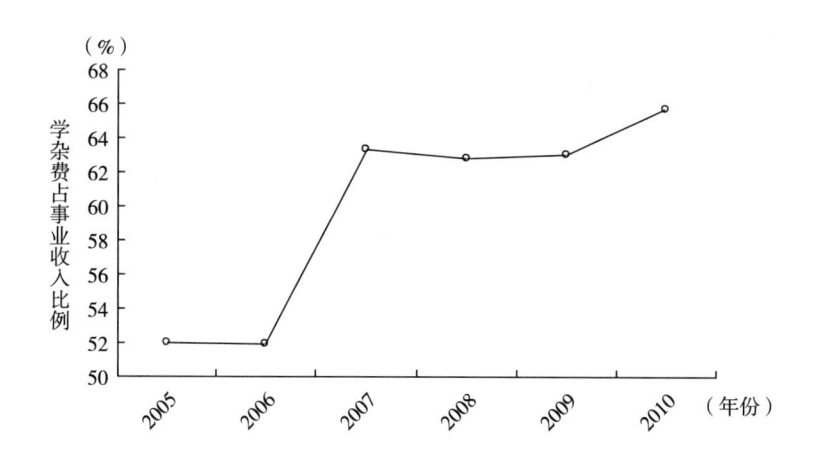

图 3-2 2005—2010 年学杂费占普通高中事业收入比例变化

与此同时,市场投入中民办学校投入总量少,且投入不稳定,总体呈下降的趋势。值得一提的是,2005—2010 年第三部门对普通高中的投入总量都很少,占普通高中教育财政总收入的比例不高,投入不稳定,并且有逐渐萎缩的趋势。

第二节 我国普通高中教育财政支出的结构

教育财政收入与支出是一个联动机制,取得教育财政收入的目的是满足教育支出的需要。教育财政支出[①]是教育财政活动中的一个重要环节,在整个教育事业发展中起着十分重要的作用。合理安排普通高中教育财政支出,对于促进普通高中教育均衡发展具有重大意义。了解当前我国普通高中教育财政支出结构,是进行普通高中教育财政配置效率分析的基础。

---

① 相对于严格意义上的教育财政收入的概念,教育财政支出则是指国家财政性教育经费。本研究的教育财政支出是对应前文宽泛的教育财政收入概念进行研究的。具体分析见下文。

第三章
我国普通高中教育财政收支的基本格局

一 普通高中教育财政支出结构的理论分析

目前普通高中实行的是"收支两条线"的财务管理方式,各项行政事业性收费、捐资助学款等捐助收入、补课费、利息收入等其他收入全额按代码直接缴入县(区)财政专户。① 可见,普通高中教育财政机构对筹集到的教育经费进行了配置,进而,可以认为当前普通高中教育财政支出是对普通高中教育财政收入进行配置,其配置的结构在很大程度上能反映出教育资源配置是否公平。同时,基于前文对教育财政收入的宽泛界定,教育财政支出可以定义为,教育财政机构将教育财政所筹集到的所有资金,按照教育事业发展的客观需要,分别安排到各种用途上去的财务管理活动。② 可见,教育财政支出结构也即通常意义上的教育经费支出结构,宽泛地讲,它是指一国或一地区某级某类教育支出中,按用途区分的各项支出结构。教育经费支出结构对教育绩效的影响很大,不同的教育经费支出结构会影响到教学设施的状况、教学质量,以及教育系统对人口发展趋势和入学人数发展趋势的适应能力等。在教育机构内部,按照教育经费支出的用途通常把教育经费支出划分为经常性支出和资本性支出两个部分。③ 这也是国际上,如联合国教科文组织、经合组织等机构的划分。具体而言,"教育经费支出结构通常是指,在教育经费投资中经常性经费与资本性支出所占的比重,以及经常性教育经费支出中人员经费和公用经费所占的比例等"。④

在我国现行的教育经费统计体系中,"教育经费支出包括事业

---

① 《越秀区教育部门非税收入实行"收支两条线"的管理意见》,http://www.yj.yuexiu.gov.cn/dsjw/lzdzs/detail.jsp?catid=6643|6663|6667&id=95。
② 陈彬:《教育财政学》,武汉工业大学出版社1992年版,第76页。
③ 经常性支出是指为维持教育活动的正常运行,经常地用于那些当年消耗掉的商品和服务方面的支出。一定金额以下的小型仪器设备支出,也属于经常性教育经费支出的范畴。资本性支出是反映各级教育部门用于学校购置固定资产、土地、无形资产和购建基础设施、大型修缮所产生的支出,以及为配套完成上述项目的非财政预算内资金支出。参见陈晓宇《我国教育经费结构:回顾与展望》,《教育与经济》2012年第1期。
④ 陈晓宇:《我国教育经费结构:回顾与展望》,《教育与经济》2012年第1期。

性经费支出和基本建设支出两个部分"。① 教育事业费相当于上文中的经常性支出,是用于维持教育经常性活动所必需的费用。教育事业性经费又包括人员经费②和公用经费两部分。公用经费支出则包括学校购买"商品和服务支出"(不包括用于购置固定资产的支出),主要包括公务费和业务费;③ 以及反映各级发展和改革部门集中安排的用于学校购置固定资产、土地和无形资产,以及购建基础设施、大型修缮所产生的"其他资本性支出",不包括财政预算内配套资金。④ 教育基本建设支出相当于教育经费中的资本性支出。

在教育事业性经费支出中,公用经费支出的多少,直接影响着办学条件的改善和教学质量的提高。⑤ 然而,对于事业性经费支出中各种开支的比例是多少较为适宜,在理论上还没有统一的规定,各国在实践中的做法也不一致。但就目前的运行情况看,教育系统正常运行的市场经济国家,不同类型的教育支出虽具有不同的弹性,其中人员经费最具有刚性。⑥ 经济学中的恩格尔系数揭示了家庭食品支出占家庭总支出的比例随着家庭经济收入的提高而降低这一定律,恩格尔系数作为衡量一个家庭生活水平或一国经济发展水平的指标。与此类似,在教育事业经费支出中弹性较小的人员经费支出占事业经费支出的比重大小,可以从一定程度折射出教育经费的充足程度。进而可以认为,在其他条件基本相同的情况下,事业性经费支出中人员支出比重越高表明经费越不充足,教育水平越低;公用经费比重较高则表明经费相对充足,教育水平较高。

---

① 参见《中国教育经费统计年鉴》(2010)中关于全国教育经费统计指标说明。
② 人员经费包括:学校开支的在职职工和临时聘用人员的劳动报酬,以及为上述人员缴纳的各项社会保险费的"工资福利支出",以及政府"对个人和家庭的补助"。
③ 从笔者获取的教育经费统计报表来看,目前的统计口径中,业务费包括办公费、邮电费、水电费、差旅费、物业管理费、交通费、会议费、租赁费、培训费、招待费及其他商品服务支出。业务费包括印刷费、专用材料费及其他支出。
④ 参见《中国教育经费统计年鉴》(2010)中关于全国教育经费统计指标说明。
⑤ 冒瑞林等:《教育财政学》,苏州大学出版社1993年版,第149页。
⑥ 刘学岚:《我国高等教育经费支出结构分析》,《武汉大学学报》(人文科学版) 2009年第7期。

二 普通高中教育财政支出的现实结构

基于上文的分析，我们就2005—2010年我国教育经费支出结构进行分析，并主要从事业性经费与基建经费在教育经费支出中的比重，以及人员经费与公用经费在事业性经费支出中所占的比重来分析我国普通高中教育经费支出情况。统计结果表明，2005—2010年我国普通高中事业性经费支出占教育经费支出的比重在87.84%—96.54%变动，其平均值为94.11%（见图3-3）。

基建经费，5.89%

事业性经费，94.11%

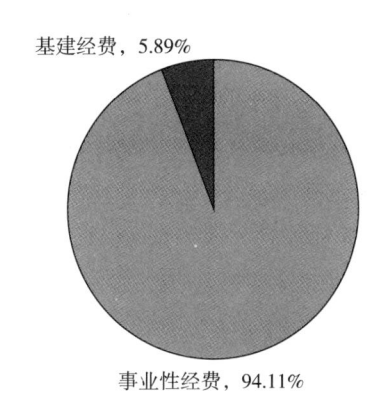

图3-3 普通高中教育事业性经费与基建经费支出比例

普通高中基建经费支出占教育经费支出的比重在12.16%—3.46%变动，平均值为5.89%。总体而言，2005—2010年，事业性经费支出呈逐年增加的趋势，与2005年相比，2010年事业性经费增加了3.1倍，而基建经费支出在普通高中教育经费支出中所占比例小，总体呈现基建支出逐渐缩小的趋势。同时，普通高中在校生规模趋于稳定（见表3-4），继续扩大学校规模，加紧学校建设，是对普通高中紧缺的教育资源的浪费。因此，基建支出的减少有其合理性。

普通高中教育总支出结构的变动趋势，客观上反映了普通高中事业性教育经费稳步增长。普通高中事业性经费的增长，确保了业务费、公务费、设备购置费、修缮费等经费的拨付，使普通高中学校硬件水平不断提高。表3-5统计的是我国普通高中事业性经费中人员和公用经费支出情况。

表3-4　2005—2010年我国普通高中教育经费支出和在校生情况

年份	教育经费支出总额（千元）	事业性经费（%）	基建经费（%）	在校生人数（人）
2005	61742543	87.84	12.16	24090900
2006	71495334	89.99	10.01	25224008
2007	136738983	95.98	4.02	24762842
2008	152791137	97.17	2.83	24342783
2009	169622127	97.12	2.88	25144967
2010	192466770	96.54	3.46	24273400
算数平均值	—	94.11	5.89	—

资料来源：根据《中国教育经费统计年鉴（2006—2011）》计算而得。

表3-5　我国普通高中事业性经费中人员和公用经费支出情况

年份	事业性经费支出总额（千元）	人员经费（%）	公用经费（%）
2005	54235504	53.95	46.05
2006	64338217	54.75	45.25
2007	131244030	57.26	42.74
2008	148464060	57.61	42.39
2009	164731120	59.28	40.72
2010	185813264	58.85	41.15
算数平均值	—	56.95	43.05

资料来源：根据《中国教育经费统计年鉴（2006—2011）》计算而得。

2005—2010年，普通高中事业性经费中人员经费支出所占比重在53.95%—58.85%变动，其平均值为56.95%。公用经费支出所占比重在41.15%—46.05%变动，平均值为43.05%（见图3-4）。

而在 1996 年，我国普通高中公用经费占高中事业性支出的比例才仅仅 19.18%，① 可见，普通高中公用经费实现了快速增长。2005—2010 年我国人员经费和公用经费占普通高中教育事业性支出比例的平均值为 57∶43。一般认为，世界各国中等教育公共事业费支出的内部分配中，人员经费支出高于公用经费支出，两者各占 70% 和 30% 左右的比例较为适应。② 可见，当前我国普通高中事业支出中的人员经费和公用经费的分配比例还有待改善。同时，普通高中教育经费支出中的事业性经费支出总体情况，不能反映出学校对应公共财政预算教育事业费拨款情况的支出。因此，下文对普通高中公共财政预算教育事业费的使用结构进行分析。

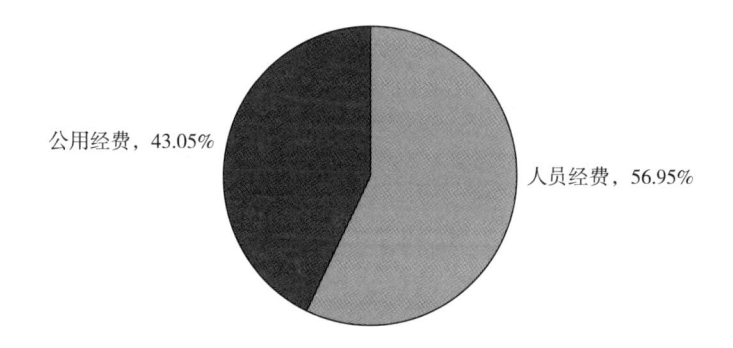

图 3-4　普通高中人员经费与公用经费支出比例

表 3-6 统计的是普通高中预算内事业经费支出中人员经费和公用经费支出情况。2005—2010 年我国高中预算内事业经费支出中人员经费支出的比例较高，但总体上呈持续下降趋势，由 2005 年的 81.44% 下降到 2010 年的 76.19%。而公用经费支出比例占预算内事业经费支出的比例较低，但呈现缓慢增加的趋势，由 2005 年的

---

① 孙晓峰、高奎明：《教育支出的国际比较与分析》，《教育与经济》2001 年第 1 期。
② 陈玉华：《西部贫困省区普通高中财力资源配置现状调查与分析——以甘肃省 13 个样本市（区）各级普通高中为个案》，《教育发展研究》2005 年第 4 期。

18.56%提高到2010年的23.81%（见图3-5）。

表3-6　　　普通高中预算内事业经费支出中人员经费和
　　　　　　公用经费支出情况

年份	预算内事业性经费支出总额（千元）	人员经费（%）	公用经费（%）
2005	40804790	81.44	18.56
2006	49538324	79.96	20.04
2007	61038282	80.77	19.23
2008	73045195	78.20	21.80
2009	84403612	77.73	22.27
2010	9969242404	76.19	23.81
算数平均值	—	79.05	20.95

资料来源：根据《中国教育经费统计年鉴（2006—2011）》计算而得。

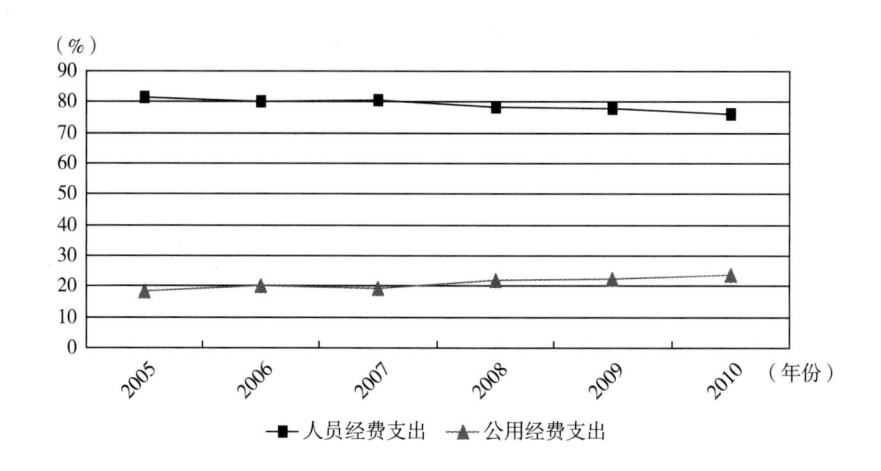

图3-5　普通高中预算内人员经费和公用经费支出占
预算内教育事业费支出比重变化

然而，2005—2010年我国普通高中预算内事业经费支出中人员经费与公用经费支出之间的平均值比例为79%∶21%，公用经费支出的比例明显偏低。这说明我国普通高中教育事业支出结构不够合理，财政对公用经费的支出严重不足。公用经费支出过低将影响到普通高中教学条件的改善，在很大程度上会限制学校教学设备、仪器等的购置，会缩减用于教师职业发展所需的资金，不利于普通高中教育质量的提高。

第三节 我国普通高中教育财政收支特点归结

一 普通高中教育财政收入构成的特点

伴随我国市场经济的深入发展以及社会对教育事业的极大关注，我国逐步形成了多渠道筹措教育经费的筹资格局。从我国普通高中教育财政收入结构的分析来看，财政预算内教育经费占普通高中教育经费的比例逐年增加（见图3-6），由表3-1可以计算出2005—2010年普通高中非预算内教育投入情况，2010年非预算内教育投入仍较稳定地占有教育经费的40%左右份额（见表3-7）。这足以表明我国普通高中的教育经费来源也是多渠道的。

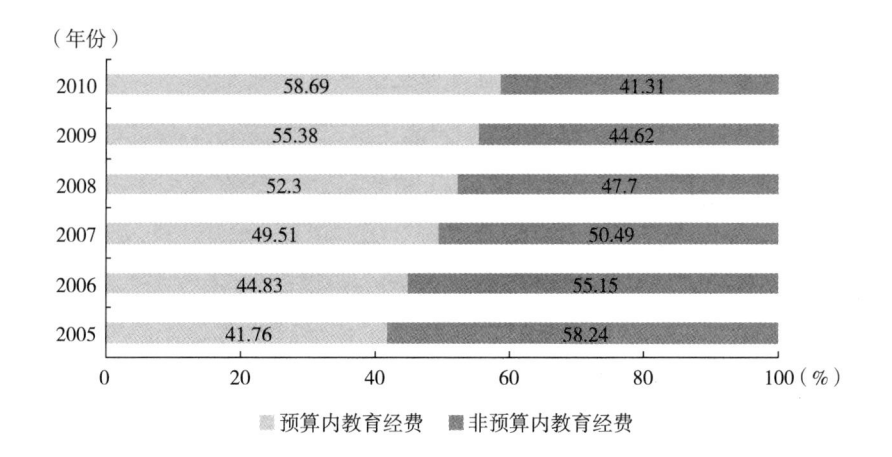

年份	预算内教育经费	非预算内教育经费
2010	58.69	41.31
2009	55.38	44.62
2008	52.3	47.7
2007	49.51	50.49
2006	44.83	55.15
2005	41.76	58.24

图3-6 预算内教育经费占普通高中教育经费比例变化

表 3-7　　　　预算内教育经费占普通高中教育经费比例

年份	2005	2006	2007	2008	2009	2010
预算内教育经费占普通高中教育经费的比例	41.76%	44.83%	49.51%	52.3%	55.38%	58.69%
非预算内教育经费占普通高中教育经费的比例	58.24%	55.17%	50.49%	47.7%	44.62%	41.31%

结合表 3-7 的数据和图 3-6、图 3-7 可以发现，政府逐渐成为普通高中教育投入的主体。在 2007 年以前，我国普通高中教育经费来源中的政府投入力度相对较小，这极大程度上可能是由于 2007 年前基础教育发展的重点是全面普及义务教育。2007 年春季，我国农村义务教育学杂费免除，2008 年 9 月，城乡义务教育全免费在全国范围内实现。在免费义务教育基本实现后，基础教育中的薄弱环节——普通高中教育政府投入不足的问题凸显，政府开始致力于加大对普通高中教育的投入。由图 3-6 可以看到财政预算内教育经费在 2007 年有一个较大的增幅。2008 年以后，普通高中的预算内教育经费占教育经费的比例保持在 50% 以上，政府成为普通高中教育投入的绝对主体。

市场投入中的学杂费收入是普通高中教育经费来源的重要部分，民办学校举办者投入力度逐渐萎缩，第三部门投入力量弱。由表 3-1 可以计算出普通高中的学杂费收入、捐赠收入和民办学校举办者投入占普通高中教育经费比例情况。由图 3-7 可知，学杂费收入占普通高中教育经费中的比例呈现小幅度的波动，但随着政府投入的不断增加，学杂费收入所占比例呈逐渐降低的趋势，2010 年普通高中教育学杂费收入占普通高中教育经费的比例在 21% 左右。民办学校举办者投入占普通高中教育经费的比例呈逐年降低的趋势，且从 2008 年开始已经呈现低于社会捐赠收入的逐渐萎缩局面。同时第三部门投入尚未发挥对普通高中教育经费的补充作用，普通高中的第三部门投入总量很小，且投入不稳定。

(%)
30.00
25.00
20.00
15.00
10.00
5.00
0

2005　2006　2007　2008　2009　2010（年份）

◆ 学杂费收入　■ 捐赠收入　▲ 民办学校举办者投入

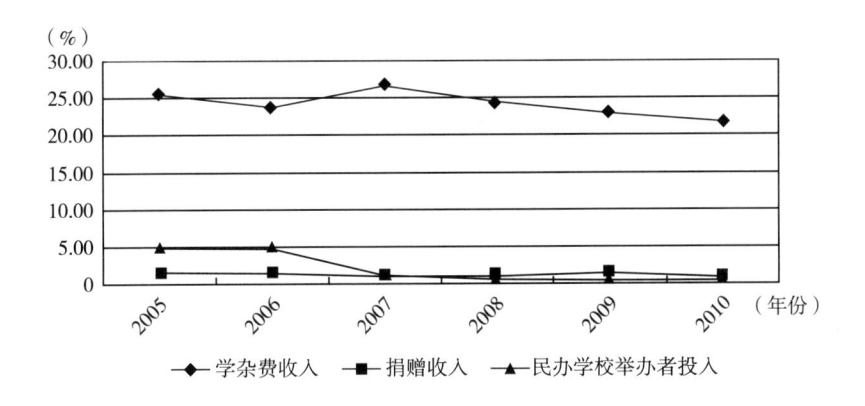

图 3-7　2005—2010 年普通高中非财政性收入情况

二　普通高中教育财政支出结构的特点

教育财政支出结构是否合理，关系到我国教育事业的发展及其结构的协调。合理优化教育财政支出结构，不仅可以节约大量的经费支出，还可以使资源得到合理有效的使用，使有限的教育资源发挥出更大的效益。通过上文对普通高中教育财政支出结构的数量分析，可以发现，我国普通高中教育财政支出结构的特点之一是基本建设支出相对较小，事业费支出逐渐增加。这显示出当前我国普通高中教育规模趋于稳定，对基本建设投入的逐渐缩小有利用将更多的资源投入到教育事业支出中。

普通高中教育财政支出结构的特点之二是预算内事业性经费支出结构不合理，公用经费支出偏低。这说明虽然当前国家加大了对普通高中教育的财政投入，但预算内教育经费更多的是用于提高高中教师的工资，公用经费支出总体较少。要矫正公用经费支出偏低的问题，使人员经费与公用经费的支出比例达到国际平均水平 70%∶30% 这一较为合理的比例。从理论上讲，要接近这一比例，在教育经费投入总量保持不变的情况下，就需要降低人员经费的比重，减少教师工资福利支出。而事实上，目前我国普通高中教师的工资收入水平并不高。有研究者通过对经合组织 31 国高中教师法定工资起点的比较研究得出，我国普通高中教师平均基本工资的标准应定在全国职工平均工资的1.4倍左右。① 2008年，我国全国职工平均工资上升到29229元，中等教育阶段教职工平均工资上升到29889元，后者是前者的1.02倍。② 考虑到实行中小学绩效工资改革前高中教师工资稍高于初中教师，我国目前高中教师的平均工资约为全国职工平均工资的1.05倍，低于其比较合理的水平。通过降低教师工资水平来调整人员经费和公用经费的支出比例是不合理的，可能在很大程度上打击普通高中教师们的工作积极性。为此，针对普通高中教育财政支出结构不合理的问题，只有在增加普通高中教育经费投入的基础上优化普通高中教育财政支出结构才是可行的办法。

---

① 余强：《经合组织31国高中教师法定工资比较分析》，《上海教育科研》2011年第5期。

② 根据《中国统计年鉴（2005）》数据计算得来。

第四章

普通高中县级教育财政效率的实证分析

普通高中教育财政收支格局只是为我们呈现了普通高中教育财政活动的基本情况，要进一步把握普通高中教育财政效率问题需要对县级教育财政进行实证分析。前文以"三维分析法"为理论依据将教育财政效率解构分解为教育财政筹资效率、配置效率和技术效率三个维度，基于此，下文对教育财政效率的考察也从这三个层面展开。通过对案例县进行实地调查，选择三维立体容积法、泰尔指数法和DEA数据包络分析法分别对普通高中教育财政筹资效率、配置效率和技术效率进行测量的结果，可以为我们探究普通高中教育财政效率问题提供现实依据。

第一节 普通高中县级教育财政筹资效率测度与分析

一 教育财政筹资效率的计量工具选择

教育活动的开展需要一定的资源，政府为保证教育活动的顺利开展而努力筹集教育资源的活动就是教育财政筹资。进而，教育财政筹资效率是指在一定时间范围内，为满足教育发展的要求，政府通过行政、经济或法律手段筹集教育资源的效率。改革开放以来,我国教育财政逐步形成了政府财政拨款为主,多元化多渠道筹措教育经费的新机制,包括:政府财政拨款实行中央与地方共同分担、以地方财政为主,规定了财政性教育经费和教育财政拨款增长的原则和数量,开征城乡教育费附加,非义务教育普遍实行缴费制度,发展校办产业和有偿服务、社会捐、集资等多种教育投入方式等。[1]政府施行多元化多渠道的教育筹资体制的根本目的就是为教育筹集更多的资源。基于目前对教育投入主体的划分,教育经费来源渠道包括政府、市场和第三部门。[2] 因而,可以认为在一定时间内,政府、市场和第三部门对教育投入的人力、物力和财力的货币总量既是教育财政筹资效率的体现,也反映出教育财政筹资能力的高低。同时,需要说明的是,限于研究时间的有限,本书的研究中考察的教育财政筹资效率并非绝对效率(普通高中应该需要多少投入才是充足的教育投入水平),而是测量不同区县普通高中教育财政筹资的相对效率,即各县(区)普通高中教育财政筹资总量的相对差异,并考察各县(区)政府、市场和第三部门对普通高中教育投入的努力程度。研究的假设是:经济水平越发达的县(区),其教育财政筹资效率越高。

对教育财政筹资效率的计量,本书选取"三维立体容积分析法"。德国著名物理学家哈肯于1976年系统地论述了协同理论,该理论认为千差万别的系统尽管其属性特征不同,但在整个大环境中各个系统间存在着相互影响而又相互合作的关系。我们在描述一个总体的客观性质时,常常是通过把握这个系统内的子系统以窥一斑。三维立体容积分析方法以系统理论为理论依据,将一个系统中

---

[1] 王善迈、袁连生、刘泽云:《我国公共教育财政体制改革的进展、问题及对策》,《北京师范大学学报》(社会科学版)2003年第6期。

[2] 公共产品理论认为,只有让政府、市场和第三部门共同参与公共产品的供给,才能有效实现三者在功能上的相互补充和失灵时的相互矫正。在这一理论基础之上,基于教育的公共产品属性,本书将政府、市场和第三部门看作教育投入的主体。

存在协同关系的子系统及要素具体为一个立体容积的三个维度,即广度、深度和高度,进而运用定量方法计量出容积的大小。① 该系统总体功能的大小取决于系统内的三个不同维的不同组合及相互作用关系。把教育财政筹资作为一个系统来考虑,政府投入、市场投入和第三部门投入就是这个系统的三个子系统。当它们协同作用时,教育筹资结构最为科学,筹资效率也越高,促进教育发展的功能也越大。② 同时,教育财政筹资系统的效率可以看成是由它的广度、深度和高度构成的立体容积。容积的广度、深度和高度分别表示政府投入、市场投入和第三部门投入,其立体容积的大小是该系统功能作用大小的体现,反映了教育财政筹资效率的高低。假定普通高中教育财政筹资所耗费的时间相同,我们可以认为普通高中教育财政筹集的经费越多,教育财政筹资效率就越高,立体容积就越大,同时,通过绘制出三维立体容积图可以更直观显示出当前普通高中教育经费来源的三个主体投入的努力程度。

二　普通高中县级教育财政筹资效率分析

对普通高中县级教育财政效率的分析,我们选取了政府投入、市场投入和第三部门投入三个指标。根据2007年、2008年、2009年、2010年《A省教育经费统计年鉴》《A省教育统计年鉴》《A省教育事业统计分析资料》以及案例县教委财务科和学校财务科获得的相关统计数据(见表4-1、表4-2、表4-3),可以分别计算出A、B、C三县教育财政投入主体的生均投入情况,即生均政府投入、生均市场投入和生均第三部门投入,并以B县的三个生均值为标准值,分别计算出A、B、C县三个生均投入数据与中部地区的三个生均投入数据的比值。其计算结果分析如下。

---

① 张晓波:《"三维立体容积"分析法在工业企业管理系统发展策略研究中的应用》,《兵团职工大学学报》1999年第3期。
② 徐文、吴鸣:《我国普通高校教育投入评析——基于"三维立体容积"分析法》,《中国教育经济学学术年会论文集》,2009年。

表4-1　A县2007—2010年普通高中教育财政收入情况　单位：千元

年份	2007	2008	2009	2010
财政拨款	79653	101502	112943	126759
市场收入	20895	33743	14452	28046
捐赠收入	16640	15103	1867	1750
合计	117188	150348	129262	156555

资料来源：根据《A省教育经费统计年鉴》2007年、2008年、2009年、2010年计算整理得来。

表4-2　B县2007—2010年普通高中教育财政收入情况　单位：千元

年份	2007	2008	2009	2010
财政拨款	43452	95769	94227	81367
市场收入	50110	25652	32003	68807
捐赠收入	0	512	0	201
合计	93562	121933	126230	150375

资料来源：根据《A省教育经费统计年鉴》2007年、2008年、2009年、2010年计算整理得来。

表4-3　C县2007—2010年普通高中教育财政收入情况　单位：千元

年份	2007	2008	2009	2010
财政拨款	11579	15840	33154	64347
市场收入	9263	11230	11077	22595
捐赠收入	664	120	331	524
合计	21506	27190	44562	87466

资料来源：根据《A省教育经费统计年鉴》2007年、2008年、2009年、2010年计算整理得来。

（一）政府投入——广度

政府投入为三维中的广度，它是目前我国教育投入最重要财力保障。对普通高中而言，其国家财政性教育经费直接体现县级财政或上级主管部门在本年度内的拨款情况，因此，本书选用国家财政性经费拨款作为反映政府投入的指标。根据表4-4的数据可知，A

县普通高中的财政性拨款收入最高，B县最低，C县处于中间水平。A县、C县的普通高中生均财政拨款与B县的普通高中生均拨款的比值分别为1.42、1.25。在本书导论的调查说明中笔者说明了C县经济水平低于A县和B县，此处数据分析结果是A县、C县生均政府投入高于B县，说明B县普通高中的财政性教育经费投入明显不足，这与B县经济发展水平不相适应。

表4-4　A、B、C县2007—2010年普通高中生均政府投入

地区	生均政府投入（元）	比值
A县	4526	1.42
B县	3179	1
C县	3977	1.25

资料来源：根据2008年、2009年、2010年《教育经费统计年鉴》和《教育统计年鉴》计算整理而得。

（二）市场投入——深度

市场投入也应是普通高中教育经费投入的主体，基于统计的方便，本书将教育经费统计口径中的民办学校举办者投入（校办产业和社会服务收入用于教育的经费）、事业收入和其他收入都归入市场投入的范畴。市场投入，特别是事业收入中的学杂费是普通高中教育财政收入的重要构成部分。市场投入作为投入的深度，代表了市场在普通高中教育筹资中发挥的力度。由表4-5可以看出，B县普通高中生均市场投入高于A县和C县，A县市场投入力度最低，约1045元，由此类推，学生家庭分担的成本也最少。而经济发展处于中等水平的B县，该县域内学生家庭要接受普通高中教育则要分担较多的成本，约1782元。可见，从数据统计的结果来看，普通家庭对高中教育的成本分担份额不多。然而，这一结果与笔者通过与学校财务科相关人员的访谈所了解的情况不太一致，后面将做进一步分析。

表4-5　A、B、C县2007—2010年普通高中生均市场投入

地区	生均市场投入（元）	比值
A县	1045	0.58
B县	1782	1
C县	1624	0.91

资料来源：根据2008年、2009年、2010年《教育经费统计年鉴》和《教育统计年鉴》计算整理而得。

(三) 第三部门投入——高度

第三部门投入是三维中的高度，表明了社会力量对发展普通高中教育的支持力度。第三部门投入主要选取《教育经费统计年鉴》中社会捐赠这一指标。由表4-6可知，A县、B县、C县生均第三部门投入比值分别为15.2、1、5.2。很明显，A县和C县普通高中接收到的第三部门投入比B县多，A县和C县的普通高中教育财政收入中的第三部门投入分别是B县的15.2倍和5.2倍。第三部门作为以公共利益为目标取向，以组织成员自愿参与为动力机制，实行自治式运作，存在于政府和私人部门之间的第三种社会力量的集合，它进行教育投入的初衷应是雪中送炭式的扶贫济困。然而，统计表明经济较为发达的A县收到的第三部门投入却最多；而从投入总量看，与政府和市场投入总量相比，三个样本县普通高中教育财政收入中的第三部门投入总量都很小。

表4-6　A、B、C县2007—2010年普通高中生均第三部门投入

地区	生均社会投入（元）	比值
A县	152	15.2
B县	10	1
C县	52	5.2

资料来源：根据2008年、2009年、2010年《教育经费统计年鉴》和《教育统计年鉴》计算整理而得。

第四章 普通高中县级教育财政效率的实证分析

（四）普通高中县级教育财政筹资效率评价

根据上面对三个样本县普通高中教育财政收入中的政府投入、市场投入和第三部门投入进行的广度、深度、高度值的计量，可以进一步计算出生均教育投入的立体容积表。立体容积的大小取决于系统内三个维的不同组合和相互作用关系，反映了教育财政系统的总体效率的大小。为了更为直观地反映三个县教育财政筹资效率的总体情况，根据表4-7的内容做三维立体容积图（见图4-1）。

表4-7　我国A、B、C县普通高中生均教育投入立体容积

	政府（a）	市场（b）	社会（c）	立体容积（a×b×c）
A县	1.42	0.58	15.20	12.52
B县	1	1	1	1
C县	1.25	0.91	5.20	5.92

资料来源：以B县为标准值，用A县、C县生均投入除以B县生均投入数所得。

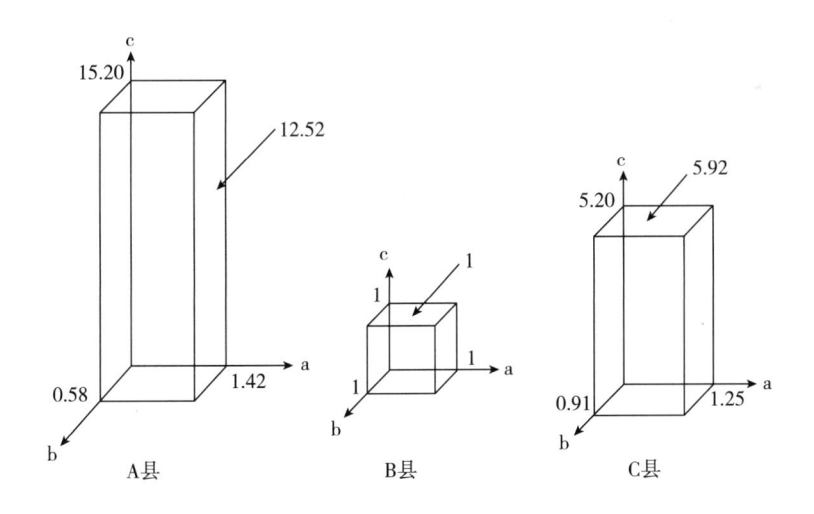

图4-1　A、B、C县教育财政筹资效率的三维立体容积

从图4-1可以直观看出，B县普通高中教育筹资效率远远小

于A县，也低于C县，总体上C县的普通高中教育筹资效率处于中等水平。这一结果与"经济水平越发达的地区，其教育筹资效率越高"这一研究假定不符。具体来看，A县普通高中教育筹资效率较高，政府和市场对普通高中的投入状况良好；B县普通高中教育政府投入力度不够，学生家庭成本分担过重；C县政府投入的主体作用仍有待加强。同时，无论经济处于何种水平的地区，普通高中的第三部门投入均严重不足，表4-6显示我国A、B、C县普通高中生均第三部门投入分别为152元、10元、52元。可见，第三部门投入不足进一步削弱了我国普通高中教育财政筹资的整体效率。

通过以上对我国普通高中教育财政筹资效率的分析可知，区域内县级政府对普通高中投入不均衡，经济处于中等水平的地区普通高中教育投入存在较大的塌陷。因而，可以认为，经济水平的差异并非是导致普通高中教育财政筹资效率差异的根本原因。同时，通过调研了解到，普通高中财政拨款仅负责高中教师工资的70%和基建支出部分，除部分县（区）有少量的生均拨款外，[①] 其余的经费均由学校自筹。

同时，基于如上分析，结合调研情况了解到，普通高中财政性补助收入与财政性拨款存在统计口径的不一致，现实中，政府对普通高中的财政性投入力度可能还要小于统计报表上的经费数据显示出来的投入力度。此外，市场投入民办普通高中教育的力量缺失，学生（家庭）分担了更多的成本；第三部门对普通高中教育的投入缺乏热情。这种不协调的教育投入结构导致我国普通高中教育筹资效率总体不高，进而影响我国普通高中教育事业的发展。

---

① 笔者在A县了解到2008年该县的小学、初中和高中的生均拨款分别为500元、720元、100元，2009年为550元、800元、200元，2010年分别为550元、800元、200元，2011年分别为700元、1000元、220元。可见，普通高中的生均拨款数额很少。

第二节 普通高中县级教育财政配置效率测度与分析

一 教育财政配置效率的计量工具选择

教育财政配置效率是指政府及政府中主管教育的公共部门将筹集到的教育经费配置于教育领域所形成的效率。[①] 在教育财政资金既定时，教育经费应该配置到哪里，或者优先配置到哪里、配置多少，以及在多大程度上满足了公众的需求，是分析教育财政配置效率应关心的主要问题。结合前文教育财政效率判断应坚持的公平立场，我们认为教育财政配置效率的高低，主要看配置在教育领域的资金是否实现了逐年的增减，是否满足了大多数公众的需求。具体到本书的研究，普通高中县级教育财政配置效率是指，在教育财政配置方向确定为普通高中后，教育财政资金在县域内的普通高中进行配置的效率。研究的假设是：伴随政府投入的增加，普通高中教育经费在县际和学校之间的差异程度逐渐缩小，教育财政资源配置效率不断提高。

可见，普通高中教育财政配置效率其实反映的是教育经费支出的差异程度。在政策和实证分析层面上，对教育经费支出差异的分析涉及四个基本方面即分析单位、目标变量、测量方法和衡量标准。[②] 分析单位是指在哪个层面上的教育经费支出差异。在全国层面上，可以依据相关法律法规（如教育法、义务教育法等），测度全国财政性教育经费占 GDP 的比例等规定指标的实现程度。在省级及以下层面，可以根据不同层级政府对经常性经费与专项经费配置状况，测度其相应的效率。经常性经费配置效率测度主要考察生均教

[①] 栗玉香：《教育财政学》，经济科学出版社 2009 年版，第 148 页。
[②] Berne, Robert, *The Measurement of Equity in School Finance: Conceptual Methodological and Empirical Dimensions*, Baltimore: Johns Hopkins University Press, 1984.

育经费在不同区域、城乡之间和学校之间差异缩小的程度,而专项经费配置效率主要考察专项实际经费需求与获得经费支出的满足程度。普通高中实行县级负责的财政体制,本书研究中的普通高中教育财政配置效率的分析单位自然应该是以"县"为基本分析单位,分析普通高中教育资源配置县际之间的差异。然而,在教育资源配置的终极意义上看,学生是资源使用的最终微观主体,而每个学生获得的教育经费通常是以学校为整体来拨付的,因而,县域范围内校际之间的差异也是反映教育财政配置效率的内容。

在确定了分析单位之后,需要考虑用什么来衡量教育经费,也就是它的目标变量是什么。参照已有研究的指标,我们选取生均教育经费这一指标来衡量,它表明每个学生所获得的教育经费存在的差异。

在确定了目标变量后需要选择测量方法和衡量标准。在统计学中,一般运用泰尔指数、标准差、极差率、差异系数、教育基尼系数[1][2]等衡量变量数据离差程度的指标,这可以作为测度教育财政配置效率的主要指标。一般而言,泰尔指数是用来衡量个人之间或者地区之间收入差距,或者收入不平等度的指标。泰尔指数数值的分布在0—1,其数值越大,越接近于1,说明个人之间或地区之间收入不均等程度越大;数值越小,越接近于0,说明个人之间或地区之间收入不均等的程度越小。[3] 就目前来看,用泰尔指数来衡量收入差距是较为成熟的方法,它的一个最大优点是:它可以衡量组内收入差距和组间收入差距对总的收入差距的贡献。我国学者们已开始将泰尔指数应用于教育资源配置方面的研究,用其来测度教育经

---

[1] 安晓敏、任永泽、田里:《我国义务教育经费配置公平性的实证研究——基于教育基尼系数的测算与分析》,《东北师范大学学报》(哲学社会科学版)2007年第4期。

[2] 龙舟、刘朝:《教育生均预算内经费的地区差异研究——基于统计学方法及基尼系数的测算》,《科学管理研究》2007年第6期。

[3] 林佳丽:《福建省城乡居民收入非均衡现象研究——基于泰尔指数的视角》,《福建行政学院学报》2012年第3期。

费配置的公平与效率。① 结合研究的实际，本书也选取泰尔指数指标测量教育财政配置效率，是因为将泰尔指数作为分析工具，可以用它对普通高中教育经费支出的差异进行分解，如县内和县际之间的差异。通过这种分解，就可以了解到总差异主要是由哪部分差距引起的，从而也能明确政策调试的重点。

关于泰尔指数的方法和性质论述可详见于 Shorrocks② 等学者的著作中，这里简单给出泰尔指数的基本计算方法：③

$$T(0) = \left(\frac{1}{N}\right)\sum_{i=1}^{N}\log\frac{\bar{y}}{y_i}$$

其中，$T(0)$ 代表泰尔指数，N 代表分组数目，y_i 代表第 i 组的生均教育支出，$\bar{y}$ 代表 y_i 的平均值。

泰尔指数的分解公式为：

$$T(0) = \sum_{k=1}^{N} nkT(0)_k + \sum_{k=1}^{N} nk\log\left(\frac{nk}{Ek}\right)$$

其中，k 代表分组数目，nk 是第 k 组的学生数占学生总人数的比重，Ek 是第 k 组的生均教育支出占所有学校生均教育支出的比重，$T(0)_k$ 表示第 k 组的泰尔指数。公式中的第一项表示每组各学校之间的生均教育支出差距，即组内差距，也即生均教育支出校际差距；第二项表示各组之间的生均教育支出差距，即组间差距，也即生均教育支出县际差距。通过对泰尔指数的分解，还可以计算出组内和组间差距对总体差距的贡献率：用组内差异和组间差异分别除以总差异就得到各自对总差异的贡献率。泰尔指数越接近于 1，说明校际之间或县际之间普通高中教育资源配置不均衡程度越大，教育财政配置效率越低；数值越接近于 0，说明校际之间或县际之

---

① 孙志军、李婷婷：《小学教育经费支出差异及其影响因素——基于 3 省学校数据的分析》，《教育与经济》2009 年第 4 期。

② A. F. Shorrocks, "The Class of Additively Decomplsable Inequality Measures", *Econometrica*, 1980 (3).

③ 计算泰尔指数有两种加权方法，一种是用人口（即这里的学生数）加权，另一种是用教育支出水平进行加权，此处是选择第一种方法。

间普通高中教育资源配置不均衡程度越小,教育财政配置效率越高。

二 普通高中县级教育财政配置效率分析

对普通高中教育财政效率的测量,我们选取的数据来源为《A省教育经费年鉴》(2007—2011)和我们在A县、B县和C县收集的普通高中教育经费统计报表,时间跨度为2006—2010年。各县生均教育经费支出水平的变化情况如表4-8所示,从中可以看出,2006—2010年各县生均教育经费都呈现不同程度的增长。以C县为例,该县普通高中生均教育支出从2006年的3266.3元/生·年,增加到2010年的10485.1元/生·年,年均增长率为31%。在生均教育经费支出水平不断增长的情况下,支出差异有何变化,这些变化又由哪些因素来解释?下文将做具体分析。

表4-8 2006—2010年A、B、C县普通高中生均教育支出情况

单位:元/生·年

年份	2006	2007	2008	2009	2010
A县	9872.5	10787.9	11800.8	11875.8	12530.7
B县	3125.2	3344.3	3819.4	4370.2	5365.7
C县	3266.3	3600.3	4305.6	6489.5	10485.1

资料来源:《A省教育经费统计年鉴》(2006—2010)。

表4-9给出了用泰尔指数计算的A、B、C三个县2006—2010年普通高中教育经费支出的泰尔指数走势。总体而言,A县普通高中教育经费支出差距不大,从2006年的0.005下降为2008年的0.001,以后又缓慢增加,在2010年达到0.003。B县普通高中教育经费支出差距较大,2006年普通高中教育经费支出差距的泰尔指数为0.548,以后逐渐增加,到2010年增加到0.995,处于历史最高水平。C县普通高中教育经费支出差距处于中等水平,但其差距从2006年的0.021增加到2010年的0.073,有扩大的趋势。可见,

第四章 普通高中县级教育财政效率的实证分析

近几年来，普通高中教育财政配置效率不高，教育经费支出差距并没有因国家加大对普通高中教育的投入得到遏制。这一结果说明我们关于普通高中教育财政配置效率的研究假设不成立。

表4-9　　　2006—2010年A、B、C县普通高中教育经费支出泰尔指数变化

年份	2006	2007	2008	2009	2010
A县	0.005	0.001	0.001	0.002	0.003
B县	0.548	0.606	0.558	0.634	0.995
C县	0.021	0.014	0.026	0.040	0.073

对反映A、B、C县普通高中教育财政配置效率的泰尔指数进行组内差距和组间差距的分解，可以了解到总差异主要是由组内差距还是组间差距引起的，从而明确政策的重点。例如，如果组内差距，即校际之间的差异对总差异贡献大，就应该将缩小校际之间的差距使县域内的教育经费更加公平分配为政策的重点。反之，如果县际之间的差距贡献大，政策上的重点就应该是如何缩小区域内各县之间的教育经费的差距，实现区域内普通高中教育经费配置的相对均衡。

表4-10　A县2006—2010年普通高中教育财政支出泰尔指数

年份	总值	组内差距		组间差距	
		数值	贡献率	数值	贡献率
2006	0.00499	0.000475	9.51%	0.004515	90.49%
2007	0.000633	0.000058	9.18%	0.000575	90.82%
2008	0.001153	0.000103	8.92%	0.001050	91.02%
2009	0.001844	0.000146	7.91%	0.001698	92.09%
2010	0.002863	0.000164	5.75%	0.002699	94.25%

由表 4-10 可以看出，A 县普通高中教育财政配置效率较高，普通高中教育经费差距形成主要源于组间（县际之间）的差距，从 2006—2010 年，普通高中教育经费支出的组间差距贡献率持续增加，从 2006 年的 90.49% 上升到 2010 年的 94.25%，而组内（县域内校际）差异提供的贡献率每年从未超过 10%。

表 4-11　B 县 2006—2010 年普通高中教育财政支出泰尔指数

年份	总值	组内差距		组间差距	
		数值	贡献率	数值	贡献率
2006	0.518164	0.035415	6.46%	0.512749	93.54%
2007	0.606374	0.038518	6.35%	0.597856	93.65%
2008	0.558233	0.034730	6.22%	0.523503	93.78%
2009	0.633817	0.034917	5.51%	0.598600	94.49%
2010	0.995026	0.039551	3.97%	0.955475	96.03%

由表 4-11 可以看出，B 县普通高中教育经费支出的差距仍然主要表现为组间（县际之间）的差距，组间差距贡献率从 2006 年的 93.54% 上升到 2010 年的 96.03%，而组内（县域内校际）差异提供的贡献率呈现降低的趋势，2010 年，B 县普通高中教育财政经费支出的组内差距仅仅提供了 3.97% 的贡献率。

表 4-12　C 县 2006—2010 年普通高中教育财政支出泰尔指数

年份	总值	组内差距		组间差距	
		数值	贡献率	数值	贡献率
2006	0.021204	0.000866	4.08%	0.020338	95.92%
2007	0.014220	0.000738	5.19%	0.013482	94.81%
2008	0.026406	0.001489	5.64%	0.024917	94.36%
2009	0.039726	0.007778	8.27%	0.086283	91.73%
2010	0.072843	0.021576	13.68%	0.136177	86.32%

由表 4-12 可以看出，C 县普通高中教育经费支出的差距呈现扩大的趋势，组间（县际之间）差距缩小，而组内（县域内校际）差距增加。组间差距贡献率从 2006 年的 95.92% 下降到 2010 年的 86.32%，而组内差异提供的贡献率呈上升的趋势，从 2006 年组内差距仅仅提供 4.08% 的贡献率增加到 2010 年的 13.68%。其原因可能是因为 2009 年 C 县新建了一所普通高中，为支持该校的发展，政府加大了对这所学校的财政倾斜，导致该县校际之间的教育经费支出差距增大。因而，我们认为，若排除 C 县新建普通高中的原因，组间差距对普通高中教育支出差距的贡献率可能仍然保持相对稳定，而不是出现 2009 年和 2010 年组间差距贡献率降低的情况。

第三节　普通高中县级教育财政技术效率测度与分析

一　教育财政技术效率的计量工具选择

教育财政技术效率也就是指教育财政资金的使用效率，主要体现为学校财政投入与产出的比例关系，[1] 它与学校教育效率、教育投资效率、教育资源利用效率概念的含义基本相同。Farrell 开创了现代公司效率评价方法，他认为厂商的效率主要包含两部分，即配置效率和技术效率，其中技术效率反映的是厂商在投入一定的情况下产出最大化的能力，可以分解为纯技术效率和规模效率两个部分。[2] 本书的研究之所以采用"教育财政技术效率"一词而不是其他，是基于笔者下文分析该效率的工具选用的是 DEA 分析方法，[3]

---

[1] 王善迈教授认为，教育效率也称教育投资效率，是指教育资源消耗与教育直接产出成果的比较，简言之，为教育投入与直接产出之比。参见王善迈著《教育投入与产出研究》，河北教育出版社 1996 年版，第 188 页。

[2] M. J. Farrell, "The Measurement of Productive Efficiency", *Journal of the Royal Statistical Society*, 1957 (3).

[3] 下文将对 DEA 方法做简要概述。

而 DEA 分析方法就是对技术效率的测量，因此本书的研究采用"教育财政技术效率"代替"学校资源利用效率"等词。学校是教育经费流动的终端，学校教育产出的高低，直接决定了教育财政技术效率的高低，因而，教育财政技术效率是教育财政效率的核心。[①] 分析教育财政技术效率，主要研究在既定的教育财政投入下，学校是否实现教育产出的最大化，或是在既定的学校教育产出下，是否实现教育财政投入的最小化。目前对教育财政技术效率的分析主要有两种视角。一种视角是分析单个投入要素的效率，目的是寻找影响学校教育效率的关键因素，从而确定提高学校教育效率需要重点保障的要素投入。教育经济学中众多关于教育生产函数的研究就属于此类。同时，也有研究开始关注学校内部配置的人员经费和公用经费的比例。一般认为，一个学校的人员经费过多，而公用经费太少，则说明该校资源不充足。另一种视角是从教育过程和教育结果两个方面分析学校教育财政技术效率。从教育过程方面计量教育财政技术效率的分析主要侧重于既定的教育财政投入与教育产出，或称教育服务供给的数量和质量（比如图书和教学设施水平、校园文化环境、学校管理水平等）之间的关系；从教育结果方面计量教育财政技术的分析则侧重于教育财政投入与教育结果（如学生成绩、毕业生数量和质量、升学率和就业率等）之间的关系。已有的大量用 DEA 模型计量教育效率的方法就属于从教育结果方面计量教育财政技术效率。本书也是从教育结果方面考察普通高中教育财政技术效率，本书的研究假设是：教育经费越充足的学校，其资源利用效率越高。

科学、合理的评估方法能对教育投入产出的总体情况进行综合衡量，有效地评价普通高中教育财政技术效率，引导教育投资的合理流向，并形成积极的投资导向，提高整个教育事业的发展水平。目前，对教育财政技术效率的评价方法主要有数据包络分析法、生

---

① 栗玉香:《教育财政学》,经济科学出版社 2009 年版,第 158 页。

产函数模型、绩效评价法、主成分分析法等。本书选择数据包络分析法研究普通高中教育财政技术效率。

(一) DEA 方法介绍

数据包络分析（Data Envelopment Analysis，DEA 方法）是由著名运筹学家卡恩斯（A. Charnes）和库普尔（W. W. Cooper）等在 1978 年以效率概念为基础创建的一种效率评价方法。[1]其基本思路是把每个评价单位作为一个决策单元（decision making units，DMU），对各个决策单元投入产出比率进行综合分析，以各决策单元投入、产出指标的权重为变量进行运算，确定有效生产前沿面,[2] 根据各个决策单元与有效生产前沿面的距离状况，确定其是否 DEA 有效；同时应用投影方法指出非 DEA 有效的决策单元效率低下的原因。[3]

DEA 方法无须假定生产系统输入输出之间明确的生产函数表达式，而是仅依靠决策单元的实际观测数据，利用线性规划方法将有效的决策单元线性组合起来，构造出悬浮在整个观测样本点上的分段生产前沿面，并据此来评估决策单元的相对效率。在前沿面上的观测点的效率得分为 1（100%），低于生产前沿的观测点的效率根据其所在位置其效率得分不同程度低于 1（100%）。依据数据包络分析方法、理论和模型，可以直接利用输入和输出数据建立非参数数据包络模型进行经济分析。同时，使用数据包络对决策单元进行效率评价，可以得到很多管理信息。因此，数据包络分析法吸引了

---

[1] Charnes, A., Cooper, W. W., Rhodes, E., "Measuring the Efficiency of Decision Making Unites", *European Journal of Operational Research*, 1978 (2).

[2] 生产前沿面：该词经常用于经济学的生产理论中，描述的是在特定生产技术条件下各种生产要素的投入要获得最大产出，就要选择要素投入和产出的最优组合，即投入成本最小化组合和产出收益最大化组合，以最大可能的劳动生产率组织生产。这种理论所描述的生产可能边界就称为生产前沿面。简言之，就是一个可以满足投入成本最小化和产出收益最大化的最优化条件的曲线。用于本书中的普通高中教育财政技术效率分析中之后，在生产前沿面上的点是投入产出最优化的单元，就是说该校处于 DEA 有效（或弱 DEA 有效）。

[3] 侯月娥：《高校资源利用效率的数据包络分析——以江苏省部分本科院校为例》，硕士学位论文，东南大学，2010 年。

众多学者，并且迅速由经济领域推广到其他领域。

简言之，DEA 方法是根据各决策单元的实际数据，构造出一个生产前沿面，也即构造出一个投入产出的最优组合曲线（投入成本最小化组合和产出收益最大化组合），如图 4-2 所示。图中实线部分就是最优组合曲线，即生产前沿面，位于这条曲线上的所有决策单元都满足投入成本最小化，产出收益最大化的条件。因此说位于生产前沿面上的决策单元，其效率值为 1，其他的决策单元，根据其与生产前沿面的距离得出的效率值低于 1，即处于相对无效。这样就是以效率值为 1 的决策单元为参照，来研究其他决策单元的效率状况，分析其他决策单元的产出相对于自身投入而言的效率状况。

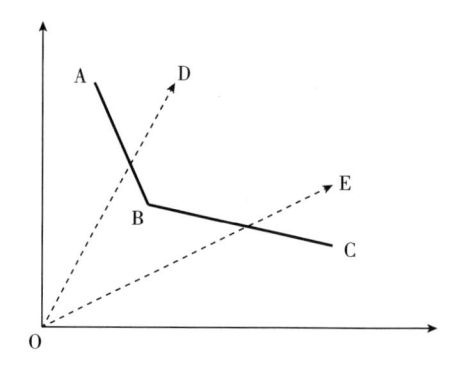

图 4-2 生产前沿面曲线

DEA 分析法将效率分为技术效率、纯技术效率和规模效率等概念。技术效率（technology efficiency）考察的是在投入量一定的情况下决策单元获得最大产出的能力，包括纯技术效率和规模效率。纯技术效率（pure technology efficiency）是在规模报酬[①]可变的情况

---

① 规模报酬：经济学中的概念，指在其他条件不变的情况下，企业内部各种生产要素按相同比例变化时所带来的产量变化。企业的规模报酬变化可以分为规模报酬递增、规模报酬不变和规模报酬递减三种情况。产量增加的比例大于生产成本增加的比例，这种情形叫作规模收益递增；产量增加的比例小于生产成本增加的比例，为规模收益递减；产量增加的比例等于生产成本增加的比例，为规模收益不变。

下，被考察单元与生产前沿面之间的距离，规模报酬可变的假设使计算技术效率时可以去除规模效率的影响。规模效率（scale efficiency）计量的是规模报酬不变的生产前沿面与规模报酬可变前沿面之间的距离。而技术效率则是以上二者的综合体现，也就是说，决策单元只有在纯技术效率和规模效率都较高时，总的技术效率才可能高，也即总体效率（TE）＝纯技术效率（PTE）×规模效率（SE）。当纯技术效率和规模效率的值都为1时，总技术效率达到最大化。

（二）DEA方法对普通高中教育财政效率测量的适用性

数据包络分析法与其他评价方法相比具有的优点有：①可以同时处理多项投入与产出指标，无须设定权重。②不需要预先估计参数，可避免主观因素的参与并简化运算。③可以同时处理定性和定量因素。④根据模型中的效率值和变量，可以了解评价对象的资源使用状况，为决策者提供参考。数据包络分析法具有如上的优点，使其不仅可以处理多输入、多产出的生产系统，而且还可以运用于非营利性组织，如学校、医院等公共部门。因为对于非营利性公共部门，既不能简单地利用利润最大化来对其运行效率进行评价，也难以找到一个合理的包含各个指标的效用函数，而DEA方法是对这类公共部门工作效率进行评价的较为有效的方法。[1] 因此，自20世纪90年代以来，数据包络分析在教育领域得到了广泛应用。[2] 当然，DEA方法也具有自身无法克服的局限性，即相对有效性。它是指在对各决策单元的绩效进行评价时，最终选择的是将绩效最好的单元作为DEA有效决策单元，因此就会存在所评价的部门（单元）本身的绩效并不是很好，但根据DEA算法，仍然能够评价出相对DEA有效的结果。因此，本书只能假定通过使用DEA方法测量出

---

[1] 李丽：《基于DEA方法的高等教育投入产出效率研究》，硕士学位论文，大连理工大学，2005年。

[2] 李丽：《基于DEA方法的高等教育投入产出效率研究》，硕士学位论文，大连理工大学，2005年。

的 DEA 有效的普通高中学校，其资源利用是较高的。

DEA 模型所提供的特定范围内的相对评价，既可以把自身作为参照系，对单元自己的运行绩效进行纵向历史分析；也可以以同类为参照系，进行横向比较评价，适合对多输入、多产出系统进行效率的综合评价。这样的评价方法尊重了教育是一项多投入、多产出的复杂生产活动，对于教育财政技术效率的计量具有独特的适用性。因此，本书选取此方法作为测量普通高中教育财政技术效率的方法。

二　普通高中县级教育财政技术效率分析

确定采用 DEA 分析法测量普通高中县级教育财政技术效率后，就需要确定研究的指标体系。评价指标的正确选择是 DEA 分析中的重要环节。选择输入输出指标的首要原则是反映评价目的和评价内容，其次是从技术上避免输入（输出）集内部指标之间的强线性关系。[①] 在对普通高中教育财政技术效率评价时，选择的评价指标体系必须能够正确全面反映普通高中教育的基本任务。

（一）已有研究中的投入产出指标

教育财政的技术效率实际上反映的是一种纯粹的投入产出关系，是投入若干生产要素生产（培养）一定学生（产出）时"量"上的核算。[②] 在已有的关于学校生产的文献研究中，教育投入产出指标还没有达成一致的标准。许多文献，尤其是国外的文献更侧重于衡量诸如班级规模、课程设置等方面的情况，较为注重的是生产过程；而国内研究则更多考虑生产结果，也有较少的指标来反映学校的综合情况；另一些虽然相对全面，但只是罗列出一套指标体系，不进行具体的实证验证，实际上很多指标数据无法获得。表 4-13 中罗列出了部分相关文献中运用 DEA 方法所采用的指标体系。

[①] 陈通、白建英：《西部地区高等教育投入产出相对有效性的评价研究》，《西北农林科技大学学报》（社会科学版）2003 年第 3 期。

[②] 康建英：《财政分权下政府义务教育支出的理论和实证研究》，博士学位论文，南开大学，2007 年。

表 4-13　　　　　　各类教育投入产出指标体系

作者	投入指标	产出指标
Agrell 和 Ralph[①]	在校生数、财力投入	出版书目、教师薪酬、有效课时数
陈通、白建英[②]	专任教师中具有博士、硕士学位的比例；生均教学仪器设备；生均预算内教育事业费	在校生数；生师比；各地区高校 R&D 与科技服务课题数
郭新立[③]	教授、副教授人数；科研经费数；仪器设备投资数	博士生数；硕士生数；国内外一级刊物上发表论文数；承担科研项目
段文娟[④]	教职员工、财政性教育经费投入；教学、科研活动的仪器与图书馆及其他固定资产	在校生；科研成果；社会服务
郭俞宏、薛海平[⑤]	专任教师师生比；专任教师具有高级职称和合格学历所占比例；生均人员经费支出；生均公用经费支出；生均校园面积；生均教室面积；生均图书册数；生均设备设施价值	在校生总数；学生统考平均成绩
解百臣、付辰、邓英芝[⑥]	专任教师数；教育经费收入总数；校舍面积	在校生数；可持续发展的资产性支出
杨广俊[⑦]	学校总数；专任教师总数；经费投入	毕业生数；毕业生就业率

---

① Agrell, P. J., Ralph, E. S., "ACDEA – A Decision Support System for Faculty Performance Reviews", *Journal of Multi-criteria Dedsion Analysis*, 2000（9）.
② 陈通、白建英：《西部地区高等教育投入产出相对有效性的评价研究》，《西北农林科技大学学报》（社会科学版）2003 年第 3 期。
③ 郭新立：《基于 DEA 的学科有效性评价》，《中国管理科学》2003 年第 6 期。
④ 段文娟：《高等教育投入与产出的 DEA 模型及有效性分析》，《辽宁教育研究》2007 年第 6 期。
⑤ 郭俞宏、薛海平：《我国义务教育生产效率实证分析：基于 DEA 方法》，《上海教育科研》2011 年第 3 期。
⑥ 解百臣、付辰、邓英芝：《基于 DEA 视窗分析理论的普通高中教育效率研究》，《现代远程教育研究》2012 年第 2 期。
⑦ 杨广俊：《基于 DEA 的中等职业教育投入与产出相对有效性评价》，《职业技术教育》2011 年第 25 期。

◇ 普通高中县级教育财政效率问题研究

续表

作者	投入指标	产出指标
胡咏梅、杜育红[①]	生师比；专任教师；班级规模；抽样班数学、语文教师教龄；抽样班学生父亲、母亲平均受教育年限；生均教室面积；生均教育经费	学校数学、语文统考平均成绩；数学、语文统考合格率
梁文艳、杜育红[②]	2006年校均语文、数学标准化测试成绩；师生比；教师学历合格率；生均教育经费	2008年校均语文、数学标准化测试成绩

综合上述研究可以发现，已有的研究均从人力、物力和财力资源三方面考虑投入指标的选择，在产出方面，对高等教育而言更多包括学生毕业人数和科研成果，而在义务教育阶段则是学习成绩。对普通高中教育投入产出指标的选择可以借鉴参考已有的指标体系。

（二）指标选择

借鉴国内外教育经济学对学校资源和学校绩效关系研究中常用的投入产出指标，并结合目前我国普通高中教育财政技术效率现状，在保证数据可测性和可获得性基础上，我们拟定普通高中教育财政技术效率评估的投入和产出指标如下。

1. 投入指标的选择

教育办学投入表现为人、财、物的投入。人力和财力投入方面的数据容易获得，但物力投入方面，由于当前部分普通高中学校属于完全中学，[③] 很难将普通高中校舍面积、图书册数、教学科研仪

---

① 胡咏梅、杜育红：《中国西部农村小学资源配置效率评估》，《教育与经济》2008年第1期。
② 梁文艳、杜育红：《基于DEA-Tobit模型的中国西部农村小学效率研究》，《北京大学教育评论》2009年第10期。
③ 完全中学是指既有初级中学的学段，又有高级中学学段的学校。

器设备总值从学校中单独剥离出来。鉴于数据的可得性和分析的准确性,本书省去物力投入这一指标。因此,本书研究中的教育投入指标从人力资源投入和财力资源投入两个方面选择。

(1) 人力资源投入指标。反映普通高中人力资源投入的指标有教职工数、专任教师数、专任教师中不同教师职称的数量、获得本科学历教师在专任教师中所占的比重、师生比等。本书采用专任教师数,而暂不考虑其他的人员性投入,是因为专任教师是教学的主干力量。

(2) 财力资源投入指标。反映普通高中财力资源投入的指标有教育经费总投入、预算内教育经费、人员经费、公用经费、生均公用经费等。本书选用教育经费总投入和人员经费这两个指标来衡量。之所以选择这两个指标,是因为:第一,教育经费总投入能从总体上反映普通高中学校教育经费总体情况;第二,国家对普通高中的经常性财政拨款主要包括人员经费,其投入量能反映政府财政性投入情况。

2. 产出指标的选择

教育产出一般是指学生在学习过程中获得的知识、技能等人力资本的提高,是通过教育过程附加给学生的教育增值,并在学生的行为中体现出来。然而,由于学生在教育过程中的教育增值涉及人的全面整体特征的向量,很难通过一个或几个指标有效地表达出来。王善迈教授认为,教育资源利用效率的评价都是在教育产出质量相同的假设下度量产出与投入关系的,学生质量评价的数量化是国内外尚未解决的难题。[1] 由于目前我国普通高校招生采用指标分配的方式进行,且缺乏各区县学校升学情况的统计数据,因此产出指标没有选择升学率。考虑到数据的可获得性,我们采用目前通行的做法,在假设学生质量同质的基础上,选取学校在校生数和毕业

---

[1] 王善迈:《教育投入与产出研究》,河北教育出版社1996年版,第44页。

生数作为普通高中教育产出指标。①② 在校学生数从教育服务数量角度反映教育的产出水平，包括各年级全部在校高中学生人数。毕业生数是当年高中学校毕业的学生总数，也间接反映出学校的教育产出。

（三）DEA 评估结果分析

本书采用 DEAP 2.1 软件对数据进行分析，选择输入指标 3 个，输出指标 2 个，DMU12 个，符合 DEA 方法对决策单元 DMU（样本）量的要求：至少大于或等于投入产出指标数 2 倍。③将所选投入与产出指标的数据导入软件 DEAP 2.1，根据评估规模收益不变的 CRS 模型和评估规模收益可变的 VRS 模型进行统计分析，可以得出各普通高中学校教育资源的整体效率、纯技术效率、规模效率以及规模收益情况。

表 4-14 显示的是 2006—2010 年样本学校 DEA 效率的计算结果。表中的普通高中样本学校分别用字母 A—L 来表示。其中 A—D 为 A 县的 4 所高中；E—I 为 B 县的 5 所高中；J—L 为 C 县的 3 所高中。TE 为总体技术效率，PTE 为纯技术效率，SE 为规模效率，irs 表示规模报酬递增，drs 表示规模报酬递减，—表示规模收益不变。从表 4-14 可以看出，2006—2010 年，样本学校的总体技术效率平均值仅为 0.650，纯技术效率平均值为 0.855，规模效率平均值为 0.736。规模收益递增的有 5 个，占样本总量的 41.7%；规模收益递减的有 4 个，占样本总量的 33.3%。纯技术效率 DEA 有效 7 个，规模效率 DEA 有效 3 个，说明 5 年来高中学校总体 DEA 有效值偏低的原因主要是学校的规模效率偏低，在目前普通高中学龄人口减少的情况下，可以考虑合并部分普通高中学校以增加规模效益，提

---

① 解百臣、付辰、邓英芝：《基于 DEA 视窗分析理论的普通高中教育效率研究》，《现代远程教育研究》2012 年第 2 期。

② 侯月娥：《高校资源利用效率的数据包络分析——以江苏省部分本科院校为例》，硕士学位论文，东南大学，2010 年。

③ Per Andersen, Niels Christian Pestersen, "A Procedure for Ranking Efficient Units in Data Envelopment Analysis", *Management Science*, 1993（10）.

高学校投入产出效率。下面具体对各县 2010 年普通高中学校的教育投入效率进行分析（见表 4-15）。

表 4-14　　　　　2006—2010 年样本 DEA 效率计算结果

编号	学校	TE	PTE	SE	规模收益
1	A	0.287	0.567	0.505	irs
2	B	0.266	0.604	0.440	irs
3	C	0.484	0.960	0.504	irs
4	D	0.286	0.524	0.547	irs
5	E	0.862	1.000	0.862	drs
6	F	0.723	1.000	0.723	drs
7	G	0.824	1.000	0.824	irs
8	H	0.542	1.000	0.542	drs
9	I	1.000	1.000	1.000	—
10	J	1.000	1.000	1.000	—
11	K	0.529	0.601	0.000	drs
12	L	1.000	1.000	1.000	—
平均		0.650	0.855	0.736	

1. 纯技术效率分析

样本学校中，2010 年教育投入的纯技术效率最为有效的学校有 5 所（G、H、I、J、L），其纯技术效率值为 1，其他学校的纯技术效率有待提高（值大于 0.5，小于 1），效率最低的是学校 D，其值为 0.508。而 5 所纯技术效率有效的普通高中有 3 所属于 B 县，2 所属于 C 县，C 县另一所高中的纯技术效率也接近 1，其值为 0.952。换言之，A 县的 4 所普通高中教育投入的纯技术效率都有待提高。可见，就县际之间而言，A 县教育经费虽相对充足，但资源使用效率却相对较低，存在着资源浪费现象；而 B、C 县在教育投入有限的情况下，其经费的使用却相对合理。

从历史的角度分析，从 2006 年至 2008 年，A、B、C 三县普通高中教育财政纯技术效率平均值逐年增加，然而，2008—2010年，该平均值呈现逐步下滑的趋势（见表4-15、表4-16、表4-17），说明政府在加大对普通高中教育经费筹集的力度的同时，缺乏科学的预算制度和严格的使用监督制度，只注重了教育经费增加的总量，导致经费总量的增加却并未带来资源使用效率的增加。

表4-15　　2010年样本学校教育财政DEA效率计算结果

学校	TE	PTE	SE	规模收益
A	0.430	0.621	0.703	irs
B	0.384	0.600	0.641	irs
C	0.440	0.745	0.590	irs
D	0.379	0.508	0.746	irs
E	0.776	0.804	0.964	drs
F	0.742	0.858	0.865	drs
G	1.000	1.000	1.000	—
H	0.691	1.000	1.000	drs
I	1.000	1.000	1.000	—
J	1.000	1.000	1.000	—
K	0.829	0.952	0.871	drs
L	1.000	1.000	1.000	—
平均	0.723	0.841	0.865	

表4-16　　2008—2009年样本DEA效率计算结果

学校	2009年				2008年			
	TE	PTE	SE	规模收益	TE	PTE	SE	规模收益
A	0.355	0.668	0.531	irs	0.368	0.745	0.494	irs
B	0.361	0.687	0.526	irs	0.396	0.799	0.496	irs
C	0.416	0.764	0.545	irs	0.539	0.961	0.561	irs
D	0.343	0.628	0.546	irs	0.363	0.666	0.545	irs
E	0.829	0.869	0.954	drs	1.000	1.000	1.000	—

续表

学校	2009年				2008年			
	TE	PTE	SE	规模收益	TE	PTE	SE	规模收益
F	0.786	0.990	0.795	drs	0.868	1.000	0.868	drs
G	0.987	1.000	0.987	irs	0.965	1.000	0.965	irs
H	0.674	1.000	0.674	drs	0.722	1.000	0.722	drs
I	1.000	1.000	1.000	—	1.000	1.000	1.000	—
J	1.000	1.000	1.000		1.000	1.000	1.000	
K	0.809	1.000	0.809	drs	0.636	0.650	0.979	drs
L	1.000	1.000	1.000	—	1.000	1.000	1.000	
平均值	0.713	0.884	0.781		0.738	0.902	0.803	

表4-17   2006—2007年样本DEA效率计算结果

学校	2007年				2006年			
	TE	PTE	SE	规模收益	TE	PTE	SE	规模收益
A	0.413	0.866	0.476	irs	0.287	0.567	0.505	irs
B	0.429	0.885	0.484	irs	0.266	0.604	0.440	irs
C	0.463	0.891	0.520	irs	0.484	0.960	0.504	irs
D	0.386	0.719	0.536	irs	0.266	0.524	0.547	irs
E	1.000	1.000	1.000	—	0.862	1.000	0.862	drs
F	0.795	0.961	0.827	drs	0.723	1.000	0.723	drs
G	0.823	1.000	0.823	irs	0.824	1.000	0.824	irs
H	0.687	1.000	0.687	drs	0.542	1.000	0.542	drs
I	1.000	1.000	1.000	—	1.000	1.000	1.000	—
J	1.000	1.000	1.000		1.000	1.000	1.000	
K	0.512	0.522	0.981	irs	0.529	0.601	0.880	drs
L	0.696	0.829	0.840	irs	1.000	1.000	1.000	—
平均值	0.684	0.889	0.765		0.649	0.855	0.736	

2. 规模效率分析

将2010年数据分析结果进行讨论,从规模效率的分析结果看,G、H、I、J、L这5所学校的教育投入规模效率有效(值为1);而效率最低的为 C 校（值为 0.590）。就县际而言，C 县普通高中学校规模效率的平均值为 0.957，略低于 B 县的 0.9658，而 B 县和 C 县的规模效率大大优于 A 县的 0.67，说明 B、C 县的教育经费和学生规模总体相适应，效率较高；A 县相对来说存在着浪费和规模无效状态。从规模报酬来看，A、B、C、D 校处于规模效率递增阶段，E、F、H、K 校的规模报酬处于递减阶段，G、I、J、L 校的规模报酬不变。出现规模报酬递增和递减两种趋势的原因是：第一，伴随我国经济的快速发展，城镇化发展需要大量的农村剩余人口参与建设，人口从农村向城市流动十分频繁，继而出现流动人口子女教育问题给各地区教育规模带来的双重影响：对迁出地而言，迁出人口会使迁出地教育规模萎缩，资源出现浪费，规模不经济；对迁入地而言，在学校可接受范围内更多表现为规模报酬递增。第二，对于较为贫困的地区，人口居住分散和稀少，加之贫困地区普通高中学校的教育质量不高导致学生流失，同样造成教育投入规模收益递减。以上两种因素共同制约着地区教育规模效率。对于规模报酬递增的学校来说，扩大投资可以带来规模收益；对于规模递减的学校，可以适当压缩支出的规模以提高效率。从冗余的结果分析，无论是规模报酬递增或是递减的学校都存在专任教师的冗余，因此政府在配置教育资金时，可以通过科学地划分教育经费使用的科目，通过学校机构编制改革，合理配置经费，减少配置低效率状态。

从历史的角度分析规模效率，可以发现 2006—2010 年，A 县普通高中规模效率都保持着规模收益递增的趋势，而 B、C 县的规模收益更多保持不变或是递减。通过分析发现 A 县规模报酬递增，其部分原因可能是由于 A 县普通高中学校分布较多，随着 A 省对进城务工子女接受普通高中教育的准入制度的放宽，更多的欠发达地区的学生流入城市，发达地区的教育需求潜力被充分释放出来。发达地区普通高中入学率的提升使其普通高中学校规模效率呈现递增的趋势。对于 B、C 县而言，由于两县的普通高中学校分布较为集中，且学校大多数班级早就属于"大班额""超大班额"，因此，其教育规模效率提升的空间不大。

3. 技术效率与投入冗余分析

前面已论述，技术效率是纯技术效率与规模效率的乘积，因此，各学校经费使用的技术效率与以上分析大致一致。由表4-15可知，2010年样本学校中共有4所普通高中（G、I、J、L）的教育财政技术效率最为有效，其效率值为1，其他学校处于低效率状态。在最低的学校中又以D、B、A三所普通高中的效率值最低，分别为0.379、0.384、0.430。从县际来看，C县普通高中的教育财政技术效率最高，其次是B县和A县，其效率值分别为0.943、0.842、0.409。这反映出经济水平越落后，教育经费投入有限的地区，其教育经费的利用效率越高。这一结果说明，本研究对普通高中教育财政技术效率的假设不成立。

通过DEA软件对各县普通高中学校教育经费使用中存在的冗余情况的分析结果显示，2010年普通高中专任教师大多存在冗余，冗余量最多的学校是E校，其次是D校和B校，其冗余分别为65个、58个和40个单位。对于教育经费总投入和人员经费的冗余，均是D、B、A校的冗余量最高。以上三种投入冗余偏高的情况严重影响了教育财政的技术效率。结合技术效率的分析结果来看，A县普通高中学校教育财政的技术效率最低，其投入冗余最大，存在明显的资源浪费。综上可见，虽然当前普通高中从总体上看似乎完成了培养学生的目标要求，却是在低效的成本效率下进行的，浪费了本已短缺的教育资源。

第四节 普通高中县级教育财政效率的基本判断

普通高中教育财政三维效率决定了教育财政效率的总体水平。基于上面对普通高中教育财政三维效率的实证分析结果，以前面对普通高中教育财政效率的价值立场和表征为评价的参考，可以得出普通高中县级教育财政效率陷入总体缺失的困境，而普通高中教育财政筹资效率、配置效率和技术效率三者有不同的表征。

一 普通高中教育财政效率总体缺失

（一）普通高中教育财政筹资效率中位塌陷

并非经济越发达的地区的普通高中教育财政筹资效率就越高。我们的研究结果表明，经济处于中等发达水平的县（区）的普通高中教育财政筹资效率低于欠发达地区，更低于发达地区，形成了普通高中教育财政筹资效率的"中位塌陷"。通过对普通高中教育各投入主体投入情况的分析发现，政府、市场和第三部门作为普通高中教育投入的主体，其投入力量不均衡。经济发达地区政府和市场对普通高中的投入状况良好；中等发达地区政府对普通高中教育的财政性教育拨款不足，市场投入力度也有待进一步挖掘；欠发达地区市场投入不足，政府投入的主体作用仍需加强；无论是发达地区还是中等发达地区，或是欠发达地区，第三部门对普通高中的投入都严重不足，进一步削弱了我国普通高中教育财政筹资的整体效率。

（二）普通高中教育财政配置效率落差明显

国家不断加大对普通高中的投入，普通高中教育财政配置效率却出现明显落差，县级教育财政支出差距有逐年扩大的趋势。通过对差距的分解发现，普通高中教育财政支出县际之间的差距远远大于校际之间的差距，普通高中教育财政配置效率呈现出明显的县际失衡。同时，普通高中教育财政筹资效率的中位塌陷问题在配置效率上也有所体现：经济处于中等水平区县的普通高中，其生均教育经费支出不均衡程度不仅仅高于经济发达地区的普通高中生均教育支出，也高于经济欠发达地区的普通高中生均教育支出。这种资源配置的非均衡状态在很大程度上影响了普通高中教育发展的整体水平，制约着普通高中教育财政配置效率的提高。

(三) 普通高中教育财政技术效率县际失衡

普通高中教育财政技术效率呈现县际失衡，具体表现为经济水平落后，教育经费投入较少的区县的普通高中学校资源利用效率较高；而经济发达地区的普通高中学校教育财政的技术效率低，投入冗余大，存在明显的资源浪费。对冗余结果的分析表明，经济发达地区举办的普通高中学校存在大量专任教师冗余和教育经费冗余的情况。同时，经济发达地区的普通高中规模效率保持规模收益递增趋势，经济处于中等水平和欠发达水平的地区普通高中学校规模收益多保持不变或是递减。

二 普通高中教育财政三维低效率联动

前面已论述，本书的研究将普通高中教育财政看成是一个三维体系。三维体系的整体变化是由要素变化引起的，但整体变化并不是简单地等于要素变化直接相加，而是取决于三要素相互作用的合力，这个合力不是算数相加，而是向量相加。[1] 基于此，我们也可以认为教育财政的总体效率是由教育财政三维的合力决定，也就是说，教育财政三效率的合力决定了总体教育财政效率的高低。三维体系在运动中，以主动要素变化为起点，以三要素相互作用为中介，以三要素综合变化为终点，完成一个运动周期。[2] 进而，我们借用三维体系的运动变化来分析教育财政的三维低效率联动。

在现实状态下，构成三维体系的三要素常常是一个联动装置，把握这个联动装置的动力源，也即三要素的主要要素，进而追踪整个联动过程，就可以了解这个联动装置的运行状况。就普通高中教育财政这样一个三维体系而言，把握三维效率之间的关系，是进一步分析普通高中县级教育财政低效率问题的关键。我们认为，教育财政三维低效率联动共振使普通高中县级教育财政陷入低效率困境。

---

[1] 黄飞:《三维分析法》，山西经济出版社1999年版，第48页。
[2] 黄飞:《三维分析法》，山西经济出版社1999年版，第50页。

如图4-3所示，普通高中教育财政筹资低效率是导致教育财政总体效率缺失的原动力。因为教育经费是普通高中教育事业发展的"源"，没有充足的教育经费，普通高中教育事业的发展自然成为无源之水、无本之木。教育经费筹措是"源"，资源配置则是"流"。即使为高中教育筹集到充足的资源，若资源配置不合理，导致有的地区、学校资源冗余，而有的地方资源短缺，这必然会影响到资源的使用效率，阻碍普通高中教育事业的发展。可见，普通高中教育财政配置效率对资源使用产生了"作用力"，而高中学校使用资源是教育财政经过"源""流"从而到达"终点"。

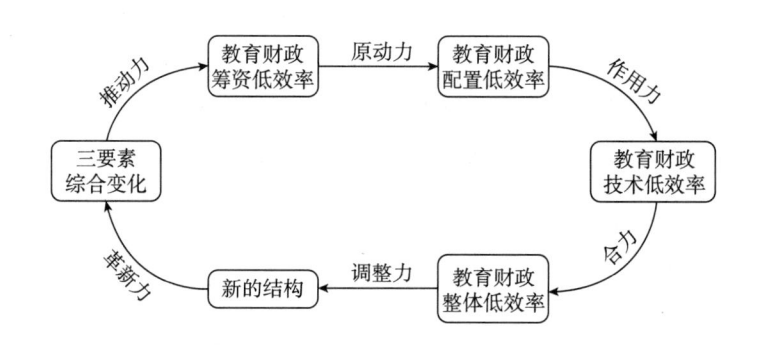

图4-3 普通高中县级教育财政低效率联动轨迹

当前普通高中教育财政技术效率不高，这与普通高中教育筹资效率和配置效率不高形成低效率联动，表征为普通高中教育财政效率总体缺失。要改变这种低效率联动的状态，我们需要探寻出导致目前普通高中教育财政效率缺失的根本原因，进而探寻普通高中教育财政结构的调整力，这是打破目前普通高中教育财政低效率联动的根本途径。

第五章

普通高中县级教育财政效率缺失的制度分析

制度是影响效率的关键因素。普通高中教育财政陷入低效率联动的困境也可以从制度上寻找原因。任何国家任何经费的筹措、分配、使用和管理都不是无章可循的,它必须依赖于一定的载体①——财政制度来实现,因而,教育财政活动必然与教育财政制度密切相关。② 当各种正确的观念和意识未成为人们自觉的行为准则前,必须以制度为依靠来约束人们的行为,才能有效减少机会主义现象,克制多种"搭便车"行为。③ 虽然正式制度和非正式制度是相互依存、相互补充的,但非正式制度只有借助于一定的强制性的正式制度的支持,才能有效地实施其约束力,特别是在涉及面广的各种复杂经济关系和社会问题上,离开正式制度的强制作用,非正式制度是软弱无力的。④ 在资源配置领域,由于利益相关者之间权力的不对等,期望非正式制度自行有效地配置资源是不现实的。财政作为

---

① 载体是制度的形式,有什么样的载体就有什么样的制度形式。制度的载体是具体的、可感知的,它的最普通的形式便是条文。条文可以记录和表达一种制度的基本内容,将这一制度的具体特征以规范化、可了解的方式表达出来。

② 李娟:《我国普通高中教育财政体制问题研究》,硕士学位论文,东北师范大学,2010年。

③ 邹吉忠:《政治哲学导论》,中央民族大学出版社2009年版,第192页。

④ 卢现祥:《新制度经济学》,武汉大学出版社2004年版,第122页。

资源配置的一种手段,必须通过财政体制这个载体实现。要解决我国普通高中教育财政效率缺失的问题,首先必须明确普通高中教育财政制度的根源性问题。

第一节 教育财政制度与教育财政效率的逻辑因应

导致教育财政低效率的原因有诸多因素,如地区经济发展水平、社会政治经济环境等,而本研究从诸多因素中仅抽取教育财政制度这一因素,探寻普通高中教育财政效率缺失的制度性根源,其原因既源于对"制度是决定效率的关键因素"这一观点的认同,也源自现实中教育财政制度是教育领域内资源配置活动的政策文本依据。

一 制度与效率的理论链接

(一)制度及其特征

不同的学科对制度的理解也会不同,而真正把制度作为研究对象,作为一种内生性资源进行研究的是新制度经济学。[①] 出于研究的需要,笔者此处仅从制度经济学视角对制度的含义进行阐释,而下文中关于教育财政制度及其作用路径和运行机制的研究也在制度经济学分析框架之下进行。

1. 制度含义的厘清

尽管经济学中制度这个概念的使用频率相当高,然而关于制度的含义至今未形成统一的定论。正如阿罗曾经强调,"这个领域的研究还处于它的早期阶段,不适当的精确化是必须避免的"。[②] 然而,为基本把握好制度效率的装置,需要对制度的含义有一个基本的厘清。

[①] 杨秀芹:《教育资源利用效率与教育制度安排》,华中师范大学出版社2009年版,第41页。

[②] 卢现祥:《新制度经济学》,武汉大学出版社2004年版,第106页。

第五章
普通高中县级教育财政效率缺失的制度分析

从最一般意义上给制度下过定义的旧制度经济学家主要是凡勃伦和康芒斯。凡勃伦在他的《有闲阶级论》中就从心理学方面给制度下过一般性定义。他认为，从心理学方面说，可以把制度概括地说成是某种流行的精神态度或流行的生活理论。① 凡勃伦把制度看作一种精神态度是有积极意义的，因为它在一定程度上揭示了制度的一种存在形式，即非正式制度的存在，然而，他对制度的定义是不全面的。其后，康芒斯也给制度下了定义，但他认为制度这个名词的意义不确定。②"如果我们要找出一种普遍的原则，适用于一切所谓属于'制度'的行为，我们可以把制度解释为集体行动控制个体行动。"③ 在此界定基础上，康芒斯进一步指出，人的社会化过程和在社会化过程就是人类把握和在把握社会行为规范的过程；也就是使社会的制度内化为个体的行为规范的过程。④ 可见，康芒斯对制度的定义通俗地讲，就是制度是全社会范围内（或社会一定范围内）的每个人必须遵守的行为规范或准则。康芒斯对制度的定义抓住了制度最一般的本质，即制度是一种行为规则，它的作用在于规范个人或集体行为。⑤

旧制度经济学家关于制度含义的界定是十分有价值的。尽管科斯对旧制度经济学进行了严厉的批评，声称它除了一堆需要理论来整理不然就只能一把火烧掉的描述性材料外，没有任何东西流传下来。⑥ 但在制度含义上，新制度经济学家舒尔茨、诺斯和柯武刚等都继承了旧制度经济学家康芒斯的观点。舒尔茨在《制度与人的经济价值的不断提高》一文中，将制度定义为"一种行为规则，这些

---

① ［美］凡勃伦：《有闲阶级论》，蔡受百译，商务印书馆1964年版，第139页。
② ［美］康芒斯：《制度经济学》（上册），于树生译，商务印书馆1962年版，第86页。
③ ［美］康芒斯：《制度经济学》（上册），于树生译，商务印书馆1962年版，第87页。
④ ［美］康芒斯：《制度经济学》（上册），于树生译，商务印书馆1962年版，第87页。
⑤ 卢现祥：《新制度经济学》，武汉大学出版社2004年版，第106页。
⑥ 袁庆明：《新制度经济学教程》，中国发展出版社2011年版，第284页。

规则涉及社会、政治及经济行为。例如，它们包括管束结婚与离婚的规则，支配政治权利的配置与使用的宪法中所包含的规则，以及确立由市场资本主义或政府来分配资源和收入的规则"。① 很显然，舒尔茨对制度的定义与康芒斯对制度作出的定义在本质上是一致的。

诺斯是新制度经济学中给制度下定义最多的人，但所下的定义只是表述不同，其内在实质与旧制度经济学中的定义是一样的。他在《经济史中的结构与变迁》中说："制度是一系列被制定出来的规则、秩序和行为道德、伦理规范，它旨在约束行为主体实现自身效用最大化的个人行为。"② 在《制度、制度变迁与经济绩效》中他又说："制度是一个社会的游戏规则，更规范地说，它们是决定人们的相互关系的而人为设定的规则。"③ 很明显，诺斯所讲的制度"规范人们相互关系的规则"与康芒斯界定的制度"规范个人行为的规则"是基本相同的。之后柯武刚和史漫飞在《制度经济学》中指出："制度是人类相互交往的规则，它抑制着可能出现的机会主义和乖僻的个人行为，使人们的行为更可预见并由此促进着劳动分工和财富创造。"④ 这一定义与诺斯的制度定义在实质上是相似的。

我国学者对制度的含义也做了大量分析和考察。张宇燕在总结前人研究成果的基础上，从12个方面对制度的内涵作了概括和总结。⑤ 另有学者认为"制度是社会游戏（博弈）的规则，是人们创造的、

---

① 舒尔茨：《制度与人的经济价值的不断提高》，《财产权利与制度变迁》，上海三联书店1994年版，第23页。
② [美] 道格拉斯·C. 诺斯：《经济史中的结构与变迁》，陈郁译，上海三联书店1994年版，第226页。
③ [美] 道格拉斯·C. 诺斯：《制度、制度变迁与经济绩效》，刘守英译，上海三联书店1994年版，第3页。
④ [德] 柯武刚、史漫飞：《制度经济学》，韩朝华译，商务印书馆2000年版，第35页。
⑤ 张宇燕：《经济发展与制度选择——对制度的经济分析》，中国人民大学出版社1992年版，第117—119页。

用以限制人们相互交流行为的框架"。① 李建德认为:"制度是人类社会中的共同信息。只有经历过社会化的过程,个人才能获得这些信息,并把社会的共同信息内化为个人的行为规则。遵循这些行为规则,就能建立起人们相互作用的稳定结构,减少社会中的个体在决策时的不确定性。"袁庆明认为"制度是约束个人与组织行为的规则"。②

可见,无论是诺斯等获得诺贝尔经济学奖的经济学家还是普通学者,对制度含义的解释都没有被一致地认同。即便如此,学者们对制度的分析还是反映出共通的、普遍性的东西。在梳理上述定义的基础上,出于研究的需要,这里按照诺斯对制度的定义"规范人们行为的规则"这一概念之上,我们从正式制度的角度将制度狭义地界定为,由组织制定的、旨在约束组织内部行为方式或规范主客体行为关系的成文的行为规则。下文中言及的制度均是指这一含义。

2. 制度的特征

在讨论了制度含义的基础上,为提升对制度含义的理解,有必要进一步分析制度的特征,为下文分析制度与效率的关系奠定基础。本书认为,作为规范人们行为的规则,制度的特征至少应包含这样几点内容。

第一,制度具有普适性。这里的普适性是指,在没有特别理由的情况下,制度对所有人都同样适用,没有歧视性。普适性意味着在规则面前人人平等,它属于人们所理解的公平的内容。如果可以根据一个人的社会地位来决定他对制度的遵守程度,这一定被认为是不公平的。制度的普适性一旦遭到破坏,就很容易降低人们对制度的服从程度,进而削弱制度的规范性和协调性。

第二,制度具有确定性。制度规定了人们的行为准则,为人类

---

① 北京大学中国经济研究中心编:《经济学与中国经济改革》,上海人民出版社1995年版,第2页。
② 袁庆明:《新制度经济学教程》,中国发展出版社2011年版,第284页。

划定了行为边界。有了某种制度安排,就能使决策者了解他们的立场是否正确及其行为的结果。① 有效的制度必然在两种意义上具有确定性:首先,必须是可以认知的;其次,必须为执行制度后的结果提供可靠的指导。可见,制度的确定性意味着任何心智正常的个人都能够清晰地把握制度传递出的信号,知道守约或违规带来的结果。

第三,制度具有利益性。制度的利益性是指制度的创设或废除总是与人们的利益密切相关,包括利益中性和利益非中性两种情况。制度的利益中性是指一项制度会给所有人带来正(或负)值净收益。例如,规定儿童必须接受义务教育的制度、人人都须接种牛痘预防天花的制度、保护环境的制度等对所有人有益的制度,以及不卫生的习俗等对所有人都有害的制度。制度非中性是指,一项制度会给部分人带来正值净收益,但给另一部分人带来零值或负值净收益。例如,允许以钱择校的制度就会给经济条件好的家庭带来正收益,而给经济条件不好的家庭带来零值或负收益。

(二) 制度内载的效率装置

关于经济增长(效率)的源泉是什么的问题,一直是宏观经济学研究的核心。在新古典经济学分析范式来看,经济增长的核心因素是物质资本、人力资本、劳动力和技术。② 但是,新制度经济学的崛起从根本上改变了这一观点,他们通过研究世界范围内的经济增长史得出,技术创新、资本积累、规模经济、教育等并不是引起经济增长的原因,它们本身就是经济增长的内容,③ 因为它们并不

---

① [美] V. 奥特斯罗姆、D. 菲尼、H. 皮希特编:《制度分析与发展的反思》,王诚等译,商务印书馆1992年版,第122页。

② 黄达、张杰:《全球经济调整中的中国经济增长与财政货币政策组合》,中国人民大学出版社2007年版,第41页。

③ 新制度经济学关于制度是影响经济增长的关键因素的观点得到经济发展史的支持。诺斯以荷兰的发展为例:17世纪的荷兰是一个资源贫乏的小国,按新古典经济学的理论,其经济增长会受到其资源匮乏的限制。然而,事实上,荷兰是近代欧洲经济发展的带动者。究其原因在于,荷兰当时推行的政策鼓励有效的经济组织发展、反对针对经济的限制、保护私有产权及其转让,因而实现了经济的持续增长。

能解释经济增长乏力的国家为什么没有进行大规模的资本积累和技术创新的原因。在 1973 年出版的《西方世界的兴起》中，诺斯进一步指出："纯粹的新古典理论具有数学的精确和雅致，塑造了一片无冲突的、静态的天地。但把它应用于经济史和经济发展研究时，它只注重技术发展，近来又注重人力资本投资，却忽视了体现于制度的激励结构，而激励结构决定了社会在各个生产要素上的投资范围。"[1] 按照诺斯的观点，以往经济学家提出的各种关于经济增长决定论，无论是资本决定论、技术决定论还是人力资本决定论都是不正确的。技术创新、资本积累、规模经济、教育等各种因素都不是经济增长的原因，对经济增长起作用的只有制度因素。[2] 此处我们无意得出经济增长的根本动力究竟是什么，只是我们可以从制度学家们的研究中可以得出明显的、较为公正的结论：制度若不是决定经济增长效率的唯一因素，也是决定经济增长效率的关键因素。一种制度能够提高经济效率，其原因在于制度内部所形成的效率装置（见图 5-1），该效率装置的功能就是对个人行为形成一个激励集，通过这些激励，每个人都将受到鼓舞去从事那些对他们极有益处的经济活动。[3] 这样一个效率装置所具有的功能如下。

1. 抑制机会主义行为

制度就是规则，制定规则的目的在于限制。新制度经济学研究人们行为时沿用的是主流经济学关于"经济人"的假设：人都有谋求自身利益最大化的行为倾向。由这个假设出发可以推论出：人们在经济活动中总是尽最大可能保护和增加自己的利益。"自私且不惜损人利己，只要有机会就会损人利己。"威廉姆森把人这种一有机会就可能损人利己的本性定义为"机会主义"。显然，人的机会

---

[1] ［美］诺斯、托马斯著：《西方世界的兴起》，厉以平译，华夏出版社 1999 年版，第 95 页。
[2] 这就是诺斯著名的经济增长的"制度决定论"。参见袁庆明著《新制度经济学教程》，中国发展出版社 2011 年版，第 427 页。
[3] ［美］布罗姆利：《经济利益与经济制度》，陈郁译，上海三联书店、上海人民出版社 1996 年版，序言。

主义行为会导致市场秩序的混乱。因此，制度的限制是必要的，制度告诉并强制规定人们可以做什么，不可以做什么，从而限制了人们活动的范围和方式，也即制度决定了人的活动在操作层面的选择集合。正是因为制度的存在，才在一定程度上对人的机会主义行为倾向进行约束，秩序才可能形成。"没有社会秩序，一个社会就不可能运转。制度安排或工作规则形成了社会秩序，并使它运转和生存。"① 因此，在现有条件下，将制度设置得更合理一些，把人们的机会主义行为倾向控制在最小的范围的同时，允许人们在制度允许的范围内追求自身效用的最大化是无可厚非的。

2. 减少不确定性

制度能减少不确定性是通过提供有效的信息来实现的。"不确定性"概念的提出，是人们长期对事物进行研究并在其研究成果上进行科学抽象的结果，它从一个侧面反映了事物的发展进程中会遇到难以预测的发展状况，存在着不以人的意志为转移的客观可能性。对不确定性最早进行系统研究的是20世纪著名的经济学家弗兰克·奈特。② 奈特认为，一旦把不确定性引入现实世界，那么首先要面对的是决定做什么和如何去做的问题。而制度规定了人们能做什么，该怎么做，也就等于告知了人们关于行动的信息。在社会的经济活动中，借助制度提供的信息，人们就可以判断他人的行动，进而决定自己采取何种行动，才能合理地调节与他人的关系。"一个人只有在所有其他人的行为是可预测的，并且他能够正确地预测的时候，才能在任何规模的集团中理性地选择和计划。"③ 在一个社会中，制度的主要作用是通过建立一个人们相互作用的稳定的结构

---

① ［美］布罗姆利：《经济利益与经济制度》，陈郁译，上海三联书店、上海人民出版社1996年版，第55页。

② 奈特在他最重要的文章《风险、不确定性和利润》中，首次对风险和不确定性做了区分。风险可以用数学上的概率论来计算，而不确定性无法通过准确的计算得到，现实世界中不确定性随时随地都可以发生。参见朱琴芬编著《新制度经济学》，华东师范大学出版社2006年版，第117页。

③ 霍奇逊：《现代制度主义经济学宣言》，北京大学出版社1993年版，第15页。

第五章
普通高中县级教育财政效率缺失的制度分析

来减少不确定性。①

3. 降低交易成本

"交易成本"也被译为交易费用,交易成本的思想最早来自科斯。②科斯把交易成本具体化为:要进行一项市场交易,就需要发现与谁交易、告诉人们自己愿意交易,以及交易条件是什么,并进行谈判、讨价还价、拟定契约、实施监督以保证契约的条款得以履行等。③科斯虽然提出了交易成本的概念,但他没有给交易成本下明确的定义。张五常在科斯交易成本思想的基础上,阐明了交易成本的实质。张五常认为,交易成本是所有在鲁滨逊经济中不存在的成本。也即,交易成本不可能发生在一个人的、没有交易、没有产权、没有任何经济组织的经济体中。正如有学者形象地比喻那样,一个没有交易成本的世界,宛如自然界没有摩擦力一样,是非现实的。④只要有两个以上的人存在,就必然会产生交易成本,因而,就存在着如何约束人们行为规则的问题。当存在明显的交易成本时,随之而来的市场制度就被制定出来,以引导交易人使之获得具有正确模式的信息。科斯最早提出企业制度之所以存在就是为了降低交易成本。他认为交易成本是为获得准确的市场信息需要付出的费用,以及谈判和经常性契约的费用。⑤科斯的制度起源理论揭示的是交易费用与制度形成的内在关系:由于交易费用的存在导致制度的必然产生,而制度的运行有利于形成稳定的秩序,从而实现交易成本的节约。

4. 提供激励机制

制度的激励功能是通过规定人们行为的方向,改变人们的行为

---

① [美]道格拉斯·C. 诺斯:《制度、制度变迁与经济绩效》,刘守英译,上海三联书店1994年版,第4页。
② 1988年,科斯就承认,他对经济学的最重要贡献就在于明确地把交易成本概念引入经济分析之中。参见霍奇逊《现代制度主义经济学宣言》,北京大学出版社1993年版,第105页。
③ 卢现祥:《新制度经济学》,武汉大学出版社2004年版,第35页。
④ 袁庆明:《新制度经济学教程》,中国发展出版社2011年版,第50页。
⑤ 卢现祥:《新制度经济学》,武汉大学出版社2004年版,第137页。

偏好,最终影响人们的行为选择实现的。制度的本质是在交易行为中实现责、权、利的统一。"个人正是在制度规定范围内,参照制度提供的相关信息,做出从事何种经济活动的选择。如果特定的制度安排鼓励人们从事发明创造和生产性活动,经济就会持续增长,如果这种制度为人们提供的是不良刺激(如从事寻租活动更为有利可图),那么非生产性活动就会盛行不衰,经济也会走向停滞和衰退。"[①] 可见,制度的有效性是经济增长的关键因素。在一个组织内部若具备有效的制度约束,就有了明确的各行为主体的行为和利益界限,也就意味着个体在行为过程中承担了责任,也就界定了他的行为选择集合,同时制度使其行为有了稳定的收益预期,使个人收益趋近于社会收益。这样,就可以减少经济活动中的"搭便车"行为,从而对行为主体产生有效的激励。可见,制度激励机制的运行是通过调动组织内部活动主体的主动性与积极性来实现的。

以上制度功能的发挥可以通过制度的效率装置图表示出来。如图 5-1 所示,制度通过抑制人的机会主义行为可以起到降低不确定性的作用,通过降低不确定性进而可以降低交易成本,起到提供激

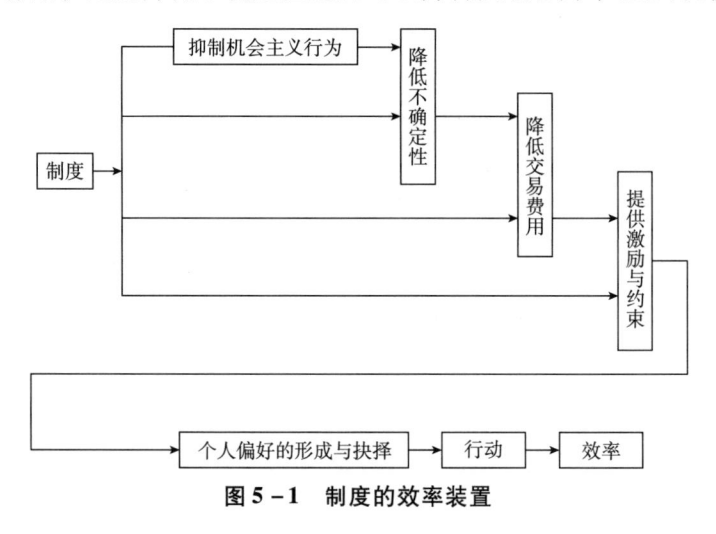

图 5-1 制度的效率装置

---

① 何增科:《新制度主义:从经济学到政治学》,《公共论丛——市场社会与公共秩序》,上海三联书店 1996 年版,第 346 页。

励和约束的作用，而人的偏好与此同时受到激励和约束而发生变化，进而影响个体行为选择，最终影响经济效率。换言之，制度为经济人行为提供约束和激励这一核心功能，是通过降低交易成本这一次级功能实现的，而制度降低交易成本的功能又是通过降低不确定性、抑制人的机会主义行为的再次级功能实现的。

二 教育财政制度的基本构成

教育财政制度是制度的亚层次概念，二者的含义之间有着相应的通约性。教育财政制度是公共财政制度的一个重要部分。所谓公共财政制度，它是由国家制定，并以国家权力为凭借对国家财政活动和社会财政关系具有普遍约束力的成文的财政行为规范。它是一种可以更改的、与社会具体需要和财政行为关系相适应的规范体系。[1] 在财政制度概念的基础上，学者对教育财政制度概念进行了解读。宗晓华认为，教育财政制度是"财政在教育领域的一种制度安排，是以市场与政府、政府与政府之间的制度化分工为基本构建，旨在弥补教育资源配置中的市场机制失灵，满足教育领域内的公共需求，具备民主制度和法治规范的特征"。[2] 也有学者认为，教育财政本身就是一种制度安排，如廖楚晖认为，教育财政既可以理解为一种政府参与教育资源配置的活动，也可以理解为一种制度选择，是实现和协调社会对教育需求的一种机制。[3] 而王善迈教授则认为，教育财政制度是为满足公共教育服务需要而建立的教育经费的筹集、分配和使用的制度规范。[4] 结合本研究中教育财政概念的界定，综合学者们对教育财政制度的定义，本书将教育财政制度定义为，为满足社会对教育产品的需要而建立的保障教育财政筹资功

---

[1] 马昊：《当代中国县级公共财政制度研究》，中国经济出版社2008年版，第25页。
[2] 宗晓华：《公共教育财政制度的规范理论与构建路径》，《西南大学学报》（人文社会科学版）2011年第1期。
[3] 廖楚晖：《教育财政：制度变迁与运行分析》，《财政研究》2005年第3期。
[4] 王善迈：《公共财政框架下公共教育财政制度研究》，经济科学出版社2012年版，第16页。

能、配置功能及监督教育经费使用等功能实现的制度规范。可见，保障教育财政功能实现是教育财政制度建设的应有之义。教育经费的筹集、分配和监督要避免随意性和盲目性，关键在于制度化和法制化，也即要建立相应的制度规范。教育财政制度即是这一要求的体现和保障。① 然而，目前我国公共财政制度尚在建设之中，基于公共财政制度框架下的教育财政制度建设更不完善，还没有形成一个较为全面系统的、各层级教育财政制度明晰的教育财政制度。

公共财政制度由公共财政制度框架和公共财政制度的内容构成。② 公共财政制度框架指的是公共财政制度的轮廓、基本结构等，是整个公共财政制度的骨骼，而公共财政的制度内容就是在这些基本框架中确立、形成和充实起来的。③ 可见，制度的框架和内容共同构成完整的公共财政制度，制度的框架是内容的骨骼，制度的内容是框架的支撑。遵循公共财政制度的构成原则，可以认为教育财政制度是由教育财政体制框架和教育财政制度内容构成。如果将教育财政制度框架看作完整的教育财政制度的"骨骼"，那么教育财政制度的核心内容则是教育财政制度的"血肉"。然而，完整的教育财政制度构建是一个庞大的系统工程，其内容绝非本书所能穷尽，下文的分析和研究仅是从教育财政制度应首先保障教育财政三大核心功能的角度出发，探讨教育财政体制构成中的基本架构：教育财政筹资制度、教育财政分配制度和教育经费监管制度。而除此以外的重要制度，如学生资助制度、学费制度等内容，由于研究时间和精力的有限只能作为后续研究的内容，而不在本书研究范围之内。

（一）教育财政筹资制度

教育财政筹资制度是保证教育财政收入稳定的制度工具，是实

---

① 魏新：《教育财政性简明教程》，高等教育出版社2000年版，第16页。
② 张馨：《构建公共财政框架问题研究》，经济科学出版社2004年版，第90页。
③ 马昊：《当代中国县级公共财政制度研究》，中国经济出版社2008年版，第57页。

第五章
普通高中县级教育财政效率缺失的制度分析

现政府承担教育财政责任的前提和基础，是减少教育财政收入受到经济波动及政府教育财政配置理念等因素影响的制度保障。教育具有准公共产品属性，决定了教育成本理应由政府和受教育者共同分担。不同类型的教育，由于其公共产品属性成分不同，其成本分担主体的责任也有所不同。从世界各国的教育投入看，教育财政收入的来源是多渠道的。前文在教育财政收入构成理论分析中，笔者将教育财政收入分为财政性教育经费收入和非财政性教育经费收入。因此，教育财政筹资制度也可以分为财政性教育经费的筹资制度和非财政性教育经费的筹资制度。[①]

财政性教育经费筹资制度是教育财政筹资制度的核心内容，应包括确立投入教育经费总量占GDP的比例，并规定以何种方式来保障教育投入。[②] 从发达国家教育财政制度来看，教育财政筹资制度主要是通过教育税收制度来保障的。教育税收是国家依据有关法令和政策，从国民收入中强行征收的用于发展教育事业的赋税，是一种专项税种。[③] 例如，美国州政府教育财政收入中的财政性教育经费主要来自个人所得税、销售税、地方财产税、彩票等固定的教育税种和税收。[④] 教育税收制度是关于征收教育税的各种规范和准则。我国还没有建立起教育税收制度[⑤]，但从1984年开始征收教育费附加，它为国家开征教育税奠定了基础。但教育费附加不是国家税法明确规定的、严格意义上的教育税收，虽然它实际上具有教育税收的性

[①] 王善迈：《公共财政框架下公共教育财政制度研究》，经济科学出版社2012年版，第144页。

[②] 这里以何种方式保障教育投入，包括各级教育投入应由那一级政府负责和如何保障各级政府的财政性教育经费来源。前文在对普通高中教育财政收入构成理论分析中对财政性教育投入构成做了解释，财政性教育投入的构成其实就是教育财政性经费来源的渠道，因此，此处不再赘述。

[③] 萧宗六、贺乐凡主编：《中国教育行政学》，人民出版社1996年版，第213页。

[④] 栗玉香：《公共教育财政制度：生成与运行》，中国财政经济出版社2004年版，第55页。

[⑤] 相关的教育税收制度，如2004年2月5日，财政部、国家税务总局出台的《关于教育税收政策的通知》（财税〔2004〕39号），该政策的主要内容指向的是向教育领域捐赠的税收优惠，而非征收教育税的政策。

质。为保障教育发展有稳定的财政收入来源，除了以法律形式增加对教育的财政性经费拨款外，我国应适时有计划地开征教育税。

非财政性教育经费筹资制度主要包括教育收费制度和教育捐赠制度。目前，世界范围内的大多数国家（包括我国）的三级教育中，普遍对接受非义务教育的学生收取学费。[①] 收取学费是为教育筹集资源的重要渠道，然而，如若收取学费的标准过高则可能引发低收入水平家庭难以支付或"因教致贫"，继而引发教育机会不公平。但若学费标准过低，在财政投入既定条件下又将导致教育经费短缺，如陡然增加财政性拨款，又很可能引发教育财政危机。因此，确定合理的学费标准是学费制度的核心内容。在非财政性教育经费筹集中，教育捐赠制度也发挥着重要作用。教育捐赠制度其实就是对社会教育捐赠的税收激励制度。目前，我国基本建立起了对个人、企业教育捐赠的激励机制[②]，但是机制还极不完善，与欧美国家相比，我们的税收激励机制还存在很大的改善空间。

（二）教育财政分配制度

政府筹集到教育经费之后，如何将教育资源合理分配给学校成为教育财政制度的重要组成部分。教育财政分配制度是指在教育财政收入既定的情况下，财政向学校拨付教育经费的制度规范。它回答分配教育的资源（拨款）的主体[③]是谁、按照什么模式向学校拨款以及如何合理划拨人员经费和公用经费等。在我国，长期以来教育行政部门都是拨款主体，伴随财政体制改革，国库集中收付制度的实施，拨款主体将由教育部门转向财政部门。[④] 由于教育财政分

---

① 此处需要说明的是，许多发达国家的普通高中属于义务教育的范畴。
② 教育捐赠的激励机制相关内容可参见王善迈著《公共财政框架下公共教育财政制度研究》，经济科学出版社2012年版，第390页。
③ 国际上拨款主体一般包括两种类型：一是由政府拨款，大多数国家教育拨款主体都是政府；另一种是由中介机构作为拨款主体，如美国、英国的部分州和我国香港特别行政区的高等教育拨款由高等教育拨款委员会等中介机构进行。
④ 王善迈：《公共财政框架下公共教育财政制度研究》，经济科学出版社2012年版，第19页。

配制度与一国的财政体制和教育行政体制相关,究竟由哪一级政府拨款,在不同体制的国家不尽相同。在我国,按照宪法规定,政府和财政由中央、省、市、区(县)、乡(镇)五级组成,教育管理实行的是由中央和地方分级管理,其中,高等教育实行中央和省级政府两级管理,基础教育则主要由地方管理。前文已述,目前基础教育实行的是以县级政府为主的管理体制,因而,基础教育的拨款主体则是县级政府。在确定了拨款主体之后,需要确定采用何种拨款模式。拨款模式涉及拨款方式、拨款内容和依据。目前,国际上的教育拨款方式主要包括两种:一种是直接向供给教育服务的学校拨款,称为直接拨款。另一种是政府将"教育券"这一有价凭证发放给学生,由学生自由选择学校后将教育券交给被学生选择的学校,学校再凭收到的教育券获取财政拨款。[①] 目前,我国实行的是直接拨款形式。由于教育经费支出包括教育事业费和教育基本建设费,因此,教育财政分配制度的内容应包括如何合理地分配学校人员经费、公用经费和基本建设费资金的比例。同时,为保证各级教育发展达到基本水平,应确定出教育事业费的底线,即教育拨款的依据。该底线水平应按照国家和省级地方政府制定的各级各类基本办学标准所必需的生均经费确定,而用于发展的基本建设费则应根据某个特定时期特定的教育发展政策所设立的项目和所需要的成本确定。

(三)教育经费使用监管制度

理论上讲,教育经费使用监管制度是对资源使用效率进行监督评估的制度,主要包括学校经费使用的财务管理制度与绩效评价制度。在我国由于长期以来存在的教育经费不足的客观原因,教育财政制度中更多关注教育经费的筹集和资源配置,而微观层面的教育经费使用监管制度建设极不完善。在年教育经费支出接近两万亿的今天,[②] 提高教育经费使用效率的制度建设极为迫切。2012 年 12 月

---

① 教育券最早由美国经济学家弗里德曼在 20 世纪 50 年代提出。
② 吴杰:《财政性教育经费达 4% 后,钱该往哪里花?》,http://www.infzm.com/content/88583。

虽出台了新修订的《中小学财务管理制度》，但从其内容上看，仍然是停留于程序上的规定，而无具体的对学校经费使用的可操作性的评价管理。因而，教育行政部门应通过目标设定，引导学校的办学方向，规范学校的办学行为，进而督促学校完成规定的教育任务。对中小学校而言，建立起各省级范围内统一的中小学学生学业测评制度，是基础教育经费使用监管制度的重要内容。20 世纪 90 年代以来，世界各国，包括美国这样的教育分权的国家，也在不断地建设和完善全国统一的中小学学生学业成绩测评制度。[①] 同时，国内外的相关研究表明，学生学业成绩极易受学生天赋、家庭背景和同群投入等诸多非学校可控因素影响，因此，评价制度应尽力去除非可控因素的影响。目前，美国、英国等国家采用了增值评价来评价中小学学生的学业成绩，该评价方法可以在很大程度上排除非学校可控因素，较为客观地反映了学校的教育产出。因此，可考虑建立以教育增加值为产出指标，以学校成本为投入指标的中小学教育财政绩效评价体系。对普通高校而言，高等学校的产出比中小学更为复杂，目前的评价体系更多是以毕业生就业率等为主要产出指标。然而，单一地以毕业生就业率等为产出指标将会使高等教育陷入适应经济发展的被动状态，使高校为单纯追逐高就业率而成为职业教育的培养场所，进而忽略了教育先行的作用，忽略了大学存在的目的不仅仅是为学生就业。可见，高校也亟须构建更全面的教育经费评价体系，如此才能使学校重视教育产出以提高办学质量，达到监督学校经费使用的目的。

三　教育财政制度的有效供给保障教育财政效率

如上简略概括了教育财政制度的核心制度框架，只有构建起相对完善的教育财政制度，教育财政活动才能有章可循，有法可依。要让教育财政制度发挥保障教育财政效率的功能，制度的有效供给是前提。制度供给就是为规范人们的行为而提供的法律、伦理或经

---

① 王善迈：《公共财政框架下公共教育财政制度研究》，经济科学出版社 2012 年版，第 425 页。

济的准则、规则。① 教育财政制度的有效供给可为教育财政活动提供制度文本依据。从产品供给都是质与量的统一一样，制度供给也可以从质与量两个方面度量。从量的方面考察，制度供给是指目前提供的制度的多少或体系的完善程度；从质的方面考察，制度供给是指社会（国家）提供的制度是否满足社会发展的需要，即制度的好坏程度。如果上述理解成立，我们就可以将教育财政制度供给理解为国家提供了多少教育财政制度（是否为各级教育提供教育财政活动的依据）以及提供的教育财政制度的好坏（是否保障教育财政的效率，满足教育发展需要）。完善的教育财政制度通过一系列关于教育财政筹资制度、教育财政配置制度以及教育经费使用监督制度中对教育财政筹集资源、配置资源和如何有效使用资源的制度规定，能抑制教育财政活动中可能存在的机会主义行为（比如，政府责任缺位或教育设租），减少整个教育财政活动过程中的不确定性（比如，因区域经济水平差异导致地区之间教育经费投入的不足或波动），进而降低教育财政活动过程中的交易成本，为教育财政活动提供内在的激励机制，形成教育财政活动的良性循环，最终促进教育财政效率的不断提升。教育财政制度的有效供给能够保障教育财政活动功能的实现，进而促进教育财政效率不断提高。因此，可以将教育财政制度是否保障教育经费的投入、是否保障教育资源的合理配置，是否对教育资源使用进行有效的监督视为检验教育财政制度是否有效供给的标准。

第二节　教育财政制度供给不足引致普通高中教育财政效率缺失

教育财政活动总是以教育财政制度为依据，普通高中教育财政

---

① 罗能生、李松龄：《产权理论与制度创新：制度、制度变迁与制度均衡》，中国财政经济出版社2002年版，第140页。

制度就是保障教育财政效率的制度依据。基于上文给出的教育财政制度有效供给的标准来衡量，我们认为，当前普通高中教育财政制度有效供给不足是普通高中教育财政效率缺失的根本原因，梳理普通高中教育财政制度的变迁路径，可以发现当前普通高中教育财政制度供给存在的问题。

一　我国普通高中教育财政制度变迁路径

制度变迁是指制度的转换、替代过程，其实质是一种效率更高的制度对另一种制度的替代过程。现有的制度供给其实是制度变迁的结果，也是下一轮制度变迁的开始。中华人民共和国成立以来，伴随着国家财政制度和教育管理制度的演变，基础教育财政体制作为教育财政体制的重要组成部分，也进行了多次的调整和变迁，其发展历程大致可以概括为三个阶段：1949—1979年为第一个阶段，其特征是中央统一财政、分级管理；1980—2001年为第二阶段，该阶段实行的是中央宏观指导、地方负责和分级管理的新体制；2001年以后为第三阶段，这一阶段我国财政实行的是中央与地方的分税制，教育财政体制也随之发生了变革，逐步走上了与分税制相适应的新道路。一直以来，我国普通高中作为基础教育的一部分，其经费的筹措、分配、使用和管理一直是伴随着基础教育财政体制的变化而变化的。换言之，我国普通高中教育财政制度是从属于基础教育财政体制的内容。但由于我国在20世纪90年代，普及义务教育的要求紧迫，基础教育财政制度中的义务教育财政制度逐渐明确，变革轨迹清晰，而普通高中教育财政制度的演变路径则较为模糊。即使如此，以基础教育财政筹资制度为线索了解我国基础教育财政制度的历史演进，仍有利于把握普通高中教育财政制度供给现状。

（一）基础教育财政制度历史演进

1. "中央统一财政，分级管理"的财政体制（1949—1979年）

在传统的计划经济体制下，我国基础教育财政体制并不是完全集权、一成不变的，而是根据社会政治、经济和基础教育的现实状

况及财政预算管理体制的改变而随之变化,其大致又可以分为两个阶段:①

首先是统收统支、三级管理的阶段。中华人民共和国成立后至1953年,国家没收了官僚资本,统一全国财政收支,逐步形成和施行中央统一财政收支,三级预算管理的体制。与这种统收统支的财政体制相适应,在教育财政管理体制方面,"中央直接管理的大中小学经费列入中央人民政府预算,由财政部掌管;各大行政区、省(市)管理的县立中学以上教育事业费,分别列入各大行政区及省(市)预算内,乡村小学、县简师、教育馆的经费,可由县人民政府随国家公粮征收地方附加公粮解决,但地方附加公粮不得超过国家公粮的15%。各城市的小学教育经费,可征收城市附加教育事业费"。② 在这一体制中,无论是城镇还是乡村学校,经费无论是来自中央拨款还是地方的附加教育事业费或附加公粮,都由各级政府统一筹划、统一支出。后来紧接着对私立学校的接管和改造,全国绝大部分学校的经费管理都纳入了这一体系。

之后是条块结合,以块为主的阶段。1954年9月,教育部、财政部颁布《关于解决经费问题程序的通知》(以下简称《通知》)。《通知》指出:"为贯彻'统一领导、分级管理'原则,今后各省(市)教育厅(局),如有发生经费不足,须先报请省政府统一考虑解决,如省政府解决有困难时,则由省政府转报到中央人民政府政务院考虑,不得条条上达。"③ 但教育经费预算指标,仍然由中央下达,由省教育、财政部门安排。省又要求市、县编制教育经费预算,同时将初中、小学的经费划归市、县管理,高中、师范的经费管理权限根据情况多数下放给地、市。至1957年,中央把基础教育

---

① 范先佐:《我国基础教育财政体制改革的回顾与反思》,《华中师范大学学报》(人文社会科学版)2003年第9期。

② 中国教育年鉴编辑部:《中国教育年鉴(1949—1981)》,中国大百科全书出版社1994年版,第96页。

③ 何东昌主编:《中华人民共和国重要教育文献(1949—1997)》,海南出版社1998年版,第371页。

的管理权下放到地方,形成了"条块结合、以块为主"①的基础教育管理体制。②然而,教育事业管理权限下放后,很多地方都出现了地方政府大量挤占、挪用教育经费的现象。为了解决这些问题,1959年,国务院要求各级政府的财政部门和教育部门根据"条块"结合,以"块块"为主的精神,将基础教育经费由中央按地方需要切块单列,下拨给地方,由中央和地方共同管理好教育经费。

2."地方负责,分级管理"的财政体制(1980—2001年)

改革开放以后,我国的经济和教育发展进入了新的历史时期,对计划经济体制下的教育财政制度进行改革是时代发展的必然。基础教育财政作为整个教育财政最重要的一环,理当成为改革的重点。1980年,国务院颁布《关于实行"划分收支,分级包干"财政管理体制的通知》和《关于实行"划分收支,分级包干"财政管理体制的暂行规定》,标志着我国财政体制由原来的中央财政"统收统支"全国"吃大锅饭"转变成"划分收支,分级包干"的体制。③

1985年《中共中央关于教育体制改革的决定》颁布,教育管理体制发生较大的变动,实行基础教育地方负责,分级管理。与此相适应,基础教育财政体制也作了相应调整,其核心思想包括两点:一是分级办学,分级管理;二是多渠道筹措教育经费。分级办学分级管理是指,基础教育主要由市级以下政府举办,在城市,基础教育经费由市、区两级政府财政共同负担,在农村则由县、乡、村三级负担,基本形成了县办高中,乡办初中,村办小学的格局。

---

① "条块"结合是指:教育经费按其行政隶属"纵向"划分,教育经费预算分为中央和地方两级,实行两级分级管理;财政部根据教育部、国家计委提供的教育事业建设计划,按照定员定额的核算方法,分别对各地方、各部分核定教育经费总控制指标。在财政部下达的经费控制指标范围内,各地方政府仍有权利结合自己的财力、物力,甚至对预算中的类、款、项进行统筹安排,即"块块为主"。

② 孙有成:《中国教育行政简史》,地质出版社1999年版,第146页。

③ 中国教育年鉴编辑部:《中国教育年鉴(1949—1981)》,中国大百科全书出版社1994年版,第97页。

第五章
普通高中县级教育财政效率缺失的制度分析

1993年,《中国教育改革和发展纲要》颁布,提出多渠道筹措教育经费,即以国家财政拨款为主,辅之以征收用于教育的税费、收取非义务教育阶段学生学杂费、校办产业收入、社会捐资集资和设立教育基金等多种渠道筹措教育经费的体制。在当时中央放权改革与农民收入增长较快的大背景下,这一体制调动了地方与个人的办学积极性,有力地促进了基础教育事业的发展。然而,这种分散的基础教育财政体制,导致基础教育的投入责任被层层转嫁,最终使更多的责任被转嫁给农民,农民通过缴纳学费、教育费附加以及教育集资等方式承担了大量的基础教育经费投入责任。

3. "地方负责,分级管理,以县为主"的财政体制(2001年至今)

2001年《国务院关于基础教育改革和发展的决定》(以下简称《决定》)对进一步完善基础教育管理体制和推进办学体制改革作出新的部署:大力发展高中阶段教育,继续完善县级政府对普通高中教育的财政管理体制,鼓励社会力量采取多种形式发展高中阶段教育。[①]《决定》提出了"实行在国务院领导下,由地方政府负责、分级管理、以县为主的体制"。原来"县办高中,乡办初中,村办小学"的格局,转变为基础教育经费几乎全部由县级政府承担,基础教育筹资渠道单一。同时,国家还明确提出加大中央及省级财政对义务教育的转移支付力度,适当提高义务教育管理的层级。但由于新机制本身的不健全以及在实施中也存在很多问题,许多地区为完成普九任务,挤占部分高中教育经费用于义务教育,导致高中教育经费出现严重短缺。

2006年1月1日《中华人民共和国农业税条例》废止,在我国延续了2600年的农业税从此退出了历史舞台。农业税的废除必然带来县级财政收支及基础教育收支结构的巨大变化。尤其是义务教育,其支出占县级财政支出的大头,挤占了科技、文化、卫生、社会保障等方面的投资,影响到县域经济的健康发展。"以县为主"

---

① 樊香兰:《新中国基础教育财政体制的发展历程》,《教育史研究》2004年第3期。

的农村义务教育财政管理体制日益暴露其弊端。2006年国务院确定实施义务教育经费保障新机制以后，义务教育实行"经费省级统筹、管理以县为主"的体制，省级政府负责统筹落实省以下各级政府应承担的经费，制定地方各级政府的具体分担比例及办法，完善财政转移支付制度，以保证中央和地方各级农村义务教育经费保障机制改革资金落实到位。同时，推行农村中小学"校财局管"，建立农村中小学预算编制、资金支付管理等制度，加强对农村中小学的财务管理，强化监督检查，切实提高了资金使用效益。2007年《国家教育事业发展"十一五"规划纲要》提出：普通高中实行以财政投入为主，其他渠道筹措经费为辅的机制。

（二）普通高中教育财政制度演变路径分析

分析基础教育财政制度的演进可以发现，义务教育财政制度从中华人民共和国成立初的县级负责演变为省级统筹，县级管理；而普通高中教育财政制度却经历了一个由省级统筹到县级负责的演变轨迹，其具体的演变过程如图5-2所示。

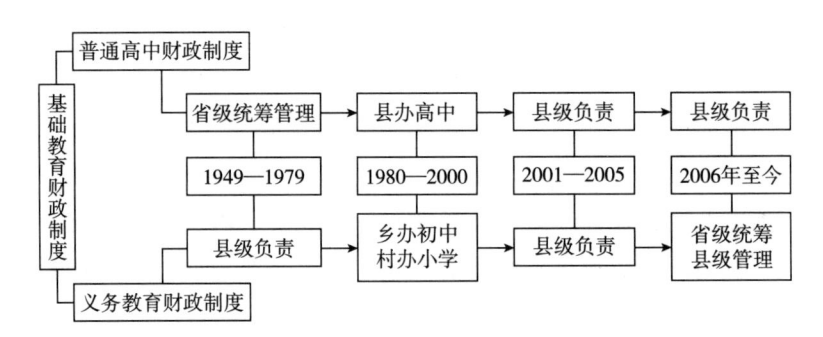

图5-2 基础教育财政制度演进

众所周知，世界各国政府，级次越高，其财力就越大，我国也不例外，中央政府、省级政府、县级政府和乡镇政府财力依次递减。① 因此，教育财政制度规定的某级教育的财政投入层级越高，

---

① 魏宏聚：《义务教育经费投入政策失真现象研究》，博士学位论文，西南大学，2006年。

说明国家对该级教育越重视，其经费投入也越能得到保障。可见，同样是基础教育，义务教育的财政投入层级由中华人民共和国成立初的县级负责，降为1980年的乡办初中、村办小学，至2006年再上升为省级统筹、县级管理，呈现出投入重心上升的"U"形变迁路径；而高中教育的财政投入层级由中华人民共和国成立初的省级统筹降低为1980年的县级负责并保持至今，呈现出投入重心降低的"L"形变迁路径。根据各级教育办学成本递增原则，一般而言，在同一县域内，普通高中办学成本是大于初中、小学的办学成本的。21世纪初，义务教育财政投入层级上升，普通高中财政投入层级未发生任何变化，说明国家对义务教育的重视程度增加，而对普通高中的重视程度不够。

从义务教育由县级财政承担的历史经验来看，县级政府财力不能充分保障初中、小学的办学经费充足和公平，办学成本更高的普通高中由县级政府来承担的后果必然是教育经费不足。应对财政对高中教育投入不足的现实，按照非义务教育阶段的教育资源筹措逻辑，普通高中形成了以县级财政拨款为主，学生缴纳学杂费次之的多渠道筹措教育经费的教育财政制度。此外，收取择校费也成为现阶段我国普通高中教育财政制度的显著特点。

二 我国普通高中教育财政制度有效供给不足现状

基于上文的分析可知，当前普通高中形成了以县级财政拨款为主，学生缴纳学杂费次之的多渠道筹措教育经费为核心的教育财政制度。结合本书的需要，下文从制度供给的角度说明现有普通高中教育财政制度供给不足导致普通高中教育财政效率总体缺失。

（一）现有教育财政制度未能保障普通高中教育投入

在实行依法治国的今天，我国教育事业逐步走上了依法治教的轨道。20多年来，我国先后颁布和实施了《教育法》《教师法》《义务教育法》《职业教育法》和《高等教育法》等重要的法律和与之配套的一系列行政法规和地方性法规，基本奠定了适合我国国情的教育法规体系。① 正是在这些法律制度的保障下，我国的教育事业发展取得了显著的成绩。我国义务教育改革和发展的实践充分说明了这一点。特别是农村税费改革以后，国家先后发布了《国务院关于基础教育改革与发展的决定》《国务院关于进一步加强农村教育工作的决定》《国务院关于深化农村义务教育经费保障机制改革的通知》《义务教育法（修订）》等一系列重要法律文件，确立了保障和规范义务教育发展的体制机制，强调了实施义务教育主要是政府的职责：国务院领导，省级政府统筹规划，县级政府为主管理。在这一系列制度的保障下，我国义务教育得到前所未有的发展。2008年，我国城乡全面实现义务教育免费，标志着我国义务教育发展迈向新的台阶。

  然而，普通高中教育发展的专门性法律法规至今仍然是一个空白，普通高中教育经费投入更是缺乏明确的制度保障。我国普通高中同义务教育捆绑在一起属于基础教育的范畴，但在目前国家更多强调保障义务教育投入的财政体制环境下，普通高中教育投入无明确的经费保障机制可循，这成为县级政府官员推卸投入责任的借口，政府常常以普通高中"属于非义务教育""学校可以收取学费和择校费"等为由而减少向学校财政性拨款。② 从目前普通高中的经费筹集情况来看，县级财政大多只拨付了教师工资，而学校的基本建设费、教师的福利津贴、日常性开支、临时工工资等均由学校自筹，多数学校收取学生的学杂费是学校收入的唯一来源。2010年普通高中教育的财政性教育经费收入仅占国家财政性教育总经费的9.01%，而初中和小学的比例达到21.49%和31.65%。③ 有学者对我国28个省份的调查表明，近40%的普通高中自筹经费占学校公

---

  ① 夏支平：《我国普通高中教育经费投入多元化体制研究》，硕士学位论文，华中科技大学，2004年。
  ② 龙宝新：《农村普通高中发展困境与政策调适》，《中国教育学刊》2009年第4期。
  ③ 根据《中国教育经费统计年鉴》（2011）计算得来。

第五章
普通高中县级教育财政效率缺失的制度分析

用经费的比例超过60%。①

政府投入力度与普通高中经费个人分担比例是呈此消彼长的关系，即普通高中经费中政府拨款比例越低的地区，则普通高中教育成本个人分担比例越高，反之亦然。②政府投入不足必然引起非政府投入的增加，特别是通过增加学费、收取择校费等方式让学生家长承担更多的教育成本，这对学生家庭，特别是低收入家庭造成了较大的经济负担。③我国不少地区公立高中学费占生均经费的比重超过25%。各地高中生均学费占城镇居民家庭收入的比重处于10%—25%；如果与农村家庭的收入情况相比较，各地学费标准超过农村人均收入的30%。④然而，即使普通高中学生家庭分担部分教育成本，普通高中教育经费仍然不足。为增加学校的收入，高中学校校长不得不千方百计为学校融资，扩大招生规模，四处网罗生源。但近年来随着计划生育政策效果的显现，人口总规模逐年锐减，每年关闭的初中学校数量增加，随着高中学校生源的迅速萎缩，学校收入呈逐年下降的趋势实属必然。为维持学校正常运营和发展，多数学校纷纷采取了举债办学的举措。其结果是大批高中学校债台高筑，负债深重。学校每学年收取的学杂费收入仅够维持学校的基本运转，而学校的债务必然长期处于无着落的境地。可以预计，在未来普通高中学校生源递减的情况下，高中学校偿还债务的能力只会变得更加脆弱，高中学校债务化解问题将凸显成为国家不得不插手解决的问题。综上，现有的普通高中教育财政制度不能保障普通高中的财政性教育投入，不能为普通高中提供充足的教育资源。

---

① 李继星、徐美贞、李荣芝：《关于中小学教育经费、教师工资及专用教育建设状况的调查》，《教育科学研究》2005年第11期。

② 沈百福：《我国普通高中学费的地区差异分析》，《当代教育论坛》2006年第5期。

③ 魏金慧：《我国普通高中教育经费投入现状与问题综述》，《现代教育科学（普教研究）》2011年第1期。

④ 陆璟：《高中学费政策的比较研究》，《上海教育科研》2006年第9期。

(二) 现有教育财政制度无法缩小普通高中投入差距

当前普通高中实行县级负责的教育财政制度对调动地方政府办学积极性起到了一定的作用,但与此同时也加大了地方政府,特别是县级政府的财政负担。由表5-1可见,从2000年到2006年,我国地方政府承担了普通高中教育支出的绝大部分,地方财政预算内普通高中教育支出的比重多在95%以上,只有2001年为90%,2002年为93%,而且该数额呈上升的趋势。中央与地方普通高中公共财政预算内教育支出比值呈倒"U"形变化趋势,从2000年的4∶96到2001年的10∶90,再到2006年的2∶98,这与财政收入比重的变化趋势形成鲜明的对比。[①] 库恩斯(Coons)等认为,政府的财政能力对学校财政有很大的影响,对教育投入的重要的决定因素是一个地区或市政当局的财产和收入,因为它们必须资助学校和其他公共事业。[②]

表5-1 2000—2006年中央和地方财政预算内普通高中教育支出

年份	中央		地方		中央∶地方（预算内教育支出）	中央∶地方（财政收入）
	数额（千元）	增长率（%）	数额（千元）	增长率（%）		
2000	32523	—	7436364	—	4∶96	52.2∶47.8
2001	102322	214.6	9761958	31.3	10∶90	52.4∶47.6
2002	88655	-13.4	127336609	30.5	7∶93	55.0∶45.0
2003	65994	-25.5	15739240	23.66	4∶96	54.6∶45.4
2004	58214	-11.8	20062558	27.2	3∶97	54.9∶45.1
2005	29044	-50.1	26424286	31.7	1∶99	52.3∶47.7
2006	61633	112.2	32649775	23.6	2∶98	52.8∶47.2

---

① 李娟:《我国普通高中教育财政体制问题研究》,硕士学位论文,东北师范大学,2010年。

② Coons, J. E., Clune, W. H. and Sugarman, S. D., *Private Wealth and Public Education*, Belknap Press, Cambridge, Massachusetts, 1970:35.

第五章
普通高中县级教育财政效率缺失的制度分析

自 1994 年我国实行分税制以来，中央政府逐步提高了其财政收入占全国财政收入的比重。自 2000 年，中央与地方财政收入比稳步上升，中央占比均超过 50%。这种反差表明，在当前中央财政收入不断上升的同时，教育支出的财权却没有上收，反而有下压的倾向，这势必增加了地方政府财政教育支出的压力。在地方财力本身拮据的情况下，压缩教育支出的情况发生就在所难免。县级财政能力受本辖区内乡级经济发展的高度影响，乡级经济整体落后的县，教育投资能力显然不足；乡级经济发展状况良好的县，教育投资的财力相对充裕，其教育投入又要优先保证对义务教育投入，这样的筹资状况很难扭转普通高中受经济发展水平影响而出现教育投入不足的问题。这种低重心的财政体制使普通高中教育经费过分地依赖地方财政收入，进而导致各地普通高中教育经费投入上的明显差异。[①] 经济差异与教育差异具有相互依存性，地区之间存在的巨大经济差异决定了县级财政对县际之间教育投入差距的调节无能为力。[②]

同时，当前普通高中采取"收支两条线"的财务管理方式，虽然在一定程度上有利于激励学校之间的竞争，提高办学水平以吸引优质生源。然而，由于我国普通高中存在着重点和非重点这一历史差别，在同一县域内重点高中获得的财政性拨款远远超过非重点高中。这种收支两条线的管理方式更多只是由政府将各学校收取上来的所有经费逐月按学校预算拨付返还，而并未对各高中学校收取的学费和择校费进行统筹。这就导致即使在同一区县范围内重点和非重点普通高中在教育经费上的差距也越来越大，教育发展的公平性受到严峻挑战。可见，当前县级统筹，"收支两条线"的资源配置方式难以缩小普通高中教育投入差距。

[①] 李娟:《我国普通高中教育财政体制问题研究》，硕士学位论文，东北师范大学，2010 年。

[②] 杨亚平:《我国县级财政投资体制的分析及改革设想》，《洛阳工业高等专科学校学报》2007 年第 4 期。

(三) 现有教育财政制度难以监督高中学校经费使用

从总体上看，现有对教育经费的监管更多侧重于教育经费使用的合法性和合规性，缺乏对经费使用效益的监管，也就是说，对这方面的监督更多地关注投入，而不是产出和结果。比如，监督主要关注是否达到《教育法》规定的"三个增长"，对教育经费使用的监管远远不够，这就无法有效地刺激学校提高教育经费使用效率。当前普通高中教育经费资源使用利用效率不高的重要原因就是经费使用监督制度的缺失。在2013年以前，我国普通高中施行的财务管理制度是1997年颁布的《中小学财务制度》，该财务制度内容主要包括财务管理体制、单位预算管理、收入管理、支出管理、结余及其分配、专用基金管理、资产管理、负债管理、财务清算、财务报告和财务分析、财务监督十一项内容。[①] 这些内容也多是关注资金配置和使用的合法性，诸如对学校在使用资金过程中"应当"和"严禁"等程序性要求，缺乏对资源使用结果的监督管理，也几乎没有关于学校经费使用绩效评价方面的制度内容。现有的相关教育经费使用评价制度仅在教育政策和法律法规中零散出现，例如，在《国家中长期教育改革和发展规划纲要》（2010—2020）（以下简称《纲要》）中的相关普通高中教育经费使用监督制度有"加强经费管理，建立经费使用绩效评价制度，加强重大项目经费使用考评"，这可以看作国家对学校经费使用的总体要求。而此类的规定过于笼统，没有规定行使责任的主体，法规仅仅停留于文本，导致的结果必然是执行无力。具体到普通高中绩效评价层面，《纲要》（2010—2020）指出，"建立科学的教育质量评价体系，全面实施高中学业水平考试和综合素质评价"。这样的规定，只是对学校教学质量的笼统规定，至于怎么评价、由谁评价，没有一个相对明确的指向，因此也无法以此对普通高中教育经费使用效果进行有效的监督评

---

① 2012年12月21日，财务部和教育部印发了关于《中小学校财务制度》的通知，对原有的中小学财务制度进行了修订。修订后的制度内容也同样包括十一项内容，只是在具体内容上有了部分修改和更新。

估。由于缺乏系统、统一的教育经费监管制度，普通高中教育经费浪费和挤占、挪用现象比较严重，使原本不足的教育经费更加拮据。一些地方为了完成总体指标，将本该用于普通高中发展的教育经费挪至其他教育领域，甚至挪用教育经费来发展经济。另有很多地方为了"面子工程"，大力建设重点高中或示范性高中，盲目投资采购高级硬件设施、建设豪华校园，造成了资金的极大浪费。[①]在目前普通高中教育经费使用监督制度不完善，可操作性不强的情况下，普通高中教育经费使用效率不高是必然的结果。

综上分析可得，现有的普通高中教育财政制度未能保障普通高中教育投入，无法缩小普通高中教育投入差距，难以监督学校经费使用，而以上三个方面正是教育财政的核心功能的发挥。可见，普通高中教育财政制度供给不足是普通高中教育财政效率缺失的制度根源。

第三节 普通高中教育财政制度有效供给不足的机理

教育财政制度的供给既有源自社会经济的现实需求，也有制度形成过程中内在的作用机理。社会经济背景是生成教育财政制度不可改变的客观条件，而制度供给不足的内在机理是可以通过合理的制度设计进行规避。因而，理清普通高中教育财政制度有效供给不足的内在机理，是我们进行普通高中教育财政制度变迁的前提内容。普通高中教育财政制度有效供给不足的机理主要包括制度供给中的政府"经济人"利益诉求，也包括在普通高中教育财政制度变迁中的路径依赖、利益集团之间的利益冲突与制度悖论。

[①] 李楠：《我国高中教育普及化进程中教育成本分担问题研究》，硕士学位论文，河南大学，2011年。

◆ 普通高中县级教育财政效率问题研究

一 政府"经济人"利益诉求

"政府"是一个架空和抽象的概念,其内部是由理性的行为个体——政府官员组成。政府官员作为政府意志的代言人,其行为目标具有"经济人"的特点。"政府干预的卫道士们最大的错误在于简单地预设了政府管制的逻辑前提:全知全能和政府代理人的大公无私、慷慨正直,并忽视了政府行为的成本—收益分析,及其所造成的难以计算的外部效应—社会成本。"[①] 政府官员同样是追求个人行为效用最大化的个体,他们也有自己的偏好函数[②]和效用函数,有从交易中寻求个人获利的动机。对普通高中教育而言,国家对它的重视程度可以通过普通高中教育财政制度的供给来体现,也就是说,普通高中教育财政制度的生成和发展,根本上依靠中央政府的制度供给。进而,普通高中教育财政制度可以看作是国家偏好函数的自变量,国家对普通高中越重视,教育财政制度越能保证普通高中的教育财政活动。如果中央政府积极响应制度变迁的需求,及时弥补制度供给不足,逻辑上具有帕累托改进的性质。[③] 然而,前文对普通高中教育财政制度的梳理表明,普通高中教育财政制度变迁更多是进行着以地方政府、学校为制度变迁主体的诱致性制度变迁[④],中央政府并未及时对诱致性变迁制度进行回应,导致制度供给滞缓。相关的扶持和鼓励政策,如普通高中针对择校收费出台的"三限政策"、普通高中国家助学金等制度更多具有现时弥补的意

---

① 张芳山、刘浩林:《政府行为规制的新制度经济学分析》,《求索》2006 年第 8 期。

② "国家偏好函数"这一概念是由波兰经济学家杨·德烈诺夫斯基提出。他认为,当国家(政府)用直接的方法达到经济目的时,它可以做出自己的决定并采取行动,其中隐含着众多价值尺度,这些价值尺度可以用国家偏好函数来表达。

③ 赵军:《民办高等教育制度变迁中的政府行为研究》,博士学位论文,华中科技大学,2007 年。

④ 新制度经济学根据制度变迁的主体考察,将制度变迁分为两种基本类型:一种是强制性制度变迁,即由政府命令或经法律引入和实行的制度安排的变更或替代;另一种是诱致性制度变迁,是指由个人或一群人在响应获利机会时,自发倡导、组织和实行的制度安排、替代或创造。关于制度变迁模式的具体内容将在下一章做详细阐释。参见袁庆明著《新制度经济学教程》,中国发展出版社 2011 年版,第 388 页。

第五章 普通高中县级教育财政效率缺失的制度分析

义,没有从源头上解决普通高中教育财政问题。虽然,从中华人民共和国成立初国家就认识到普通高中的重要性,将普通高中置于基础教育的范畴,然而在实际的教育财政活动中却没有从财政制度上给予普通高中基础教育应享有的制度保障,而只是默许地方普通高中的诱致性教育财政制度变迁。因而,当前普通高中仍然是维持着县级管理为主,学校自筹为辅的制度。中央政府对普通高中教育财政制度作出的制度供给选择反映出政府的"经济人"特性,主要表现为以下几个方面。

(一) 多渠道为高中筹资,减轻地方财政压力

政府都是有限政府,其财力是有限的。普通高中教育财政问题不仅在于政策文本本身设计的非合理性,也在于这些政策文本所包含的制度规则对地方政府教育财政行为的规范和引导具有怎样的实际效力。[①] 普通高中和义务教育都属于基础教育的范畴,在2006年以前,按基础教育财政制度的要求二者都应由县级负责。在保证义务教育投入的同时,地方政府无力供给普通高中教育的现实,为地方政府机会行为的滋生提供了默许的空间,使普通高中教育财政活动能够从容地在制度规范间游走,尽力规避制度规范,实现自身利益。在中央政府和地方政府的博弈中,中央政府考虑到地方财政压力,也默许了各地因地制宜的多渠道筹资方式,暗含着中央政府寄希望于地方政府找到解决普通高中教育财政问题的可行路径。与此同时,县级政府则利用上级政府教育政策的模糊性和矛盾性来转嫁政府投入普通高中的责任,其结果是政策文本中的"以县为主"在政府间财政行为的现实互动中被改造成为"学校自筹"。从目前来看,国家允许普通高中学校以"三限政策"为依据收取学费、择校费,扩大了普通高中教育供给,减轻了国家的财政压力,而事实上是转嫁了政府责任。对中央政府而言,既要保证普通高中教育发展的同

[①] 黄斌:《现实与政策意图之间的偏差——中国义务教育财政制度变革的历史与展望》,《教育与经济》2010年第4期。

时，又不增加财政的压力，维持现有的制度供给是其政府"经济人"特性的直接体现。

（二）拖延制度供给，追求政府租金最大化

诺斯认为，国家提供的基本服务是相关利益集团博弈的结果，无论是无文字记载的习俗还是用文字记载的宪法演变，国家行为都有两个目的：一是在要素和产品市场上界定所有权结构，追求租金最大化；二是在前一个目的框架中降低交易费用，使社会产出最大化。[①] 第二个目的将导致一系列公共产品或服务的供给。然而，这两个目标并不尽一致，当后者与前者发生冲突时，国家往往会采取牺牲后者以追求资金最大化的策略。政府官员很可能采取拖延制度供给时间，人为设租，从而谋取部门利益最大化，如短期预算最大化、不愿承担改革风险等。对于普通高中教育而言，基于我国地方财政现状，为维持普通高中教育的发展，地方政府与当地利益的融合形成了一个相互依赖的"共生体"，逐渐脱离了对中央政府的依赖。[②]中央政府在应对普通高中教育财政制度需求时，势必也受到追求租金最大化的约束。从目前普通高中教育财政制度来看，政府的制度供给出现制度滞后和制度不对等均可以看成是政府追求租金最大化的行为结果。

（三）维护政府形象

前文已述，我国普通高中教育产品属性正向纯公共产品偏移，政府理当成为普通高中教育产品供给的主体。教育财政活动是供给教育产品的前提保障。然而，在普通高中教育财政筹资、配置和经费使用监督这一系列的财政活动中，政府责任缺位，存在着政府失灵。萨缪尔森给政府失灵（Government Failure）下的定义是："当国家行动不能改善经济效率或当政府把收入再分配给不恰当的人

[①] 赵军：《民办高等教育制度变迁中的政府行为研究》，博士学位论文，华中科技大学，2007年。

[②] Lin, N., "Local Market Socialism: Local Corporation in Action in Rural China", *Theory and Society*, 1995（3）.

时，政府失灵就产生了。"① 也就是说，政府失灵是指政府在管理活动中，以及在弥补市场缺陷的过程中而产生的非市场缺陷。② 这里普通高中教育财政活动中的政府失灵主要表现为政府在普通高中教育财政活动中未能发挥投入主体的作用。将责任转嫁于市场，让市场分担部分责任，是政府减轻财政压力，弥补自身责任缺位的权宜之计。从现实状况来看，市场在普通高中教育资源筹措中，主要是通过收取学费和择校费的途径为学校筹集大量的资源，这在一定程度上缓解了普通高中资源的困境。很显然，发挥市场的力量为普通高中教育筹资是作为"经济人"的政府从自身利益出发作出的决策：让市场参与普通高中教育的供给一方面可以激发学校之间进行竞争，另一方面又可以转移公众对政府投入的注意力。因此，维持现有的财政制度供给在一定程度上掩盖了政府失灵，维护了政府形象。

二 制度变迁的路径依赖

任何一项制度的变迁过程都可能存在路径依赖现象。路径依赖最先是生物学家用以描述生物演进路径的。生物学家古尔德（Gould）较早地研究了生物演化路径的运行机制，并指出了路径可能非最优的性质，明确提出了路径依赖的概念。路径依赖是指一个具有正反馈机制的体系，一旦在外部性偶然事件的影响下被系统所采纳，便会沿着一定的路径发展演进，而很难被其他潜在的甚至更优的体系所取代。③ 路径依赖很像物理学中的惯性原理，一旦进入到某一路径，就可能对这一路径产生依赖而被锁定。由于路径依赖的存在，使原有的制度变迁可能进入良性循环，也可能沿袭原来的

---

① ［美］萨缪尔森、诺德豪斯：《经济学》，高鸿业等译，中国发展出版社1991年版，第1189页。
② 政府失灵一方面表现为政府的无效干预，即政府为克服市场功能缺陷所采取的立法、行政管理以及各种经济政策手段的范围和力度不足或方式选择失当，不能够弥补市场失灵和维持市场机制正常运行的合理需要；另一方面则表现为政府的过度干预，即政府干预的范围和力度，超过了弥补市场失灵和维持市场机制正常运行的合理需要，或干预的方向不对，干预形式选择失当。
③ 卢现祥：《新制度经济学》，武汉大学出版社2004年版，第168页。

错误路径发展，陷入低效的恶性循环，从而被锁定在低效运行的状态。正如新制度经济学家诺斯指出："一旦一条发展路径沿着一条具体进程进行时，系统的外部性、组织的学习过程以及历史上关于这些问题所派生的主观主义就会增强这一进程。"①

我国普通高中教育财政制度变迁也具有路径依赖的特征。因为初始制度的选择提供了强化现存制度的惯性和刺激，沿着原有的制度变化路径和既定方向前进，总比另辟蹊径要节约成本得多。路径依赖对普通高中教育财政变迁的作用体现在财政压力、利益集团博弈等要素对制度的策动方面。从表面上看，普通高中教育财政体制从省级统筹到多渠道筹资的变迁似乎是教育供求矛盾的产物，而实则不然。其根本原因在于，普通高中教育在政府财政上没有作为基础教育这一公共产品来供给，其财政制度建设与国家公共财政建设目标相去甚远，相应的教育财政制度也没有从公共财政支持普通高中教育发展的角度安排和设计。在事实层面，观察基础教育财政体制下的普通高中教育财政活动情况，各级政府也并未对普通高中教育承担起相应的责任。主观上讲，政府是制度的提供者，而不是制度的适用者，这就意味着政府缺乏制度供给的充分动机，除非某项制度的供给可以使政府获得其偏好的效用，否则制度供给就永远落后于制度需求。普通高中教育财政制度的现有供给是通过政府自上而下的推动和相关利益集团维护自我利益意识的逐步强化和话语权的表达，形成了中央政府和地方政府较为稳定的利益格局，而利益获得者从自身利益出发不愿意进行制度变迁，导致现有的普通高中教育财政变迁路径被锁定。路径依赖的特性可能会导致低效制度均衡的长期存在，因为即使均衡是低效甚至无效的，但是放弃它的成本却非常高。② 因而，普通高中教育财政制度供给不足是教育财政制度变迁中路径依赖的必然结果。

---

① [英] R. 科斯、A. 阿尔钦、D. 诺斯：《财产权利与制度变迁》，刘守英译，三联书店、上海人民出版社1994年版，第302页。
② 付泳、郭龙、李珂：《新制度经济学》，兰州大学出版社2008年版，第90页。

第五章 普通高中县级教育财政效率缺失的制度分析

三 制度变迁中的利益冲突

一项制度的变迁实质上是责权利在各种利益相关者之间的重新划分与再分配过程，亦即对既定权力与利益格局以及相关责任的调整。公共财政学认为："公共教育财政制度生成的内在动因是来自相关利益集团利益的博弈。不同利益集团之间长期博弈催生了公共教育财政制度。"① 也就是说，制度变迁过程是一个利益调整和再分配的过程，也是利益集团②之间博弈决策的过程。制度变迁的一个重要特征在于它属于"非帕累托改进"，即每一项新制度的供给不可能在不减少任何当事人的个人利益的条件下使社会利益最大化，一部分人福利的增加可能是以另一部分人利益损失为代价，要达到完全意义上的帕累托改进的制度变迁是几乎不可能的。因而，在现实中，制度变迁的过程可以看成是利益冲突下的公共选择过程。③强制性制度变迁过程中凸显的冲突主要表现为：作为强制性制度变迁制度供给主体的政府受经济人性质的约束和个人理性，会为维护其既得利益而保持或供给无效率的制度；由于社会中总是会存在强势利益集团和弱势利益集团，强势利益集团可以直接与政府进行交易，换取有利于自身的倾斜性的政策，并使之制度化；进行强制性制度变迁要得到大多数公众的支持才能被真正有效贯彻和实施到位，因而政府在实行强制性制度变迁时，必须要考虑如何平衡和协调各方面的利益关系。当政府在各利益集团之间还未找到利益平衡点时，政府一般采取延缓制度供给的形式，期待先通过诱致性制度变迁缓和利益集团间的冲突，避免强制性制度变迁导致的利益冲突激化。

普通高中教育财政活动中的利益主体主要包括地方政府、学校

---

① 栗玉香：《公共教育财政制度生成与运行问题研究》，博士学位论文，北京师范大学，2004年。

② 贝利把"利益集团"界定为：一个由拥有某些共同目标并试图影响公共政策的个体构成的组织实体。参见[美]史蒂文斯《集体选择经济学》，上海三联书店1999年版，第239页。

③ 赵向文：《强制性制度变迁中的利益冲突与公共选择》，《社会纵横》2005年第8期。

和学生（家庭）。从理论上讲，以上各利益主体的利益应是高度一致的，应高度整合于国家利益之中，但是在政策实践中，利益主体之间存在着潜在的利益冲突和矛盾。在目前的财政体制安排下，地方政府成为博弈中的强势群体，掌握着资源配置的绝对权力，是普通高中教育财政制度变迁的决定性因素，居于主导地位；普通高中学校处于次主导地位；而家庭（学生）则是博弈中的弱势群体，处于从属地位。居于强势地位的地方政府和普通高中学校出于对地方性、部门性利益的固守而将普通高中教育公益弱化、边缘化。① 因而，目前施行普通高中教育财政制度导致学生（家庭）分担成本较重，而政府责任缺位。而目前的普通高中教育财政制度供给能在一定程度上减缓中央政府和地方政府对普通高中投入的压力，各利益集团之间的利益保持着相对的均衡。一旦进行强制性制度变迁，意味着普通高中将要求更多的财政支持，学生（家庭）分担较少的投入责任，那么当前的利益平衡被打破，就可能对目前基础教育财政投入的稳定性产生威胁（特别是当前的义务教育投入产生影响）。任何一种均衡的实际制度安排和权利界定总是在更有利于在力量上占支配地位的行为主体的集合。② 基于目前的财政状况，政府为避免打破现有的利益平衡而引起利益冲突激化，采取维持现有的财政制度的策略这一消极制度供给方式。

四 制度供给的二元悖论

综合上述三点内容可知，从理论层面讲，政府供给普通高中教育财政制度的目的之一是保障普通高中教育财政效率。然而现实是，政府虽然知道现有的普通高中教育财政制度供给不足的现状，却没有制度创新的动力，制度变迁陷入僵滞状态，这种二元悖论现象就是制度经济学中的"制度悖论"。制度悖论是诺斯在研究国家在经济增长中的作用时提出的著名论断，因此，"制度悖论"也被

---

① 胡少明：《制约我国普通高中教育可持续发展因素的新制度经济学分析》，《长春师范学院学报》2010年第1期。
② 张宇燕：《利益集团与制度非中性》，《改革》1994年第2期。

称为"诺斯悖论"。他的经典论述是:"国家的存在是经济增长的关键,然而国家又是人为导致经济衰落的根源。"①制度悖论之所以存在并一定程度上具有解释的合理性,在新制度经济学看来,任何时候有国家总比无政府状态好。因为有国家才能保证社会有序、安全和公正,由此国家也被赋予了所有权的垄断,以使它能够完成单个个人所不能完成的任务。但又正是因为国家具有的垄断权力,成为了它进行权力设租的手段。也就是说,"人们本着使自身利益最大化原则所选择的制度,却导致偏离资源有效配置的状态"。②具体到本书中,普通高中教育财政制度供给悖论表现为:在普通高中教育发展过程中,为保证普通高中教育事业的发展,国家本着利益最大化原则确立并坚持了县级财政负责的普通高中教育财政制度,但是该制度运作的结果却偏离了有效配置状态,反过来成为政府利益受损的根源。虽然从短期来看,普通高中教育财政制度供给转嫁了政府责任,缓解了政府财政压力,却带来一系列的问题,诸如,高额的择校费导致了高中生辍学,高中学校教师工资缺乏激励使教师工作积极性不高等,这些问题对整个教育事业产生的负面影响是难以计量的。因此,认识到制度供给悖论的存在,设计合理的制度是制度变迁的重要内容。

以上是普通高中教育财政制度供给不足的内在机理。当前,在普通高中教育财政制度供给不足的现实状况下,各地对普及高中阶段教育发展的要求引发了对教育财政制度新的需求。推进普通高中教育财政制度变迁是增进普通高中教育财政效率,推动普通高中教育发展的必然要求。

---

① North, D. C., *Structure and Change in Economic History*, New York: W. W. Norton & Company, 1981: 20.
② 张宇燕:《经济发展与制度选择——对制度的经济分析》,中国人民大学出版社1992年版,第289页。

第六章 增进普通高中教育财政效率的制度变迁模式设计

普通高中教育财政效率缺失的根源是普通高中教育财政制度有效供给不足,因此,当前亟待进行普通高中教育财政制度变迁。教育财政制度变迁是指创新主体为实现一定的教育目标而进行的教育财政制度的重新安排,包括强制性制度变迁、诱致性制度变迁和"融合变迁"模式。目前普通高中教育财政制度较为单一的诱致性制度变迁模式不能满足当前普通高中教育发展对高中教育财政制度的需求。选择合理的普通高中教育财政制度变迁模式是增进普通高中教育财政效率的可能选择。推进普通高中教育财政制度变迁需要坚持公平、充足的价值取向和正确的路径趋向,在此基础上,以义务教育财政制度变迁模式为参考,探讨如何构建普通高中教育财政制度的融合变迁模式是增进普通高中教育财政效率的必然路径。

第一节 教育财政制度变迁的可能模式与借鉴

一 教育财政制度变迁的三种可能模式

将制度变迁的方式分类为诱致性制度变迁和强制性制度变迁是

第六章
增进普通高中教育财政效率的制度变迁模式设计

新制度经济学中最重要的一个制度变迁分类方式。[①] 如果打破旧有制度可能带来获利机会时，就会有人相机而动，从而诱发某种自发性的制度变革；当政府发现某种制度变革，可能获取比原有制度安排更大的管制效用时，就会采取自上而下的强制性措施主动地推进某项制度变革，以提升自身预期收益及其行为合法性，从而建立起一种新的制度均衡。前者即是"诱致性制度变迁"，后者乃是"强制性制度变迁"。下文对教育财政制度变迁可能模式的分析正是基于这种分类方式进行的。

对应制度变迁的分类方式，从理论上讲，教育财政制度变迁模式可以分为强制性教育财政制度变迁模式和诱致性教育财政制度变迁模式。强制性教育财政制度变迁模式是由初级行动团体（国家政府）通过行政命令和法律由上往下强制推进和实施的对原有教育财政制度进行的完善或变革。强制性教育财政制度变迁的主体是国家（政府），该变迁模式的优点是制度供给速度快，能以国家强制力降低制度变迁成本。同时，改良后的具有强制性的制度规则能在一定程度上约束政府作为"经济人"的机会主义行为。然而，强制性教育财政制度也有其不足的一面，由于它是由纯粹的政府行为强加给财政部门、教育行政部门或学校，很容易导致违背一致性同意原则。[②] 其结果可能是，某一制度尽管在强制运作，但它是以牺牲一部分人的利益为基础，而这部分人就有可能并不按这些制度规范自己的行为。比如，高中择校乱收费现象等就是由于当前的县级教育财政制度供给对于目前普通高中教育发展的水土不服。诱致性教育财政制度变迁模式与强制性教育财政制度变迁模式最大的不同，在于主导制度变迁的主体不同。它是指由一个人、一群人在响应获利机会时自发倡导、组织和实行，对现行教育财政制度的变更、替代

[①] 袁庆明：《新制度经济学教程》，中国发展出版社2011年版，第38页。
[②] 一致性同意原则并不仅仅是一个政治范畴，而且是一个经济范畴。从某种意义上讲，一致性同意原则是经济效率的基础。参见袁庆明《新制度经济学教程》，中国发展出版社2011年版，第391页。

或创新。对于教育领域而言，这里的获利机会中的"利"，既可能包括物质层面的利益，如获取更多的教育资源，也可能包括精神层面的利益，如办让人民"满意"的教育等。由于诱致性教育财政制度变迁一般是在局部范围内（如学校、地方政府等）试点进行，因此其优点是变迁中的利益冲突小，能有效克服制度悖论。但其缺点是制度变迁速度慢，难以及时满足人们对新的教育财政制度的需求。

然而，在事实上，区分诱致性制度变迁和强制性制度变迁的依据是不明确的。新制度经济学并没有定义和划分出强制性制度变迁，只不过是将"政府的诱致性变迁"称为"强制性变迁"。[①] V.W. 拉坦认为制度变迁的过程一般如下：首先，出现行动团体，即某些人开始发现现有的制度的不均衡所预示的创新收益；其次，初级行动团体提出创新方案并选择方案；再次，形成次级行动团体；最后，次级行动团体与初级行动团体一起完善新方案并实施。[②] 故此，我们认为，制度变迁是一个初级行动团体与次级行动团体博弈的过程，如果经过初级行动团体首先创新性地进行制度变迁后，该制度得到次级行动团体——政府（中央政府或地方政府）的吸纳、完善并进行推广，我们认为这类初级行动团体（包括个人、组织、地方政府）进行的制度变迁也属于诱致性制度变迁的范畴，而次级行动团体基于诱致性制度变迁基础上由上而下推行该制度则属于强制性制度变迁。[③] 以上是教育财政制度变迁在理论上的两种基

[①] 黄少安、刘海英：《制度变迁的强制性与诱致性——兼对新制度经济学和林毅夫先生所做区分评析》，《经济学动态》1996年第4期。

[②] 冷雄辉：《政府主导的需求诱致性制度变迁：一个理论假说》，《现代商业》2009年第21期。

[③] 如浙江省从2006年秋季开始，率先在全省范围内免除城乡义务教育阶段的学杂费，成为中国第一个全面实行免费义务教育的省份。这一举措为2年后全国推行城乡免费义务教育提供了宝贵的经验。这是一次典型的中央政府与地方政府的制度互动。浙江省作为一个经济发达而教育资源相对贫困的省份，在义务教育财政制度变迁方面，进行了大量先于全国的改革实践与探索，其经验被中央政府采纳而上升为全国性的强制性制度变迁。因此，我们可以将浙江省进行的义务教育财政变迁看作诱致性制度变迁，而后中央政府采纳这一制度后进行的是强制性制度变迁。参见金戈《义务教育财政制度变迁中的政府间互动——以中央与浙江为例》，《社会科学战线》2011年第11期。

第六章
增进普通高中教育财政效率的制度变迁模式设计

本模式，如图 6-1 中的①②所示。

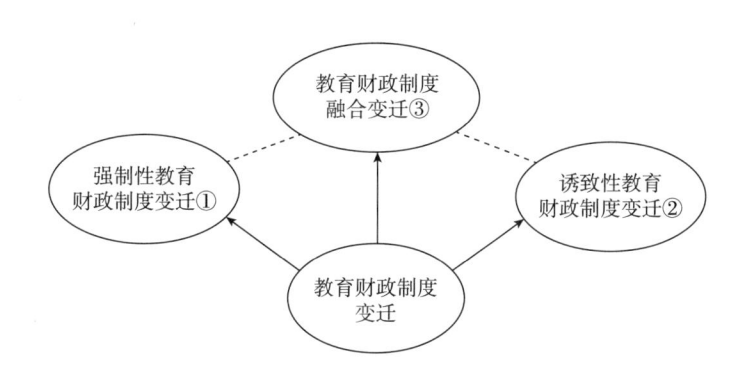

图 6-1 教育财政制度变迁模式

由于诱致性制度变迁方式和强制性制度变迁方式各有其比较优势，它们是一种互补关系而不是一种替代关系。① 然而，在相当长的历史时期中，诱致性制度变迁由于受到利益主体的约束难以成为制度变革的主要动力源。若非突发事件而需要国家进行强制性制度变革，一般而言，最具有生命力的制度变迁，应是在已有诱致性变迁的基础上，由国家推动而形成的强制性制度安排。②"一个完整意义上的制度变迁必须是强制性和诱致性两种制度变迁方式的统一。"③ 综上，我们认为，教育财政制度变迁还应存在第三种变迁模式，即诱致性教育财政制度变迁和强制性教育财政制度变迁的"融合模式"（见图 6-1 中的③）。这种教育财政制度变迁融合模式是指，在教育财政制度变迁的过程中，强制性制度变迁和诱致性制度变迁这两种变迁方式的交替混合使用。

---

① 王海龙：《有效制度供给不足、制度变迁困境与制度创新的路径选择——转型期我国公共事业市场化改革的制度分析》，《制度经济学研究》2004 年第 4 期。
② 葛新斌：《农村教育投入体制变迁 30 年：回顾与前瞻》，《华南师范大学学报》2008 年第 12 期。
③ 冷雄辉：《政府主导的需求诱致性制度变迁：一个理论假说》，《现代商业》2009 年第 21 期。

二 义务教育财政制度变迁模式实践借鉴

我国普通高中和义务教育同属于基础教育的范畴。目前，我国义务教育财政体制的改革在保障义务教育的投入，促进城乡义务教育均衡发展，提高义务教育财政效率方面取得了有目共睹的成绩。从一定程度上讲，义务教育财政制度①变迁的模式是相对成功的，参考我国义务教育财政制度的变迁模式，可为普通高中教育财政制度变迁提供经验借鉴。②

前文已经就我国基础教育财政制度变迁进程进行了梳理，下文仅从制度变迁理论的视角进行简要分析。中华人民共和国成立后至改革开放前，我国义务教育财政采用了"统收统支、分级管理"和"条块结合、块块为主"的财政体制，带有强烈的计划经济色彩，这是与当时高度集中的计划经济体制相适应，也与当时高度集中的财政体制相吻合。在这一阶段，我国义务教育财政制度基本属于强制性制度变迁模式。虽然教育财政体制孕育着不均衡的因素，但在当时的意识形态下，未能为诱致性制度变迁提供足够的动力源。③这一阶段的教育财政体制变迁更多是自上而下地由国家直接推动的强制性制度变迁，诱致性制度变迁只是潜在地渗透于强制性制度变迁中。比如，在正式取代"两条腿走路"之前，"分级办学"就已经在一些经济较为发达地区的乡村中萌芽。④改革开放后，市场经济的逐步确立与完善为我国教育财政体制改革提供了外部动力。社会制度发生转型，资源分配方式发生了本质转变，这对教育财政体制提出了新的要求。我国社会制度的转变是渐进式改革的典型代

---

① 前文在三维分析理论中已经说明教育财政筹资、配置和监督使用是联动的，筹资功能是教育财政的首要功能，因而狭义上的教育财政制度就是教育财政筹资制度，为了缩小研究范围，下文对义务教育财政制度的分析仅从教育财政筹资制度的角度分析。

② 在我国由于相对完善的教育财政制度还未建立，因此下文仅对义务教育财政制度做笼统的分析，而不分别从其教育财政筹资制度、分配制度及使用监管制度三个方面分析。

③ 许传军：《我国义务教育财政制度变迁路径依赖与破解》，《基础教育》2010年第1期。

④ 东莞市教育局编志办：《东莞教育志》，广东教育出版社2004年版，第63—64页。

第六章 增进普通高中教育财政效率的制度变迁模式设计

表,这种方式是逐渐的、部分的、连续的,最初通常是试验性的,这为教育财政制度改革提供了诱致性变迁的基础。[①] 而"分级办学,分级管理"的农村基础教育财政制度模式,最先是由山东、河南、湖南等省的一些县在发展教育过程中自己总结出来的,[②] 中央政府在 1985 年及其后的一系列制度安排,只不过是把"分级办学"加以法制化并在全国范围内加以推广而已。1994 年的分税制改革和 2001 年的税费改革使地方财政面临很大的财政压力,地方义务教育财政陷入困境,从而掀开了"以县为主"的体制改革序幕。之后,"一费制""两免一补"政策相继出台。"一费制"于 2001 年率先在贫困地区农村义务教育阶段学校进行试点,2004 年才在全国义务教育阶段学校普遍推行。2006 年,江苏省苏州市成为全国范围内首先推行免费义务教育的地区,与此同时,江苏全省也在酝酿从 2006 年起先在经济薄弱的农村地区进行免费义务教育试点。[③] 同年,我国西部地区实施农村义务教育经费保障机制。2007 年,国家对中、东部地区义务教育阶段的农村学生全部免除学杂费,全国农村义务教育免收学杂费。2008 年,我国城乡义务教育免费逐步在全国范围内实现。由以上对我国义务教育财政制度变迁的分析可以看出,我国义务教育财政制度变迁是由政府作为变迁主体的强制性变迁为主过渡到诱致性变迁与强制性变迁相结合的"融合变迁"模式。现实表明,这种融合变迁模式促进了义务教育财政制度的不断完善,推动我国义务教育发展迈上了新的台阶。

回顾前文对我国普通高中教育财政制度演变的梳理,我们可以看到,从中华人民共和国成立后至改革开放前,普通高中教育财政采用了"统收统支、分级管理"和"条块结合、块块为主"的财政

[①] 许传军:《我国义务教育财政制度变迁路径依赖与破解》,《基础教育》2010 年第 1 期。
[②] 杨会良:《当代中国教育财政发展史》,人民出版社 2006 年版,第 79 页。
[③] 刘溜:《中国将推行全免义务教育》,http://edu.people.com.cn/GB/1053/3741757.html。

体制，带有强烈的计划经济色彩。在这一阶段，普通高中教育财政制度同义务教育财政制度一样基本属于强制性制度变迁模式。至1980年，普通高中实行县级负责的教育财政制度后，普通高中教育财政制度更多是进行着较为单一的诱致性制度变迁。例如，在县级负责的普通高中教育财政制度下，我国部分地区区（县）陆续实行普通高中教育免费；部分地区在实行收支两条线的管理方式的同时，地方财政对普通高中教育经费统筹并进行转移支付，部分经济较为发达的地区开始拨付普通高中教育生均经费；有区（县）成立教育经费核算中心对普通高中学校经费使用进行监管。以上都说明了普通高中教育财政更多是以诱致性制度变迁的模式演进。虽然国家政策也多次提及普通高中阶段教育的发展要求，如2001年《国务院关于基础教育改革与发展的决定》中提出有步骤地在大中城市和经济发达地区普及高中阶段教育。2010年颁布的《国家中长期教育改革和发展规划纲要》也提出到2020年实现普及普通高中教育的目标。然而，这样的普通高中教育发展政策却无相关教育财政制度作保证，普通高中教育财政效率缺失问题难以得到解决。一种制度以诱致性制度变迁的形式开始对原有的制度进行修补或革新的时候，在一定程度说明，当前制度安排下产生的利益分配格局不合理，亟待进行合理的制度变迁。诱致性变迁后若没有强制性制度变迁跟进，路径依赖的惯性将使原有的普通高中教育财政制度刚性长期存在，普通高中教育财政效率被长期锁定在低效率状态。因而，参考义务教育财政制度变迁的模式，选择合理的普通高中教育财政体制变迁模式是提高普通高中教育财政效率的重要路径。

第二节　普通高中教育财政制度变迁的价值取向与路径趋向

推进普通高中教育财政制度变迁必须坚持一定的价值取向，同

第六章 增进普通高中教育财政效率的制度变迁模式设计

时也需要把握连接价值取向与具体制度措施之间的路径趋向。美国学者本森（Charles Benson）提出的评价教育财政的三个标准（教育服务的供给是否充足、教育资源的配置是否有效率、教育资源的分配是否公平）[①]成为我们进行制度设计的价值取向参考。同时，由于效率是本书的核心线索，故效率的价值取向渗透于本书的始终，而在设计普通高中教育财政制度时，更应坚持普通高中教育财政公平的原则，以实现教育财政效率基础上的普通高中财政充足为目的。[②]这构成了普通高中教育财政制度变迁的价值取向。

一 普通高中教育财政制度变迁的价值取向

（一）以普通高中教育财政公平为价值基点

教育财政公平是教育公平的重要内容，是实现教育公平的必要条件，[③]也是评价教育财政体制的重要指标。公平问题属于价值判断，因而不同社会、个人之间，由于理念上的不同，对公平含义的理解，判断公平的标准把握上均存在着一定的分歧。对教育财政公平而言，有四个原则在理念上被绝大多数国家所认同，这些原则主要包括：[④]①资源分配平等原则。这项原则是指每个学生获得均等的资源分配，也就是要求同一财政负担区内，对同一阶段的学校（主要指基础教育阶段），完全按学生人数拨款，保证每个学生获得相同的资助。②财政中立原则。这一原则是指每个学生的公共教育经费开支上的差异不能与本学区的富裕程度相关，即无论儿童所在地区的财富如何，教育财政体制必须保证每一个儿童都应该接受同

---

① 本森：《教育财政》，Martin Carnoy、闵维方等译，《教育经济学国际百科全书》，高等教育出版社2000年版，第526页。

② 笔者在此处仅强调公平和充足，没有强调效率，是因为教育公平是基础，真正的效率一定是基于公平意义上的效率，同时，充足是教育财政的最高目标或者说是最高层面上的效率，体现公平和效率的统一。由于对效率的追求渗透于本研究的始终，因此，此处没有再强调效率。

③ 王善迈等著：《公共财政框架下公共教育财政制度研究》，经济科学出版社2012年版，第412页。

④ 张民选：《促进教育财政公平：各国关注的新课题》，《外国教育资料》1997年第1期。

样的（或至少达到可以接受的最低限度）教育。该原则的实际内涵是，尽管每个地区的富裕程度有差异，但是法律拒绝以此为由而使不同地区学生的教育经费不等。③调整特殊需求的原则。该原则是指对不同种族或少数民族的学生、偏远地区及贫困学生、身心发展有障碍的学生等，给予更多的关注和有倾斜性的教育财政拨款。④资源从富裕流向贫困的原则。这是现阶段各国判断教育财政政策拨款是否公平的重要标准，与这种资源流向一致的或有助于实现这一流向的教育资源配置政策就被认为是公平的，反之则认为是背离公平的。各国学者在对教育财政政策的反思中发现，在政府要求实现教育机会均等这一社会目标时，他们提出的财政政策却造成了公共资源从贫困者流向富裕者。公共教育经费来自所有劳动者的创造和税收，但是从我国现状来看，普遍存在财政对城市学校、重点学校拨款更多的情况，导致由大多数低收入者缴纳的税收，资助了少数高收入家庭的学生（大量研究表明，城市学校、重点学校中富裕的学生比例高）。越来越多的学者们意识到，"资源从富裕流向贫困"的原则，既是教育财政公平的最高目标，也是实现教育机会均等最根本的财政要求。①

　　普通高中属于基础教育的范畴，因而公平是其教育财政制度的价值基点。基于以上四个教育财政公平原则，可以从以下三点理解普通高中教育财政公平。首先，普通高中教育服务均等化是基本的公平标准。公平的实质是符合社会正义。在现实社会中，用以衡量财政分配是否公平的正义标准是社会绝大多数成员认为合理的分配结果和分配程序。在普通高中教育领域，基本的正义标准是普通高中教育服务均等化，即应为普通高中教育的消费者提供达到基本质量标准的教育服务。其次，普通高中教育财政公平是一般情况下教育财政分配的平等与特殊情况下教育财政分配不平等的有机结合。

---

① 吴春霞、郑小平著：《农村义务教育及财政公平性研究》，中国农业出版社2009年版，第27页。

公平包含平等，又不限于平等。罗尔斯在其《正义论》中，将其研究的正义称为"作为公平的正义"，提出"两个正义原则"，即公平性原则和差别性原则（补偿性原则）。① 将这一原则应用到教育财政分配领域，就是在一般情况下的教育财政分配平等与特殊情况下的财政分配不平等（补偿）。最后，普通高中教育财政公平是实现普通高中教育公平的财政保障。它不仅仅是对有关普通高中教育资源分配情况的描述，更关注公共教育资源分配是否能达到促进教育公平的结果，是否能通过教育资源分配来调整现实中的不平等状态。普通高中教育财政活动的不公平是造成教育不公平的重要原因，公平的教育财政是达成教育公平目标的重要手段。② 教育财政效率是基于公平之上的效率。

（二）以普通高中教育财政充足为价值目标

公平是教育财政的价值基点，效率是贯穿于教育财政活动中永恒追求的价值内容。如 Hanushek 所言，基础教育财政中的公平和效率是紧密相连的范畴，我们不可能忽视效率问题，仅仅关注教育公平。③ 教育财政充足正是将教育财政效率和教育财政公平同时纳入教育财政考虑的，也是教育财政的基本目标，④ 是以效率的提升来实现教育人道发展的一种公平的公共财政尝试和努力。从美国基础教育财政的历史发展来看，自 20 世纪 90 年代财政充足的定义和测度开始出现并发展至今，基于充足目标的教育财政规划已经成为美国教育部门调整财政结构，解决教育资源配置不均，以及提高教育质量的重要政策性工具。⑤ 不同学者对教育财政充足的认识不尽相

---

① ［美］约翰·罗尔斯著：《正义论》，何怀宏等译，中国社会科学出版社2001年版，第303页。
② 吴春霞、郑小平：《农村义务教育及财政公平性研究》，中国农业出版社2009年版，第26页。
③ Hanushek, E. A., "Can Equity be Separated from Efficiency in School Finance Debates?", *Upjohn Institute for Employment Reseach*, 1993（12）.
④ 卜紫洲、徐涛：《充足、公平与效率：基础教育财政制度比较分析》，《公共管理评论》2011年第11期。
⑤ 李文利、曾满超：《美国基础教育"新"财政》，《教育研究》2002年第5期。

同。从"事先"概念看，实现教育财政充足的目标，要求政府为每个学生提供足够的教育资源，以使他们都能获得适当的教育。这个层面接近于教育财政公平的要求。同时，教育财政充足也是"事后"的充足。Clune 认为充足是指公共财政应该为公共教育提供足够的资源，以使每一个学生都能达到特定的教育结果（例如政府规定的学生最低的达标成绩）。①按照 Clune 的定义理解，教育财政是一种事后的概念，充足与否的判断取决于事后的教育产出是否达成事先设定的产出标准。② Clune 对教育财政充足的解释强调了对教育财政效率的关照，体现了教育财政效率和教育财政公平的融合。也就是说，教育财政充足超越了为所有学生提供均等教育资源的绝对平均主义观点，它追求的是一种将高水平产出视为最低标准的公平。

因而，普通高中教育财政制度安排既应当体现教育财政公平的价值取向，也应当将提高教育财政效率作为教育财政追求的内容，因此，教育财政充足成为普通高中教育财政制度变迁的价值目标。换言之，如果使每一位普通高中学生都能够获得达到所要求的学业成绩标准的教育资源，财政投入的公平和效率也就随着充足资源的获得而达到。进而，可以说如果普通高中仅仅追求教育投入的绝对公平有可能带来低效率公平的话，那么教育产出和充足的教育资源相连接带来的是高效率的公平。为实现每个学生都能获得适当的充足的教育投入，政府的教育财政政策就必须解决两个问题：①财政充足要达成怎样的教育产出水平；②需要投入多少教育资源才能使学校达到如此的教育产出水平。③可见，教育财政充足这一目标远远

---

① Clune, W. H., "Accelerated Education as a Remedy for High - poverty Schools", *Universtiy of Michigan Journal of Law Reform*, 1995 (3).

② 黄斌、钟宇平：《教育财政充足的探讨及其在中国的适用性》，《北京大学教育评论》2008 年第 1 期。

③ Gthrie, James W. and Richard Rothstein, *Enabling Adequacy to Achieve Reality：Translating Adequacy into School Finance Distribution Arrangments in Equity and Adequacy in Education Finance*, Washington：National Academic Press, 1999：209.

第六章 增进普通高中教育财政效率的制度变迁模式设计

不是简单地要求教育财政公平或是教育财政效率,而是教育财政远景奋斗的目标。对于普通高中而言,要求在短时间内实现教育财政充足是不现实的。基于目前基础教育财政投入的现状,对义务教育而言,近期或中长期的教育财政目标是充足的教育资源供给,这里的充足是实现高质量产出的教育财政充足,[1] 对普通高中而言,目前其教育财政的充足性只能是"最低充足经费水平",即保证普通高中教育产出达到基本标准的"最低充足经费水平"。

二 普通高中教育财政制度变迁的路径趋向

(一)制度设计推进普通高中教育财政制度变迁

制度变迁的过程也是制度形成的过程。新制度经济学认为,制度形成包括自发演进和人为设计这两条途径。[2] 所谓制度的自发演进是指一项制度是在社会发展中自然而然形成的,并非人有意为之。[3] 制度的人为设计则是指一项制度是通过人类有意识有目的的设计而产生的。对于制度形成的这两种途径,新旧制度经济学家的认识是一致的。英国学者卢瑟福指出:"新旧制度主义者都承认制度有可能被精心设计和实施,也有可能在未经筹划或自发的过程中演化。人类是有目的的行动者,制度是个人有目的的行为的预期或未预期的结果。个人可能(经常通过某种集体选择)设计或修正制度,使之发挥或更好地发挥某种作用。与此同时,制度也可能以未经设计的方式产生和延续,成为人们有意行为的无意结果。"[4] 对应制度变迁的模式,可以认为,诱致性制度变迁有更多自发演进的痕迹,而强制性制度变迁则有更多人为设计的成分。然而,在这两条途径中,新制度学家更强调人为设计。在他们看来,仅仅依靠制度的自发演进,难以满足社会对有效制度的需求。[5] 区分制度形成的

---

[1] 李玲馨:《21世纪初期我国农村义务教育财政政策变革研究》,硕士学位论文,淮北师范大学,2010年。
[2] 袁庆明:《新制度经济学教程》,中国发展出版社2011年版,第303页。
[3] 马元:《制度的形成、产权与农地流转》,《河北农业大学学报》2006年第12期。
[4] 卢瑟福:《经济学中的制度》,中国社会科学出版社1999年版,第9页。
[5] 袁庆明:《新制度经济学教程》,中国发展出版社2011年版,第311页。

自发演进与人为设计过程的主要根据是意识在其中所起的作用。①从人是制度的选择主体来看，一项制度在本质上是由人们"生产"出来的。② 也就是说，一项制度，其形成无论是由诱致性制度变迁和（或）强制性制度变迁形成，从本质上看，都是人为设计的结果。

《中国教育与人力资源问题报告》指出，在我国已基本实现普及九年义务教育之后，高中阶段教育应该成为今后教育规模发展的主攻方向，但目前政府还没有对普及高中阶段教育作出有效的财政制度安排。③ 因此，当前亟待对普通高中教育财政制度进行制度设计，其具有的现实意义如下。

第一，制度设计有利于实现普通高中教育财政制度的有效供给。仅仅依靠诱致性制度变迁难以满足社会对普通高中教育财政制度的需求，要解决当前普通高中教育财政效率缺失的问题离不开人为设计的合理的正式制度。合理的制度设计有利于约束政府行为，纠正制度自发演进中出现的路径依赖，减小制度变迁中产生的利益冲突。对普通高中教育财政活动而言，通过合理的制度安排，可以在一定程度上约束政府"经济人"行为，以保障政府对普通高中教育投入；可以打破原有的普通高中教育财政制度的路径依赖；可以有效协调各级政府之间的利益，减小利益相关者之间的利益冲突，建立起政府、市场和第三部门合理投入的格局。可见，制度设计对普通高中教育财政制度的形成和完善具有重要意义。

第二，制度设计可以加速普通高中教育财政制度的演进。制度自发演进的主要动力来自环境的变化，对于普通高中教育财政制度而言，其演进动力来源于经济发展和教育发展的需求等。但是需要强调的是，如果只有制度的自发演进，没有人们有意识的制度设计，有利于人类社会的各种有效制度的形成历程将十分漫长。20世

---

① 袁庆明：《新制度经济学教程》，中国发展出版社2011年版，第303页。
② 张培刚、张建华：《发展经济学》，北京大学出版社2009年版，第105页。
③ 瞿帆：《普及高中教育呼唤制度保障》，《中国教育报》2003年3月10日。

纪以来，西方国家技术的飞速进步，除了科学知识的迅速发展和积累外，有利于技术进步的新制度的不断出现与完善显然起了重要作用，而后者正是人们加速制度设计与制度创新的结果。① 当前普通高中教育财政制度在自发地进行着缓慢的演进，这种诱致性制度变迁有利于各地区因地制宜进行普通高中教育财政制度的改革。然而，如果不有意识地进行制度设计，相对完善的普通高中财政制度将难以形成，这将在很大程度上阻碍普通高中教育的发展和普通高中教育财政效率的提高。

（二）普通高中教育财政制度设计的路径方向

既然坚持普通高中教育财政公平与充足的价值取向是普通高中教育财政制度设计的灵魂，在这一总体价值取向之下，普通高中教育财政制度变迁就应有其必然的路径趋向。只有在把握了正确的路径趋向基础上进行普通高中教育财政制度变迁，才能有针对性地实现增进普通高中教育财政效率的目的。可见，明确正确的路径方向，是确保普通高中教育财政制度变迁达到预期目的的前提条件。针对前文得出的普通高中教育财政效率缺失问题，以效率为制度变迁的根本目标，以公平和充足为价值考量，我们认为，进行普通高中教育财政制度变迁应坚持如下的路径方向：①凸显普通高中教育投入中的财政投入主体作用。目前的普通高中由县级财政负责的模式不能支持普通高中教育的发展，制度变迁的方向应考虑提升政府层级并拓宽普通高中教育筹资渠道。②缩小普通高中教育财政投入差距。教育公平的理念应辐射到教育的各个层级，基础教育阶段中的普通高中教育差距的不断扩大有悖于教育公平，因而，制度变迁应朝着如何缩小普通高中投入差距的方向。③实现对教育资源使用的有效监管。有效的投入要保证有质量的产出。普通高中教育财政的充足价值目标指向的是保证产出质量的充足的教育投入。

---

① 瞿帆：《普及高中教育呼唤制度保障》，《中国教育报》2003年3月10日。

第三节 普通高中教育财政制度变迁的"融合模式"设计

提高普通高中教育财政效率需要以普通高中教育财政制度为保障。当前普通高中教育财政效率缺失导源于单一的诱致性制度变迁模式引致的普通高中教育制度供给不足,因而,进行制度变迁以完善现有普通高中教育财政制度,是当前普通高中教育发展的必然要求,也是政府基于普通高中教育发展的要求整合各政策主体价值需求作出的应然选择。在坚持普通高中教育财政制度变迁以公平为价值基点和以充足为价值目标基础上,探寻出一条普通高中教育财政制度变迁模式,是提高普通高中教育财政效率的有效途径。笔者试图构建的普通高中教育财政制度变迁的"融合模式"将诱致性制度变迁和强制性制度变迁融合为一体,体现的是对培育诱致性制度变迁的需求显示机制的倡导和对政府适时进行强制性制度变迁的期盼,而对现有普通高中教育财政制度的完善本身也是对基础教育财政制度改革的推进。

一 培育诱致性普通高中教育财政制度变迁中的需求显示机制

诱致性制度变迁的依据之一是一致同意性原则,这使新形成的制度遵从率较高,制度执行成本低,因而,诱致性制度变迁仍然应是普通高中教育财政制度变迁的重要渠道。当前部分地区的普通高中教育财政制度虽然在进行着轰轰烈烈的诱致性制度变迁,但从整体上看,这种制度变迁更多是由各地区政府官员偏好决定的,诱致性制度变迁的需求显示机制尚未建立。诱致性制度变迁体现了更多自下而上的制度改革动因,更及时地反映现实问题,也更多反映民意。推动普通高中教育财政制度的诱致性变迁需要发挥地方政府、学校、公民这三大主体的力量,这需要有一个畅通的需求表达机制。如开通普通高中学校学费、择校费调查网络平台,公众可以在

第六章 增进普通高中教育财政效率的制度变迁模式设计

这个平台反映高中学校收费现状和对学校经费使用的疑问等;建立普通高中学校教育质量调查网,学生、家长可以在这个平台表达目前高中教育情况和对高中教育改革的建议等。需求表达机制的建立需要政府提供一个宽松的需求表达环境,因为一种制度的诱致性变迁可接受程度,是由政府根据自己的效用和偏好来决定的。微观主体的自愿安排始终控制在政府手中。不但强制性制度变迁的实现必须通过政府的强制性实施,诱致性制度变迁也必须通过政府放松约束才能够实现。①

与诱致性制度变迁相比较,强制性制度变迁滞后的时间较长,一般是到了问题以极端化的形式表现出来的时候才会引起上级政府官员的重视。② 以农村义务教育财政制度变迁为例。"乡村自给"机制是在1986年开始施行,到1993年农村经济衰微开始难以为继,于是出现了不按办学标准供给、教育乱收费、拖欠教师工资和举债等教育经济问题,据国家教育发展研究中心对中西部地区农村学校的抽样调查,样本初中按教学大纲开出所有课程的占21.8%;课桌椅残缺不全的占45.9%;试验教学仪器不全的占70.3%;教室或办公室有危房的占28.8%;购置教学用具不足的占35.0%。③ 据中国教育工会1999年上半年的一项调查表明,中国有2/3的省、自治区、直辖市都不同程度地存在拖欠农村教师工资问题,2000年累计债务达到180亿元。另根据农业部的一份统计显示,2002年,陕西省"普九"达标的75个县共负债约15亿元,湖南省农村中小学负债达25亿元,湖北省义务教育负债共23亿元。在经济发达的广东

---

① 田克祯:《农村义务制度变迁中政府主导逻辑的困境与超越》,硕士学位论文,吉林大学,2009年。
② 陈静漪:《中国义务教育经费保障机制研究——机制设计理论视角》,博士学位论文,东北师范大学,2009年。
③ 王善迈、袁连生、刘泽云:《我国公共教育财政体制改革的进展、问题及对策》,《北京师范大学学报》(社会科学版)2000年第6期。

省中小学负债也高达73亿元。① 也正是这些让人震惊的数字才能引起政府官员的重视，进而才有政策的反应，但是以上由教育财政效率缺失带来的后果却是难以计量的。具体到普通高中教育领域，普通高中教育投入不足带来的问题，如普通高中债台高筑②问题、高中择校收费等问题成为当今社会关注的焦点。似乎只有当这些问题逐渐激化到不能解决的时候，才有相关政策的出台。高中招收择校生的"三限"政策就是在"择校收费问题"激化时才出台。而综合分析20世纪末的教育收费管制政策可以发现，政府治理普通高中教育乱收费，最主要的特点是一条"三限"政策从2002年出台不断被强调、重申到2009年。仅从一条政策被重申8年来看，或许可以得出该政策是一条没有很好发挥效力的政策的结论。③ 除此之外，我们认为该问题产生的部分原因是政府对诱致性制度变迁不敏感，换言之，即是诱致性制度变迁过程中的需求显示机制不健全。④ 如若需求显示机制完善，各地普通高中教育乱收费引发的"高中致贫"等问题在一定程度上可以通过公众表达意见的媒介渠道反映现有普通高中教育财政制度的问题。

当一项制度被大范围地进行诱致性变迁的时候，其实就是向政府拉响了该项制度不合理的预警，说明社会要求制度变迁的需求已经形成。当前，我国部分地区已在陆续进行着普通高中教育免费等诱致性制度变迁，因而，我们可以认为我国普通高中教育财政制度变迁的需求已经形成。然而，如果一项制度的需求显示机制不健全，将在很大程度上减缓制度自发演进的步伐，也将阻碍制度人为

---

① 王梅雾：《农村义务教育债务问题研究——以江西D县为例》，硕士学位论文，江西师范大学，2006年。

② 《普通高中债台高筑现象需引起重视》，http://www.dongao.com/news/hy/aud/201104/49451.shtml。

③ 林小英、刘大立：《政府管制公办高中择校费的目标悖论》，《教育学报》2010年第5期。

④ 前文已将政府对诱致性制度变迁不敏感的原因部分归结为政府经济人利益诉求，此处对此不再赘述。

设计的积极性。当前我国市场经济体制逐步完善，人们独立自主意识增强，民众表达意见的媒介渠道增多而且简便。[①] 因此，逐步完善民意表达制度，培育诱致性制度变迁中的需求显示机制，尊重地方政府、学校、民众等教育利益相关者的意见和首创精神，在实践中创造出更适切的普通高中教育财政制度以推动普通高中教育财政制度变迁，促进普通高中教育财政效率的提高，对于推动普通高中教育财政制度的变革和基础教育财政制度的完善具有重要意义。

二 适时进行强制性普通高中教育财政制度变迁

"如果诱致性制度变迁是新制度安排的唯一来源，那么一个社会中制度安排的供给将少于社会最优。"[②] 一项制度在进行着诱致性制度变迁的同时，适时进行强制性制度变迁是推进制度有效供给的有效途径。在实际生活中，诱致性制度变迁与强制性制度变迁相互联系、相互制约，共同推动着社会制度的有效供给。前文已述，从人是制度选择的主体看，诱致性制度变迁和强制性制度变迁实质是人为设计的结果。制度设计是制度变迁及形成的重要环节。一种制度需求能否转变为新的制度安排，取决于赞同、支持和推动该制度变迁的行为主体集合在与其他利益主体集合的力量对比中是否处于优势地位。由于政府主体在政治力量与资源配置权力上均处于绝对优势的地位，因此政府主体是决定制度供给方向、形式、进程的主导力量。制度变迁的目的之一是建立更适合经济社会发展的组织结构，而这一目标能否实现，关键在于国家。[③] 中央政府作为教育制度变迁的最主要力量，其教育制度供给是决定教育制度演进的最主

---

① 陈静漪：《中国义务教育经费保障机制研究——机制设计理论视角》，博士学位论文，东北师范大学，2009年，第158页。
② 林毅夫：《关于制度变迁的经济学理论》，《财产权利与制度变迁》，上海三联书店1994年版，第396页。
③ 周小玲：《制度变迁理论之国家理论对中国政府在改革中发挥作用的启示》，《零陵学院学报》2004年第2期。

要控制力量。① 当前，我国普通高中教育财政效率缺失问题已然存在，普通高中教育财政制度供给不足已经暴露出其明显弊端，因此，积极建构普通高中教育财政核心制度框架及内容是保障普通高中教育财政效率增进的重要途径。对应教育财政制度的基本构成，我们可以从普通高中教育财政筹资制度、分配制度和经费使用监管制度三个层面对普通高中教育财政制度进行设计。

表 6-1　　　　　　　　　普通高中教育财政制度设计

制度框架	制度内容
优化普通高中教育财政筹资制度，加强政府责任	突出中央和省级政府责任，实现投入重心上移
	鼓励各类资本投入普通高中教育领域，拓宽筹资渠道
	化解普通高中学校债务，减轻学校负担
确立普通高中教育财政分配平衡机制，逐步缩小教育差距	缩小县级差距，进行财政转移支付
	建立公平的学校资源分配制度，增加对非重点高中的投入
	改革拨款模式并建立普通高中教育基准，逐步实现高中教育免费
建立普通高中教育经费使用监管制度，保障资源有效使用	坚持财务"收支两条线"，专设校财县管中心
	完善学校财务管理制度，公开普通高中教育经费统计数据及方法
	积极构建普通高中学校财务支出绩效评价体系

(一) 优化普通高中教育筹资制度，加强政府投入责任

1. 突出中央和省级政府责任，实现投入重心上移

筹集到充足的教育资源是教育财政运行的前提。普通高中教育财政筹资的多少，直接关系到普通高中教育机会的供给。仅仅强调公平而忽略对教育供给的充分性的关注，这是对寻求公正的一种嘲弄。② 按照公共经济学的观点，一种产品的有效供给方式一般是由该产品的属性来决定的，若某一产品的公共产品属性越强，则该产

---

① 程琪：《我国教育制度变迁的合理机制研究——我国当前义务教育制度变迁的实证分析》，硕士学位论文，东北师范大学，2005 年。
② [美] 理查德·A. 金·奥斯汀·D. 斯旺森·斯科特·R. 斯威特兰：《教育财政——效率、公平与绩效》，曹淑江译，中国人民大学出版社 2010 年版，第 311 页。

第六章 增进普通高中教育财政效率的制度变迁模式设计

品就更应该由政府供给。前文对普通高中教育产品属性的分析表明,我国普通高中教育的基础性越来越强,普通高中教育产品属性由准公共产品向公共产品偏移,政府理应成为其供给的主体。因此,当前应根据《中共中央关于深化教育改革,全面推进素质教育的决定》中"政府的教育拨款主要用于保证基础教育资金投入和承担普通高中和高等教育的大部分经费"的规定,确立普通高中在公共财政中的重要地位,强化政府在普通高中教育投入中的主体责任。基于此,各级政府必须不断提高普通高中预算内教育事业费、公用经费以及专项经费的投入力度,以缓解普通高中教育经费长期投入不足的矛盾。同时,政府应把推进普通高中发展、不断满足人民群众对普通高中教育及优质普通高中教育的需求作为政府行为的目标。为保障财政投入责任,建立起普通高中教育经费的保障机制和法律制度,是为普通高中教育发展提供充足的资源的重要制度保障。

要求政府加大对普通高中教育的投入,切实保证普通高中教育财政性经费投入的同时,还涉及各级政府对普通高中教育投入责任如何划分和明确的问题。在现实层面上,我国普通高中教育执行全国统一的以县级政府为主、中央和省级政府为辅的多级财政投入体制,但对于各级政府应投入多少比例却未有任何相关政策制度做明确规定。由于财政责任不明,当前普通高中基本是由县级财政买单。由于我国中部和西部地区大部分县级财政困难,大多属于"吃饭财政",县级财政仅有的财力在优先保证义务教育投入的前提下,难以再为普通高中投入更多的经费。结合前文的统计结果与访谈信息,我们保守地认为,2010年我国普通高中教育财政性教育投入占普通高中教育财政总收入比例约为50%,而OECD成员国普通高中财政性投入占普通高中教育财政收入比例均在59%以上。2003年,日本普通高中政府投入比例约59.8%,韩国占67.6%,印度占

70.9%。[1] 覃利春、沈百福对 OECD 成员国 1998—2006 年普通高中财政投入情况进行研究，结果表明，OECD 成员国政府对普通高中教育投入比较大，财政性教育经费占总经费比例较高，部分国家普通高中政府财政性教育经费投入占总教育经费比例超过了 80%，且投入相对稳定的国家有：①冰岛为 82% 左右；②比利时为 85% 左右；③美国为 90% 左右；④爱尔兰为 92% 左右；⑤匈牙利、葡萄牙、挪威和卢森堡为 95%—100%；⑥奥地利为 89%—100%。[2] 很显然，这些国家的普通高中教育财政投入基本以国家财政投入为主。这些 OECD 成员国的普通高中教育财政投入体制可以分为单级政府财政投入、两级政府财政投入和多级政府财政投入三种[3]，见表 6-2。

表 6-2 OECD 成员国普通高中教育财政投入体制的特点

财政投入体制	财政投入类型	国家分布	中央财政支出比例（%）	省级财政支出比例（%）	县级财政支出比例（%）
单级政府财政投入	由一级政府（中央政府）承担全部财政投入	卢森堡、捷克、新西兰、斯洛伐克	100	0	0
两级政府财政投入	以中央政府为主、省级政府为辅	葡萄牙	50—99	50	0
	以省级政府为主、中央政府为辅	澳大利亚	<40	>60	0
	以中央政府为主、县级政府为辅	冰岛	>90	0	10
	以县级政府为主、中央政府为辅	匈牙利、爱尔兰、芬兰、波兰、斯洛伐克、英国	<50	0	50—100

---

[1] 根据 http://stats.OECD.org 中的数据计算得来。

[2] 覃利春、沈百福：《OECD 成员国普通高中财政投入及其启示》，《教育发展研究》2011 年第 7 期。

[3] 覃利春、沈百福：《OECD 成员国普通高中财政投入及其启示》，《教育发展研究》2011 年第 7 期。

续表

财政投入体制	财政投入类型	国家分布	中央财政支出比例（%）	省级财政支出比例（%）	县级财政支出比例（%）
多级政府财政投入	以中央政府为主、省级和县级政府为辅	奥地利、希腊、丹麦、荷兰、法国、意大利、墨西哥、土耳其	50—99	<50	<50
	以省级政府为主、中央和县级政府为辅	比利时、韩国、瑞士、德国、捷克、西班牙、挪威、日本	<50	50—100	<30
	以县级政府为主、中央和省级政府为辅	美国	<10	<40	>60

资料来源：http://stats.OECD.org；其中瑞典、加拿大数据缺失，西班牙只有 1998 年的数据，斯洛伐克的数据是从 2004 年开始，捷克的数据是从 2001 年开始。

从国家上看，世界各国的基础教育基本上是由省（州）一级地方政府统辖，与之相适应，基础教育经费的筹措和提供就成为这一级政府的主要职责之一。[①] 根据 OECD 成员国执行相似或相同财政投入体制的国家经验，执行"以县级政府为主"的普通高中教育财政筹资制度的前提是人均 GDP 较高，地方政府具备足够的财政能力。比如，美国 2006 年的人均 GDP 为 42076 美元；再如那些虽然执行两级政府财政投入，但仍以县级政府为主的爱尔兰、英国和芬兰，这些国家在 2006 年的人均 GDP 均达到 30000 欧元以上，排在世界前 16 名，而相比之下，我国同期人均 GDP 仅为 2010 美元，排在世界第 100 名。[②] 现实表明，我国财政纵向、横向不均衡，就大多数地区而言，县级财政难以承担起普通高中教育的财政责任。因此，我们可以借鉴 OECD 国普及普通高中教育的财政投入经验，选择符合我国国情的财政投入模式，对我国中央和地方政府普通高中

[①] 董秀华：《基础教育财政制度比较研究》，《外国中小学教育》1999 年第 12 期。
[②] 覃利春、沈百福：《OECD 成员国普通高中财政投入及其启示》，《教育发展研究》2011 年第 7 期。

投资责任和管理进行恰当划分,以保证普通高中财政性教育经费的有效获得。

有研究者认为,普通高中教育筹资制度设计要遵循三点原则:一是要有利于普通高中教育平稳、均衡地发展,有利于提高普通高中入学率和教学质量;二是要调动县级政府的积极性,县级政府起码要按中等努力程度将自有财力用于普通高中教育发展;三是若县级政府实在有困难的,中央政府和省级政府应按缺口进行财政转移支付,保障普通高中在全国范围内的基本均衡发展。① 按照上述指导思想,根据现行的财税体制,中央和省级政府集中了主要财力,因而考虑建立主要由中央及省(市)两级税收统筹分担的普通高中教育财政筹资制度是合理的。参照义务教育的拨款模式和OECD成员国的模式,普通高中教育财政投资主体应上移至省级,与义务教育同样实行"省级统筹,县级管理"的模式。在这一模式中,省级财政应发挥普通高中教育财政的中枢作用。同时,基于我国东、中、西部地区的经济水平差异,可以根据具体情况,先在不同区域内分类安排不同的普通高中教育筹资模式,最后过渡到"省级统筹,县级管理"模式。具体而言,东部地区地处沿海,经济发展水平较高,普通高中教育的主要受益者是区域内各省市。因此,东部地区普通高中筹资责任主体应安排为"以省为辅,以县为主",这既符合"谁受益,谁负担"的原则,也能促进该区域内普通高中教育的均衡发展。② 中部地区地处内陆,经济社会发展相对落后,普通高中教育的受益者主要是本区域内各省、自治区、直辖市,但普通高中毕业生的流动性强,全国范围内都有受益。同时,考虑到普通高中教育筹资效率存在的中位塌陷,财政投入力度不足,因此,中部地区普通高中教育筹资模式可考虑安排为"以中央和省级政府

---

① 陈亚伟:《普通高中教育筹资中政府角色研究》,硕士学位论文,华东师范大学,2007年。

② 陈亚伟:《普通高中教育筹资中政府角色研究》,硕士学位论文,华东师范大学,2007年。

第六章
增进普通高中教育财政效率的制度变迁模式设计

为主、县级政府为辅",这既符合"谁受益,谁负担"的原则,又能调动该区域内县级政府发展普通高中的积极性。对于西部地区而言,其经济社会发展相对落后,普通高中教育发展较为落后。当前,社会对教育发展的要求使普通高中的基础性凸显,在西部地区发展普通高中教育有利于提升整个民族的文化素质和促进社会的团结稳定。为此,西部地区普通高中教育筹资模式可以考虑安排为"以中央政府为主、省级政府和县级政府为辅",这既符合国家的整体利益,又能促进该区域内普通高中教育的均衡发展。

2. 鼓励各类资本投入普通高中教育领域,拓宽筹资渠道

当前,普通高中教育经费来源构成主要是政府和学生缴纳的学杂费及择校费,其他经费来源渠道萎缩。普通高中属于基础教育阶段,发展普通高中教育要求政府体现投入主体责任是理论和现实的必然。然而,由于我国财力有限,单一要求政府成为投入的唯一主体是不现实的奢望,普通高中"非义务教育"的身份要求它在积极争取国家财政拨款的基础上,必须集思广益,多渠道为普通高中教育融资。

鼓励社会力量办学,发展民办高中是市场投入的重要渠道。国务院在2001年《关于基础教育改革与发展的决定》中指出:"普通高中在继续发展公办学校的同时,积极鼓励社会力量办学。"《国家中长期教育改革与发展规划纲要(2010—2010)》再次重申"健全公共财政对民办教育的扶持政策"。因此,发展民办高中,鼓励民间资本投入普通高中是今后普通高中教育发展的一个重要方向。联合国教科文组织国际教育规划研究所(IIEP)在研究报告中指出,如果发展中国家的公办高中需要通过收取学费来补偿部分成本的话,可以考虑的方法之一就是,在政府确实没有财力扩大公立学校规模时,积极扶持民办高中的发展。民办高中的适度发展,对于吸引民间资本投入以弥补普通高中教育不足的困境具有直接的现实意义,同时对于增加普通高中教育的供给,改善教育供给质量、促进公私学校竞争、增强教育体制的灵活性等具有不可替代的作用。然

而总体上看,当前我国民办普通高中发展面临生源困境、资金短缺的现状。要发展民办高中,政府需要协调好民办高中与公办高中的关系,营造公办高中与民办高中和谐发展的格局。基于目前我国公办、民办高中的质量和规模现状,要实现公办和民办高中的和谐发展,一方面需要政府扶持、积极引导民间资本投入。政府对民办高中的财政扶持可以通过在学校开办初期,为其提供建校启动费;拨发教学所需仪器设备;支付一定额度的生均经费等方式。同时,要吸引民间资本投入,必须让民间资本有利可图,否则,吸引民间资本进入普通高中教育领域就是一句空话。《中华人民共和国民办教育促进法》规定了出资人可以依据法律从办学结余中取得合理回报。① 为保障民间资本投入普通高中获得合理的回报,政府可采取以下措施:一是制定民办普通高中教学质量标准,定期进行评估,对质量合格的学校提供财政补贴。二是依据市场利率,确定出资人合理的资本回报和经营收益。另一方面则是民办高中应明确自身的市场定位,打破与公办高中趋同发展的局面,办出特色和品牌。从普通高中长远发展来看,后者更为重要。因而,民办高中应根据自身的特点和资源情况来确立办学特色和办学定位。② 然而,我们需要清楚的是,民办高中的生源主要是普通高中录取后剩下的学生。这部分学生有的希望能升入本科院校,有的仅希望能考取一所好的专科学校,有的则希望既能升学又能有一技之长。民办高中可以发挥其灵活的办学机制,打造特色的教师团队,根据学校自身的资源特点,走双证教育或艺术特长升学的特色办学之路。政府在鼓励和促进民办高中教育充分发挥办学自主权的同时,培育健康成熟的教育市场,为民办高中发展创造良好的经济环境和制度环境是政府的职责所在。除此之外,民办高中可以根据高中学生的家庭收入和能

---

① 《中华人民共和国民办教育促进法》中规定"民办学校在扣除办学成本、预留发展基金及其他必需的费用后,出资人可根据法律从办学结余中取得合理回报"。

② 程金鲁:《民办高中办学现状调查及对策研究》,硕士学位论文,华东师范大学,2008年。

第六章
增进普通高中教育财政效率的制度变迁模式设计

力实行价格歧视,如通过为成绩优异的学生提供高额奖学金来吸引学生,提高本校学生质量。① 虽然这在市场竞争中会使公办高中学校失去一部分好学生,但提高了低收入家庭的高能力学生获取优质教育资源的机会。如此,才能逐步形成以公办学校为主体,民办学校和公办学校共同发展的格局。②

完善对普通高中捐赠的激励机制,吸引社会捐赠是对普通高中教育经费的重要补充。改革开放以来,我国经济快速发展,2000年以后我国经济增长速度始终保持在8%以上,2008年我国经济增长率达到9.6%,2009年虽受金融危机的影响,经济增长率仍达到约9.2%,至2010年达到10.3%。③ 同时,在国民收入分配格局中,收入分配明显向企业和个人倾斜,由原来的藏富于国转变为藏富于民。政府收入比重由1978年的33.9%下降为1999年的18.2%,企业收入比重由11.1%上升为13.3%,居民收入比重由55%上升为68.5%。④ 据统计,截至2007年年末,我国居民储蓄存款总余额已达到17.25万亿元⑤,这说明民间资本已经相当雄厚,这是民间资本投入普通高中教育的潜在经济基础。税收优惠政策对激励民间资本捐赠普通高中具有正向激励作用。对捐赠普通高中教育的捐赠者实行税收优惠,是增加普通高中教育经费投入的一项重要举措。我国普通高中教育财政投入不足,优质高中资源又十分短缺,为公众提供更多的优质教育资源、推动普通高中教育发展,需鼓励社会力量参与。这就需要完善捐赠普通高中教育的税收优惠政策。我国当

---

① Epple, Dennis and Richard E. Romano, "Competition between Private and Public Schools, Vouchers, and Peer-Group Effects", *American Economic Review*, 1998 (1).
② 熊尔康:《我国普通高中教育经费问题研究——以西部地区某城市普通高中为个案》,硕士学位论文,东北师范大学,2007年。
③ 刘树成:《2011年和"十二五"时期我国经济走势特点》,《人民日报》2011年8月9日。
④ 国家统计局:《我国三大利益主体收入分配格局变化趋势》,《中国国情国力》2001年第2期。
⑤ 中华人民共和国国家统计局:《中华人民共和国2007年国民经济和社会发展统计公报》,2008年2月28日。

前对社会力量通过第三部门对基础教育阶段的农村义务教育进行捐赠的税收优惠有极大的倾斜，向农村义务教育捐赠的所得税优惠政策主要有两个方面：一是针对企业捐赠。企业、社会组织等社会力量通过非营利性的社会团体和国家机关向农村义务教育和寄宿制学校建设工程的捐赠、向公益性的青少年活动场所的捐赠在缴纳企业所得税前准予全额扣除。① 二是针对个人捐赠。社会个人通过非营利的社会团体和国家机关向农村义务教育的捐赠，准予在缴纳个人所得税前的所得额中全额扣除，同时直接捐赠不得税前抵扣。② 参考当前向捐赠农村义务教育倾斜的税收优惠政策，可以考虑将税收优惠政策扩展为个人、企业通过第三部门向高中教育的捐赠，准予在缴纳所得税前全额扣除。同时，各级政府可设立普通高中教育发展专项基金，通过该专项基金广泛募集社会各界的捐赠。基金成立之初，应以政府出资为主，逐步吸纳社会捐赠，同时积极管理，将资金用于资助普通高中教育发展的薄弱环节，如对薄弱高中学校进行资助和对贫困的优秀普通高中学生进行资助。

3. 化解普通高中学校债务，减轻学校负担

我国普通高中学校的负债（主要是商业银行贷款）问题导源于现有的普通高中教育财政制度无法保障普通高中教育运行。目前，高中负债问题已经成为我国部分高中学校发展的沉重负担，甚至存在债务危机的隐患。在这种情况下，政府应在进行严格的债务审计的基础上，厘清债务产生的原因，摸清债务规模，有计划、有步骤地帮助高中学校化解债务，保证其轻装上阵。③ 笔者认为，可以通过以下途径来进行。首先，国家通过政策鼓励各负债高中学校自行偿还已有债务。对能够利用自有资金偿还现有债务的高中学校可以

---

① 谭俊英：《第三部门投入农村义务教育的制约因素研究》，硕士学位论文，西南大学，2010 年。

② 齐美子：《鼓励慈善捐赠的税收优惠政策研究》，硕士学位论文，东北财经大学，2006 年。

③ 刘建民、毛军、吴金光：《湖南省普通高中教育经费投入现状、问题及对策》，《湖南社会科学》2012 年第 5 期。

实施给予补贴利息、拨付财政专项鼓励款等优惠政策。其次，对于学校自有资源不能彻底偿还债务的高中学校，国家可以直接给予帮助扶持。例如，在不影响高中学校基本运作的前提下，批准其租借、转让、出售部分闲置的固定资产，创造一定的经济效益以换取偿债资金。① 再如，一些高中学校有大量闲置的教育资源未被有效利用（主要包括部分计算机设备、运动场馆设施、教室、会议室、报告厅及图书室等），通过向社会有偿开放的方式，就能够把这些设施和设备利用起来，而收取的服务费不仅可以用于这些设施设备的修缮和更新，还可以将结余部分投入到学校发展。

（二）确立普通高中教育财政分配平衡机制，逐步缩小教育差距

1. 缩小县际差距，进行财政转移支付

政府间教育财政转移支付制度是解决普通高中教育经费总量不足和缩小地区差距的有效措施。针对普通高中教育财政配置效率县际失衡问题，可采取财政转移支付制度来平衡。前文已说明我国普通高中教育财政筹资制度最终应过渡到"省级统筹，县级管理"才能有效保障普通高中教育经费。同时，考虑到各地区经济发展水平的差异，在不同区域我们建议实行有差异的筹资制度。在此筹资制度基础之上，针对不同区域的普通高中教育筹资制度，对应其资源配置方式也应区别对待。总而言之，从纵向来讲，中央应加大对中西部经济欠发达地区的教育财政转移支付力度，使这些地区有能力承担起普通高中教育经费，缩小地区差距；从横向来讲，应建立省域范围内市与市、县与县之间的横向转移支付，以有效弥补中央财政转移支付的不足，促进普通高中教育的协调发展。

实行财政转移支付应以县为单位建立普通高中教育财政转移支付模型，确定转移支付的需求，测定转移支付额度。普通高中教育财政转移支付额由普通高中教育标准支出、普通高中教育标准收入

---

① 2002年12月28日颁布的《中华人民共和国民办教育促进法》第七章第四十五条明确规定："县级以上各级人民政府可以采取经费资助，出租、转让闲置的国有资产等措施对民办学校予以扶持。"这一规定也可以考虑运用于当前出现债务危机的普通高中学校。

及激励系数计算确定。凡标准支出大于标准收入的县,可以得到上级财政的转移支付。

确定普通高中教育转移支付额度的模型可设计为:

某县普通高中教育转移支付额=(该县普通高中教育标准支出-该县普通高中教育标准收入)×激励系数[①]

标准支出是根据完成普通高中教学所必需的各项支出和对贫困生资助所需要的经费,采用数学公式计算得出,各项经费需求应有一个国家最低标准。县级普通高中教育标准收入,是一个县的财政在没有得到上级普通高中教育财政补助的情况下,在达到全国县级政府平均普通高中教育财政努力程度下,可以负担的普通高中教育经费。它应根据客观的税收基数,采用数学公式计算得出。[②]

激励系数=[1+B(该县普通高中教育财政努力程度-全国县级政府平均普通高中教育财政努力程度)]

凡是普通高中教育标准支出大于标准收入的部分,只要县级财政对普通高中教育投入的努力程度达到了全国县级政府平均普通高中教育财政努力程度,上级政府则应补足。对县级普通高中教育财政转移支付额的分担,可以按以下两种方式进行。如果全省人均财政收入高于全国平均水平的省份,主要由省、地方两级财政弥补,中央财政只对特定项目进行少量补助。如果全省人均财政收入低于全国平均水平的省份,中央、省、地方三级政府都应承担补助责任,并明确划分三级政府的补助项目及比例。[③]对于特定人群或地区的财政补贴,中央政府应更多地以项目形式支出,专款专用,这也

---

① 中国教育与人力资源问题报告课题组:《从人口大国迈向人力资源强国》,高等教育出版社2003年版,第384—385页。
② 王善迈、袁连生、刘泽云:《我国公共教育财政体制改革的进展、问题及对策》,《北京师范大学学报》2003年第6期。
③ 崔慧广:《农村义务教育均衡发展与财政体制创新》,硕士学位论文,湖南师范大学,2006年。

是美国教育财政出现的趋势。①

2. 建立公平的学校资源分配制度，增加对非重点高中的投入

精英教育一直是我国普通高中教育发展的理念，伴随该理念产生的"重点校"政策一直延续至今。重点高中在国家对普通高中的非均衡政策扶持下，在筹资方面占尽先机，在经费划拨上政府也给予了倾斜性投入，使普通高中完成了教育品牌的原始积累，却导致了普通高中教育差距的不断扩大。至20世纪90年代中期，教育公平及均衡发展理念得到广泛共识，国家在法律文件中明文规定义务教育阶段"不得设重点校、重点班"，但对普通高中，国家的态度是含混不清的，精英主义教育理念持续留存，各省、市的示范高中建设仍然如火如荼地变相开展。事实上各地以"示范高中"之名，行"重点高中"之实。政府财政拨款及相关政策仍然向重点学校倾斜，再加之政府明确地规定了普通高中的"三限政策"，使重点高中在继续享受重点保障政策的同时，又可以吸纳大量的择校资金。② 一般一个较好的市级重点高中择校费在3万元左右，择校生比例在30%左右。③ 重点高中择校收费数目是非常可观的。④ 可见，政府对普通高中教育资源配置进行的是锦上添花。这就使重点高中比其他一般高中拥有更充足的教育经费。然而，需要说明的是，我们并非主张普通高中绝对地均衡发展或是削峰填谷，而是试图探寻如何在保证优质高中办学质量的前提下缩小教育差距。

---

① Hoxby, Caroline Minter, "Are Efficiency and Equity in School Finance Substitutes or Complements?", *Journal of Economic Perspectives*, 1996（4）.

② 张巧灵、冯建军：《公平视野下重点高中政策的合理性审视》，《教育导刊》2010年第10期。

③ 王星霞：《论普通高中"三限"政策的终结》，《上海教育科研》2011年第12期。

④ 据《新闻周报》披露，在重庆市八中，没有上该校录取分数线者，择校费的起步价是3.5万元，低于分数线每少10分增加5000元。在重庆市巴蜀中学，择校费起步价4万元，490分以下每少10分增加5000元。在重庆最好的重点中学，每年收取的择校费高达3000万元。资料来源：邹焕庆、顾瑞珍、周玮：《代表委员给"教育不公"画像：一黑二斜三苦四丑》，《北京青年报》2006年3月7日。

为缩小普通高中教育差距，保障各个阶层都能依靠自己的能力（而不是家庭的资本）接受到相对均等的教育，我们必须建立公平的学校资源分配制度。① "不管教育有无力量减少它自己领域内个人之间和团体之间这种不平等的现象。而如果要在这方面取得进步，它就必须事先采取一种坚定的社会政策，纠正教育资源分配不公平的状况。"② 罗尔斯的"公平原则"之一是"差别原则"和"机会公平原则"，即为处境不利的人群提供机会或利益的"补偿性"，以帮助弱势群体改变不利地位为基本出发点。③ 亚里士多德对公平有更简练的解释——"平等地对待平等的，不平等地对待不平等的"。可见，建立公平的学校资源分配制度，就应该有差别地对待重点高中和非重点高中、城市高中和农村高中。现有的资源配置应向弱势群体倾斜，应将更多的资源投向薄弱高中和农村高中，以吸引优秀教师和生源流向薄弱高中和农村高中。"教育的根本问题是教师问题，教育的均衡发展关键在教师。"④ 总之，要缩小重点学校和非重点学校的差距，除财政应增加对一般普通高中的投入，特别是增加对薄弱高中和农村高中的投入外，完善一般普通高中学校的硬件设施建设，努力提高教师教学技能和水平，提升学校办学实力，是处理好重点高中与非重点高中均衡发展的关键环节。

3. 改革拨款模式并建立普通高中教育基准，逐步实现高中教育免费

目前普通高中的拨款基本是按学校教职工人数拨付的，公用经费拨款和基本建设经费拨款难以得到保证，公用经费和基建经费的

---

① 李娟：《我国普通高中教育财政体制问题研究》，硕士学位论文，东北师范大学，2010年。
② 联合国教科文组织国际教育发展委员会著：《学会生存——教育世界的今天和明天》，教育科学出版社1996年版，第99—102页。
③ [美] 罗尔斯著：《正义论》，何怀宏等译，中国社会科学出版社1988年版，第303页。
④ 范先佐：《农村学校布局调整与教育的均衡发展》，《教育发展研究》2008年第7期。

预算内经费比例过低。① 这样的拨款模式最多只能"保吃饭",难以"保运转",除部分示范高中(重点高中)外的多数一般高中学校软件建设困难,教师培训活动严重匮乏,教学积极性难以调动,学校发展停滞不前。当前,要保证普通高中教育事业的正常运行,最行之有效的措施之一就是制定普通高中教育经费投入基准,即普通高中教育发展的底线标准。② 为在实践中达成普通高中教育经费投入基准,政府可以做一些具体的规定:规定普通高中教育生均公用经费、师生比、基建支出等方面的最低标准;规定普通高中教育经费占财政性经费总支出的比例;建立普通高中教育基准监控体系。③ 下面以生均经费为例建立普通高中教育发展基准。常用的生均经费计算方法是成本函数法,教育成本函数为:

$$E_{it} = f(X_{it}, P_{it}, e_{it}, \cdots)$$

其中,E_{it}代表生均教育支出;X_{it}代表一组表示学校和学生特征的向量,如以考试分数代表学生的学业成绩、特色课程的数目、择校生所占比重等;P_{it}表示一组学区社区经济水平向量,如学区居民平均收入水平、税率、税基、家有小孩的居民比例等;e_{it}表示没有观察到的学区特征等随机变量。在其他条件不变的情况下,调整学生学业成绩标准的设定,进而调整参数值,代入方程即可得到对应于某学业成绩标准应达到的生均教育经费支出数。但是,由于我国公共教育经费总体不足,各地普通高中教育基准不应过高。各省级政府应根据地区经济实际情况进行调整,建立符合本地实际经济情况的不低于普通高中国家基准的普通高中教育基准。政府应将普通高中国家基准所需经费纳入各级财政预算,按时足额向学校拨款。

需要说明的是,我们要求确立普通高中生均公用经费并非要求

---

① 刘泽云:《我国高中阶段教育政府投入的实证分析》,《教育发展研究》2008年第19期。
② 冯建军:《高中教育公平的哲学基础》,《教育科学研究》2011年第2期。
③ 转型期中国重大教育政策案例研究课题组:《缩小差距:中国教育政策的重大命题》,人民教育出版社2005年版,第63页。

即刻在全国范围内实施普通高中教育免费。江苏省教育厅基础教育处的一位负责人明确表示:"高中免费这一提法为时过早,目前还不具备实施的条件。"① 施行高中教育免费,可参照普及九年义务教育的模式,走"先农村后城市"的道路,先在中西部地区的农村施行,再逐步推行到全国范围。考虑到当前各地区经济发展水平的极大差异,若贸然停止收取学杂费,部分地方财力困难地区的高中学校将难以正常运营。因此,普通高中教育免费应根据各区域经济发展水平分阶段逐步推行。对经济发达的地区,鼓励实行普通高中教育免费政策;而对县级财力实在难以实现免费而省级转移支付能力又有限的地区,可以考虑在科学核算成本的基础上,在一定年限内继续收取适度的学杂费和择校费。学杂费的标准应按事业性支出来核算,择校费的标准按基建性支出来核算。在核算事业性支出时,参考陆璟对OECD成员国公立高中学生成本分担情况的分析,国外公立高中收费一般不超过成本的10%。② 我国普通高中学费暂时也可以参照这一标准。在核算基建性支出时,应按照学校发展的规模目标合理确定成本分担周期,使择校费的收取与基建性贷款的还本付息相匹配,与高中教育资源的均衡相匹配。③ 普通高中教育的基础教育性质决定了其完全的公共产品属性。多数西方发达国家早已把普通高中纳入义务教育的范畴。随着社会经济的持续发展,政府能向普通高中教育提供的资源越来越丰富,普通高中国家基准也逐步提高,最终将发展到高中教育被纳入义务教育的范畴。④

然而,此处需要说明的是,若简单地将普通高中纳入义务教育的范畴会带来一系列的问题。诸如,我国《劳动法》第15条规定

---

① 丁秀玲、陈昌奇:《"穷县办富教育"引叫好声一片 "免费高中"教育有多远》,《云南教育》2012年第1期。
② 陆璟:《高中学费政策的比较研究》,《上海教育科研》2006年第9期。
③ 彭湃、陈文娇:《我国普通高中教育成本分担研究——理论、实证分析与政策建议》,《教育发展研究》2007年第4期。
④ 张巧灵、冯建军:《公平视野下重点高中政策的合理性审视》,《教育导刊》2010年第10期。

第六章
增进普通高中教育财政效率的制度变迁模式设计

任何单位不得招用未满 16 周岁的未成年人。也就是说，在儿童在年满 16 周岁后可以就业。然而，若把普通高中纳入义务教育，根据我们当前的基础教育年限，则意味着儿童在 19 岁以前都必须接受强制性的教育。这与《劳动法》的规定产生了矛盾。因此，我们认为，逐步实现普通高中教育免费这一提法更为适切。然而，我们坚信，伴随我国财力的不断增强，相关制度环境的不断完善，在未来将普通高中纳入义务教育是教育发展的必然。

（三）建立普通高中教育经费使用监管制度，保障资源有效使用

1. 坚持财务收支两条线，专设校财县管中心

我国普通高中教育经费实行的是"收支两条线"的财务管理方式，但目前还没有形成统一的、规范的普通高中教育经费管理机构，有的地区由教委财务科管理、有的地区由校财局管中心管理。参考我国义务教育阶段学校的财务管理改革采取的模式（包括"校财局管""县级教育经费管理中心""校财县管"等），我们认为普通高中也应建立起规范的校财县管中心，以掌握学校的收支状况，监督学校是否遵守有关财务制度。从 2001 年开始，上海中小学就开始建立这种监督机制，从而最大限度地改变在教育经费使用上的问题。[1] 通过建立起对普通高中经费进行管理的县级教育经费管理中心，既可以规范"收"，可以对普通高中学校的收入实行统一核算，杜绝了学校私设小金库、学校收入体外循环、账外账和坐收坐支等问题的产生；也可以规范"支"，杜绝乱支、乱用等现象；还可以规范"购"，防止物资采购等环节的腐败行为。在这一管理模式下学校申请预算，可按照"量入为主，收支平衡，积极稳妥，统筹兼顾，保证重点，勤俭节约"的原则，[2] 每年年底先由学校按类别上报下学期经费预算，然后财政部门将资料汇总后与教育局共同审核

---

[1] 肖前玲、金绍荣：《对普通高中择校费的经济学分析》，《天津市教科院学报》2006 年第 6 期。

[2] 熊尔康：《我国普通高中教育经费问题研究——以西部地区某城市普通高中为个案》，硕士学位论文，东北师范大学，2007 年。

决定。需要强调的是，建立科学规范的普通高中教育预算管理制度，是规范普通高中教育经费管理、保障普通高中教育财政经费合理使用的重要环节。预算管理水平在很大程度上决定财务管理的质量。因此，必须加强预算管理与控制，充分发挥预算对提高普通高中教育财政技术效率的作用。要确保学校各项活动所发生的财务收支都纳入预算管理的范围，学校制定的年度预算应与主管部门批准的部门预算在收支口径上保持一致。同时，要严格预算支出，学校的各项支出应做到有预算安排、有支出标准、有制度依据。对每年全县决定在普通高中教育领域将要进行的重大项目，财政部门要预留资金，保证重点项目保质保量完成。同时，应充分发挥审计的作用，借助审计手段加强对预算的监督。世界各国审计机构的共同特点是协助议会审批监督预算。① 我国也应充分发挥审计机关的作用，让审计机关协助人大对普通高中教育经费预算的合法性、真实性和效益性进行及时监督。

2. 完善学校财务管理制度，公开普通高中教育经费统计数据及方法

普通高中学校是教育经费使用的微观载体，学校经费使用效率是教育财政效率在微观层面的体现。换言之，不管教育财政投入了多少资源，如果不能得到有效利用，其投入越多则浪费越多。因此，政府要加强对学校的各种财务的管理，以保证学校能严格遵守财经纪律，确定教育人员经费、公用经费及教育科研经费的合理比例，合理配置教育经费，保证教育资金专款专用。学校要严格控制不合理的开支，尤其是业务招待费和不合理各种摊派。坚持建设节约型学校的原则就应做好教育成本核算，讲求投入的效果，减少无关费用。对于学校的重大支出项目要进行可行性论证，力争把钱用在刀刃上，用到教学上。在学校人事制度管理方面，学校要严格核

---

① 李竹宇：《我国农村义务教育财政体制现状与改革对策》，硕士学位论文，南京师范大学，2007年。

第六章
增进普通高中教育财政效率的制度变迁模式设计

定编制,定编定岗,克服人浮于事,严格控制学校人员增长,精减富余人员,以缩减人头费用在教育费中所占的比重。同时,纠正"重教学、轻财务"的观念,制定规范的办公用品领用制度,并切实贯彻执行。对单位价值较小的物品也应加强管理,减少低值易耗物品的浪费。学校仪器设备的管理应设置专职管理人员,对各种仪器设备进行及时维修,使这些财产充分发挥作用。

在完善学校财务管理制度的同时,加强公众对学校财务活动的监督,是提高学校资源使用效率的重要途径。公开学校财务信息,让公众拥有学校财务的知情权是监督学校财务活动的有效方法。[①] 目前,我国虽然实行了政府信息公开制度,但在实施中却存在信息公开范围较窄、信息失真、数量有限、信息公开避重就轻、获取成本较高等诸多缺陷和问题。[②] 尤其是县级和乡镇政府信息公开更是有限,而对教育信息公开更是少之又少,对教育收支等关键性信息则几乎是不公开。上述问题产生的部分原因是由于政府和教育行政部门更习惯于考虑教育信息公开是否会影响工作效率,是否会影响社会稳定,是否会降低部门权威。现在每年公布的《全国教育经费执行情况统计公告》也存在很多问题,对于人们最关注的教育收入多少,支出多少,收入的来源是什么,支出的去向是什么,统计公告都没有明确回答。[③] 目前,基础教育阶段的义务教育经费、学校财务的相关信息获取还相对较容易,但若要进行普通高中教育经费方面的调研则更需要有相关的社会资本,有熟人引荐,否则难以获取到任何信息。这从侧面反映出目前的普通高中教育经费使用状态是极其不透明的。这给教育评估和教育研究增加了难度的同时,也

---

① 2011 年,我国高校开始以部门的方式,向社会公开财政的收支情况,但形势还比较单一,社会知晓度还不高,特别是在网上向社会公开做得还不够。资料来源:袁贵仁:《建立重大项目使用公告制度 让社会监督教育经费》,http://news.xinhuanet.com/politics/2011-12/30/c_122508532.htm。

② 孙秀娟、李颜峰:《论我国政府信息公开中公民参与权的完善》,《科协论坛》2010 年第 3 期。

③ 顾海兵:《教育经费统计公告的疑问》,《南方周末》2004 年 2 月 5 日。

让公众对普通高中教育经费的使用产生怀疑。所幸的是,财务部、教育部于 2012 年 12 月 21 日发布《关于印发〈中小学财务制度〉的通知》中,在财务监督方面,提出中小学校应当建立健全内部控制制度、经济责任制度、财务信息披露等监督制度。要保证该制度的落实执行,省级政府及教育行政部门应根据本省的实际情况,建立健全透明的教育信息公布制度,明确规定省、市、县各级政府及教育行政部门公开普通高中教育信息的范围和形式,增加学校经费使用和教育发展的透明度,使普通高中教育发展自觉接受公众的监督。当然,教育信息公开是一个复杂的系统工程,涉及多方面的变革与突破,不可能一蹴而就。因此,教育信息在遵循真实公开的前提下,采取重点公开①的策略。此外,要让社会公众真正地了解经费状况,在公布教育经费统计数据的同时,也应公开统计方法,以避免教育经费统计数据指标含混不清,统计结果让人费解。建立透明的信息公布制度,能让老百姓了解高中学校教育经费的"来龙去脉",有利于增强群众对政府和学校的信任,让"办人民满意的教育"落到实处。

3. 积极构建普通高中学校财政支出绩效评价体系

根据系统论的观点,任何系统只要有输入就一定存在某种运作及其结果,这种运作及其结果可以被视为绩效。教育财政既然可以被视为一个三维系统,也必然遵循普遍、一般的规律,重视投入与产出。② 很明显的道理是,如果绩效评价仅仅考察教育产出,就容易使学校简单地采取增加投入的方式来试图提高产出,就犹如经济活动中采用的扩大外延的增长方式。增加教育产出固然重要,但为

---

① 重点公开包括三个方面的内容:将重点内容公开、向重点对象公开、在重点时段公开。其中县级政府及教育行政部门公开普通高中的重点内容主要包括:普通高中发展规划及执行情况;收费标准;教育经费投入及使用情况;行政审批程序与办事规则;重大项目的落实情况;学校监察情况;重大教育事件等。参见朱科蓉著《教育信息公开研究》,重庆大学出版社 2008 年版,第 145—147 页。

② 吴建南、李贵宁:《教育财政支出绩效评价:模型及其通用指标体系构建》,《西安交通大学学报》(社会科学版) 2004 年第 6 期。

第六章
增进普通高中教育财政效率的制度变迁模式设计

达到一定产出量所需的最低的财力资源的投入量是提高资源利用效率必须考虑的。在过度使用教育资源或教育资源配置不当的情况下，即使有基本相当的教育产出，其教育绩效也属于低水平。[①] 因此，学校财政支出绩效评价对建设节约型学校，增加教育产出具有重要意义。学校绩效评价系统包括两个方面：一是输入系统——政府对普通高中的教育投入；二是输出系统——学校对教育投入的支出。输出系统的绩效高低是输入系统的反馈回路。这个评价体系是对学校投入—产出绩效进行评价，评价结果应作为专项拨款、表彰奖励和责任追究的主要依据。[②] 比如，可以考虑对评价达标的学校给予一定的经费奖励；对首次评价不达标的学校给予警示；对连续三年不达标的学校，在客观分析原因的基础上，采取更换学校主要管理者或合并学校等措施。学校财政支出绩效评价可以促使学校同时从投入和产出两个方面来考虑问题，即通过对资源使用过程的优化，达到教育产出的最大化。[③]

科学合理地计量教育投入和产出是评价学校财政支出绩效的重要内容。目前，教育投入指标已基本达成共识，主要包括人力、物力和财力三个方面。然而，目前学界对教育产出的计量尚未达成普遍的共识。教育是不能完全被量化的，以分数量化的教育产出还不足学校产出的1/10，用不足1/10的产出来评价学校教育产出的全部是对学校教育的歪曲，只可能带来教育的畸形发展。[④] 用分数、升学率来评价普通高中，是导致当前普通高中教育仍然暗行应试教育之风，保持对分数崇拜的重要原因。若要用评价引导学校走出应试教育的泥潭，应综合采用定性和定量的方法，按照教育规律确定

---

① 殷雅竹：《论教育绩效评价》，《电化教育研究》2002年第9期。
② 《湖南省：将建立普通高中教育经费保障机制》，http://www.edu.cn/ji_jiao_news_279/20101227/t20101227_558721.shtml。
③ 陈明选：《中小学财政支出教育绩效评价的基本理论问题》，《江南大学学报》（人文社会科学版）2006年第1期。
④ 施伟国、赵云红：《教育财政支出绩效评价的解读与思考》，《江南大学学报》（人文社会科学版）2005年第4期。

适度的定性和定量的评价指标。诸如，在评价学校产出时，可以采用教师职业满意度、教师自我效能感、学生对学校及教师的满意度、学生道德发展、学业进步、学生创新能力等作为评价指标，并确立恰当的权重。设计出一套合理的普通高中学校财政支出绩效评价制度，对推动高中教育发展具有重要作用。从我国目前来看，学校财政支出绩效评价方面的制度、法规近乎空白，这必然制约绩效管理工作的展开。为此，当前亟待加快普通高中学校财政支出绩效管理法制化建设步伐，尽快研究制定《普通高中学校财政支出绩效评价准则》《普通高中学校财政支出绩效评价指标设置及标准》等制度和办法，以通过有效的评价手段实现对学校资源使用的监督管理。

三　诱致性与强制性普通高中教育财政制度变迁的融合

单一地依靠诱致性制度变迁或是强制性制度变迁都不是解决普通高中教育财政制度供给问题的有效途径。诱致性制度变迁虽然是以需求为导向，安排的制度较符合实际的需求，但是速度太慢，容易导致核心制度出现供给时滞，制度安排效率较低；而强制性制度变迁虽然安排效率较高，但制度安排的结果可能是低效的。[①] 只有把两者相机结合起来，交替使用才能够较好地满足制度需求。因此，在培育诱制性制度变迁中的需求显示机制以激励各地对普通高中教育财政制度进行创新的同时，适时进行强制性制度变迁是推动普通高中教育财政制度变迁的有效路径。

然而，相比诱制性普通高中教育财政制度变迁而言，当前强制性普通高中教育财政制度供给短缺更是制约普通高中教育财政效率制度的"瓶颈"。其原因之一是普通高中教育财政制度改革从局部变迁演变为亟须整体调整的阶段，必须要政府对制度进行统一规划、整体设计，仅是少数地区的局部诱制性变迁难以全面推进。原

---

① 邓大才：《制度变迁的类型及转换类型》，《宁夏大学学报》（人文社会科学版）2001年第5期。

第六章
增进普通高中教育财政效率的制度变迁模式设计

因之二是,在原有的普通高中教育财政制度下形成的利益集团固守现已形成的既得利益,若没有国家政府层面的支持和强制推进,原有的利益格局将难以打破。要改变目前普通高中教育财政制度进行的主要以地方、学校为制度变迁主体的诱致性制度变迁的单一模式,国家就应积极充当起强制性制度变迁的主体。因为,只有政府才可能站在公众的立场平衡各方面的利益分配,分摊制度变革的巨大成本,减少制度安排的低效性。[①] 基于此,我们认为普通高中教育财政制度变迁应实现强制性制度变迁和诱致性制度变迁的融合,即普通高中教育财政制度变迁既不应是单纯的自发诱致型,也不是纯粹的国家强制型,而应是两者融合互动。进言之,普通高中教育财政制度变迁的逻辑应是:由于普通高中教育发展的过程中产生了对普通高中教育财政制度变迁的需求,引发各地进行普通高中教育财政制度的诱致性变迁,进而,国家政府对各地诱致性制度变迁做出回应,进行强制性制度变迁。通过积极设计建构普通高中教育财政制度变迁的融合模式可以推动我国普通高中教育财政制度的不断完善,为普通高中教育财政活动提供制度保障,进而增进普通高中教育财政效率,最终促进普通高中教育事业的发展。

[①] 邓大才:《农业制度变迁的基本特征分析及调整策略》,《财经研究》2000 年第 7 期。

结束语

至此，笔者的研究课题也基本结束，笔者清楚这绝非一份完美的答卷，也明白这份结束恰是以后深入研究的起点。

回顾选题，选择这个研究方向源于对我国教育事业取得成就的反思。改革开放以来，我国教育事业取得巨大发展，在此期间我国教育发展实现了两个历史性的跨越：普及了九年义务教育，实现了高等教育大众化。然而，值得我们追问的是，普通高中教育作为国民体系中承上启下的关键阶段，其取得的成绩如何？笔者试图从《国家中长期教育改革和发展规划纲要》（2010—2020）中找到答案，但在其序言中能读到的是"进入本世纪以来，城乡免费义务教育全面实现，职业教育快速发展，高等教育进入大众化阶段，农村教育得到加强，教育公平迈出重大步伐"，在这一阶段性的总结话语中，普通高中残缺断带。这让人不禁思索，普通高中教育是否存在一定程度的问题。教育财政是保证教育发展的物质支撑手段，故此，笔者框选普通高中教育财政作为研究方向。通过对已有文献的梳理和实地调研证明，当前我国普通高中教育投入不足与普通高中教育发展要求存在矛盾，资源配置存在"马太效应"加剧普通高中非均衡发展，资源使用浪费与建设节约型学校背道而驰。以上三个方面属于教育财政活动的联动过程，而对效率的考察有利于更准确地把握问题实质，因而，笔者确立了对普通高中县级教育财政效率问题的研究。

当前，我国正处在实现普及高中阶段教育的紧迫进程中，正是这样的社会背景，为我们研究普通高中教育财政效率提供了一个很好的契机。然而，教育财政这一概念本身的界定尚未形成共识，其外延十分宽泛，可供参考的普通高中教育财政方面的研究成果也十分有限，加之在教育领域言及效率也颇有争议，在研究过程中，必然会面临诸多难题，甚至可能会生成一些误识。然而，不以无能而不为，不以无功而不善！对普通高中教育财政问题的强烈关怀，促使笔者得以完成这份研究。通过对普通高中县级教育财政效率的实证分析及制度归因，我们得到了些许较有意义的看法，为便于全篇贯通，在此将前文中的主要结论归纳整合为如下几点。

（一）政府应是普通高中教育产品供给的绝对主体

产品属性是判定产品成本分担主体的依据。由于普通高中属于非义务教育阶段，容易被简单地认定为是具有更多私人产品属性的准公共产品，政府不应是其投入的主体。这似乎可以成为解释20世纪我国普通高中教育的财政性教育投入不足的合理理由。然而，一种物品的产品属性并非一成不变的，在不同的经济阶段同一物品可能因其所处的社会经济环境，及社会对该产品的需求程度差异而呈现出不同的产品属性。因而，教育的产品属性也不是自身固有的，而是由社会经济发展对教育的需求决定的，并通过制度安排得以改变。以我国的义务教育为例，最初义务教育仅包括小学阶段，而后逐步扩展到初中阶段。这是由于社会经济发展对初中教育的基本需求使初中教育具有了更多公共产品属性，进而，国家通过将其纳入义务教育这一制度安排，改变了其产品属性。2019年，我国高等教育毛入学率达到48.1%，新增劳动力平均受教育年限将达到13.6年以上，接受高中教育已经成为社会的基本需求。很明显，在实现普及高中阶段这一紧迫进程中，普通高中教育的基础性越来越强，其产品属性由原来的更多具有私人产品属性的准公共产品向公共产品偏移，因此，政府应成为普通高中教育投入的绝对主体。

（二）教育财政筹资效率、配置效率和技术效率是构成教育财政效率的三个维度

一般而言，对教育财政效率进行研究，学者们更多考察教育资

源的利用效率。然而，教育资源利用效率只是教育财政效率中的一个维度，或者说是狭义的教育财政效率的理解。从广义上看，教育财政效率有更丰富的内容。教育财政效率的维度可与教育财政的核心功能相对应。在计划经济体制下，教育财政可以看作国家财政的一个特殊组成部分，是一般财政分化出来的具体结果。然而，伴随我国市场经济体制的建立，我国财政类型由计划经济时代的强调国家分配转向凸显财政公共性（为市场提供公共服务）的公共财政。基于公共财政框架下的我国教育财政内涵不断丰富，外延得到拓展，它不再仅仅是指为教育提供财政经费的政府活动，而是包括一个以筹集教育资源为起点，以配置资源为过程，以提高资源使用效率为目的的以政府为主体的资源配置活动。进言之，教育财政主要包括三个方面：一是政府如何获得教育服务所必需的货币收入，即筹集资金。二是政府在教育领域如何使用其教育财政收入，即如何合理安排教育财政资金。三是政府如何监管学校教育资金的使用，以保证教育服务的有效供给。以上三个方面即是教育财政的三大核心功能，这三大核心功能构成了教育财政的三大基本要素。把握了教育财政的三大基本要素就掌握了教育财政的总体情况。对应教育财政三大基本要素，就可以将教育财政效率分解为教育财政筹资效率、配置效率和技术效率，三者是构成教育财政效率的三个维度。

（三）普通高中教育财政效率呈现三维低效率联动

把握普通高中的教育财政效率需要从教育财政筹资效率、配置效率和技术效率三个维度入手。对调查结果的分析表明，普通高中教育财政筹资效率中位塌陷，经济处于中等发达水平区县的普通高中教育财政的筹资效率既低于发达地区，也低于欠发达地区。继而通过对投入主体的分析发现，经济发达地区政府和市场对普通高中的投入状况良好；中等发达地区普通高中教育政府投入力度不够，市场投入力度也有待挖掘；欠发达地区市场投入不足，政府投入的主体作用仍需加强；无论发达地区还是中等发达地区，或是欠发达地区，第三部门对普通高中的投入都严重不足。对普通高中教育财政配置效率的研究结果表明国家虽加大对普通高中教育的投入，但普通高中教育财政配置效率出现明显落差，县级教育财政支出差距有逐年扩大的趋势。对差距的进一步分解发现，普通高中教育财政支出县际之间的差距远远大于校际之间的差距。同时，经济处于中等水平区县的普通高中的组内生均教育经费支出差距不仅高于经济发达地区的普通高中生均教育支出组内差距，也高于经济欠发达地区的普通高中生均教育支出组内差距。普通高中教育财政技术效率呈现县际失衡：经济水平落后、教育经费投入较少的区县的普通高中学校资源利用效率较高，而经济发达地区的普通高中学校教育财政的技术效率却较低，投入冗余大，存在明显的资源浪费。对冗余结果的进一步分析发现，经济发达地区的普通高中学校大多存在人力和财力的浪费，主要表现为专任教师和教育经费冗余。同时，经济发达地区的普通高中规模效率保持规模收益递增趋势，经济处于中等水平区县和欠发达地区的普通高中学校规模收益多保持不变或是递减。

教育财政是一个联动的过程，筹集到充足的教育经费是普通高中教育事业发展的"源"。在筹集到的教育资源一定的前提下，教育资源的配置则是教育财政活动的"流"，是普通高中学校获得教育资源的方式。当前，普通高中教育财政筹资低效率是导致教育财政总体效率缺失的原动力；普通高中教育财政配置效率失衡对普通高中教育财政效率总体缺失产生"作用力"。而在高中学校资源使用层面，由于当前对普通高中教育经费的使用缺乏有效监督，导致出现县级普通高中教育财政技术低效率，它与筹资效率、配置效率形成合力表征为普通高中教育财政效率总体缺失。可见，普通高中县级教育财政效率呈现三维低效率联动。

（四）教育财政制度供给不足是普通高中教育财政效率缺失的根源

教育财政作为教育领域资源配置的一种手段，必须通过教育财政制度这个载体来实现。事实上，世界各国的教育财政活动也都是以教育财政制度为依据的。义务教育和普通高中都属于基础教育的范畴，因而可以从我国基础教育制度的调整和变迁中描绘出普通高中财政制度的变迁轨迹。以教育财政筹资制度为主线索分析我国基础教育财政制度演变路径发现，我国义务教育财政制度经历了由中华人民共和国成立初的"县级负责"到1980年的"乡办初中，村办小学"，再到2006年的"省级统筹，县级管理"的这样一个"U"形变化路径，而普通高中教育财政筹资制度经历了由中华人民共和国成立初的"省级统筹"演变为1980的"县级负责"并一直保持至今，是"L"形变化路径。现实表明，现有的普通高中教育财政制度不能保障普通高中教育投入，无法缩小普通高中投入差距，未能监督高中学校经费使用。当前的普通高中教育财政制度存在明显的制度供给不足，这是导致普通高中教育财政效率缺失的制度根源。

（五）推进普通高中教育财政制度变迁是增进普通高中教育财政效率的必然路径

现有的普通高中教育财政制度供给不足已逐渐显现出弊端。为保障学校的经费投入，我国部分地区已施行普通高中教育免费政策，并核定生均拨款标准；为缩小普通高中学校投入的差距，也有部分地区（县）级教育财政机构对统收上来的经费进行统筹配置；为监督学校经费使用，也有区县设立校财局管中心，对学校经费进行不定期审计监督。以上均说明了当前我国普通高中教育财政制度正进行着以初级行为团体为制度变迁主体的诱致性制度变迁。然而，从整体上看，这种诱致性制度变迁更多的是由各地区政府官员的偏好决定的，进行诱致性制度变迁的需求显示机制尚未建立。推动普通高中教育财政制度诱致性变迁需要发挥地方政府、学校和公民这三大主体的力量，尊重普通高中教育利益相关者的首创精神，建立起一个畅通的需求表达机制。同时，在实际生活中，诱致性制度变迁与强制性制度变迁往往紧密联系、相互制约，共同推动着社会制度的有效供给。适时进行以国家为制度选择主体和制度变革主体的强制性制度变迁，是推进普通高中教育财政制度有效供给的重要渠道。而从人始终是制度选择的主体看，无论是进行普通高中教育财政制度的强制性变迁还是诱致性变迁，都离不开行为主体对制度的合理设计。因而，积极设计构建普通高中教育财政制度核心框架及内容是增进普通高中教育财政效率的重要环节。

以上构成了本书研究的主要结论。对于自己的一得之见，是否确当，只能搁置此处留待专家们审判批评。唯愿笔者的课题能抛砖引玉，引起更多学者对普通高中教育财政及其制度相关问题的关注和探讨。这就足够了！

附　录

附录一　访谈提纲

本研究中教育财政效率被分解为教育财政筹资效率、配置效率和技术效率三个维度，因此具体的访谈也将从这三个维度展开。普通高中教育财政筹资效率主要考察普通高中教育资源是否充足，配置效率考察普通高中教育资源分配是否公平，技术效率则考察学校资源使用效率情况。为了解普通高中教育财政效率的以上三个方面的问题，我们分别对负责普通高中教育财政活动的相关人员，主要包括县级财政部门、县级教育行政部门、教委财务科、学校财务科的相关人员进行访谈，访谈的内容设计如下。

（一）针对县级财政部门、教育行政部门（教委财务科）人员的访谈提纲

1. 目前贵区（县）财政是否对普通高中拨款，拨款占普通高中教育经费的比例大概是多少？拨款是直接到学校，还是经过教委财务科再到学校？财政对普通高中拨款的依据是什么？当前贵区（县）是否有普通高中生均经费拨款？

2. 目前财政对职业高中拨款的依据是什么？为什么会出现财政对职业高中的投入力度大于对普通高中的拨款力度？

3. 目前贵区（县）各高中学校是否收取择校费和学费？各校收取择校费和学费后是统一上缴财政部门，还是由学校自行留用？贵

区（县）财政部门是对各学校统一上缴财政的经费进行统筹配置还是逐月全额返还？

4. 您认为当前财政拨款方式是否促进了普通高中教育公平？什么样的普通高中教育财政分配制度可能缩小重点高中和非重点高中教育投入的差距？

5. 您认为该区（县）当前高中教育经费是否充足？如果施行高中教育免费，将取消择校费和学费等学校自筹经费，改由政府全额拨款，财政是否面临压力？普通高中是否应纳入义务教育的范畴？

6. 请您谈谈你所了解的普通高中学校资源浪费现象？请您评价一下贵（县）普通高中教育资源利用效率情况？当前教育财政机构有何措施监管普通高中学校经费的使用？您认为采取哪些措施可能提高学校资源的利用效率？

（二）针对普通高中学校校长的访谈提纲

1. 目前学校是否存在经费短缺？学校经费的收入渠道有哪些？学校经费构成中的财政性拨款大概占学校经费的比例是多少？财政对普通高中的投入是否是普通高中教育经费的主要来源形式？您是否认同普通高中教育经费构成是"政府投入为辅，学校自筹为主"？财政拨付的经费主要用于学校的哪类开支？

2. 财政部门拨款到学校存在哪些问题？是否存在各学校在争取学校经费过程中的隐性交易成本？目前是否存在财政拨款资金延迟到位、预算受限或其他原因导致学校资金周转困难和学期经费的前紧后松？

3. 目前财政对重点与非重点高中学校拨款模式是否相同？当前普通高中教育财政的拨款模式是否能促进教育公平？普通高中是否应纳入义务教育的范畴？

4. 您认为目前学校人员经费和公用经费配置是否合理？目前的经费支出主要在哪些方面存在短缺？

5. 贵校的辍学率、复读率和升学率是多少？高中学生辍学的主要原因有哪些？

6. 请您谈谈普通高中学校资源使用存在的浪费现象？请您评价一下当前普通高中学校资源利用效率情况？您认为采取哪些措施可能提高学校资源的利用效率？

附录二　普通高中教育经费统计报表

普通高中教育经费统计报表

单位名称：A省　　　　中学　　　　　　　　　　　单位：人、元

序号	时间 项目	2006年	2007年	2008年	2009年	2010年	备注
1	一、普通高中教职工合计人数						
2	其中：在册教职工人数						
3	招聘教师人数						
4	长期临时工人数						
5	二、普通高中学生人数						
6	三、普通高中教育成本收入						
7	（一）财政补助收入						
8	其中：1. 普通高中教育经费收入						
9	2. 专项经费收入						
10	（二）普通高中学费收入						
11	（三）普通高中其他收入						
12	其中：1. 普通高中择校费收入						
13	2. 其他收入						
14	四、普通高中教育成本支出合计						
15	（一）工资福利支出						
16	1. 基本工资						
17	2. 津贴补贴						
18	3. 奖金						
19	4. 社会保障缴费						

续表

序号	时间 项目	2006年	2007年	2008年	2009年	2010年	备注
20	5. 其他工资福利支出						
21	6. 职工福利费						
22	（二）公务费支出						
23	1. 办公费						
24	2. 邮电费						
25	3. 水电费						
26	4. 公用取暖费						
27	5. 差旅费						
28	6. 物业管理费						
29	7. 交通费						
30	8. 会议费						
31	9. 租赁费						
32	10. 培训费						
33	11. 招待费						
34	12. 其他商品服务支出						
35	（三）业务费支出						
36	1. 印刷费						
37	2. 专用材料费						
38	3. 其他支出						
39	（四）维修（护）费						
40	1. 办公设备维修（护）费						
41	2. 专用设备维修（护）费						
42	3. 房屋及其附属设施维修（护）费						
43	4. 网络信息系统运行与维护费						
44	5. 道路水电基础设施维修（护）费						
45	（五）设备购置费						

续表

序号	时间 项目	2006年	2007年	2008年	2009年	2010年	备注
46	1. 办公设备购置费						
47	2. 教学设备购置费						
48	3. 办公家具购置费						
49	4. 交通工具购置费						
50	（六）基本建设支出						

参考文献

一 外文译著

［德］柯武刚、史漫飞：《制度经济学》，韩朝华译，商务印书馆2000年版。

［德］缪勒：《公共选择理论》，杨春学等译，中国社会科学出版社1999年版。

［美］大卫·海曼著：《公共财政：现代理论在政策中的应用》，章彤译，中共财政经济出版社2001年版。

［美］道格拉斯·C. 诺斯：《经济史中的结构与变迁》，陈郁译，上海三联书店1994年版。

［美］道格拉斯·C. 诺斯：《制度变迁与经济绩效》，刘守英译，上海三联书店1994年版。

［美］Matin Carnoy：《教育经济学国际百科全书》，闵维方等译，高等教育出版社2000年版。

［美］埃瑞克·G. 菲吕博顿、鲁道夫·瑞切特编：《新制度经济学》，孙经纬译，上海财政大学出版社2003年版。

［美］丹尼斯·C. 缪勒：《公共选择理论》，杨春学等译，中国社会科学出版社1999年版。

［美］加里·S. 贝克尔：《人力资本：特别是关于教育的理论经验分析》，梁小民译，北京大学出版社1987年版。

［美］康芒斯：《制度经济学》（上下册），于树生译，商务印书馆1997年版。

［美］理查德·A. 金、奥斯汀·D. 斯旺森、斯科特·R. 斯威

特兰:《教育财政——效率、公平与绩效》,曹淑江译,中国人民大学出版社 2010 年版。

[美] 罗伯特·W. 麦克米金:《教育发展的激励理论》,武向荣译,北京师范大学出版社 2008 年版。

[美] 曼昆:《经济学原理》(第 3 版),梁小民译,机械工业出版社 2003 年版。

[美] 曼瑟尔·迪屈奇:《交易成本经济学》,王铁生、葛立成译,经济科学出版社 1999 年版。

[美] 西奥多·W. 舒尔茨:《教育的经济价值》,曹廷廷译,吉林人民出版社 1982 年版。

[美] 约翰·E. 丘伯、泰力·M. 默:《政治、市场和学校》,蒋衡等译,教育科学出版社 2003 年版。

[美] 詹姆斯·M. 布坎南:《民主财政论:财政制度和个人选择》,穆怀朋译,商务印书馆 1993 年版。

[美] 詹姆斯·M. 布坎南:《自由、市场国家——80 年代的政治经济学》,平新乔、莫扶民译,上海三联书店 1989 年版。

[英] 安东尼·B. 阿特金森、[美] 约瑟夫·E. 斯蒂格里茨:《公共经济学》,蔡江南等译,上海人民出版社 1994 年版。

[英] 贝尔菲尔德:《教育经济学:理论与实证》,曹淑江等译,中国人民大学出版社 2007 年版。

二 中文著作

曹均伟、李凌:《经济学方法论》,高等教育出版社 2007 年版。

苌景州:《教育投资经济分析》,人民教育出版社 1995 年版。

陈彬:《教育财政学》,武汉工业大学出版社 1992 年版。

陈工、雷根强编著:《财政学》,科学出版社 2000 年版。

陈国良:《教育筹资》,中国人民大学出版社 2000 年版。

陈鸣、朱自锋编著:《中国教育经费论纲》,中央编译出版社 2008 年版。

陈晓宇:《中国教育财政政策研究》,北京大学出版社 2012

年版。

程虹：《制度变迁的周期——一个一般理论及其对中国改革的研究》，人民出版社2000年版。

丛树海：《财政支出学》，中国人民大学出版社2002年版。

崔卫国：《教育的经济学分析》，经济科学出版社2003年版。

杜育红、刘亚荣、宁本涛：《学校管理的经济分析》，北京师范大学出版社2003年版。

杜育红：《教育发展不平衡研究》，北京师范大学出版社2000年版。

范先佐：《筹资兴教——教育投资体制改革的理论与实践问题研究》，华中师范大学出版社1999年版。

范先佐：《教育财务与成本管理》，华东师范大学出版社2004年版。

范先佐：《教育经济学》，中国人民大学出版社2008年版。

盖浙生：《教育经济学》，台湾三民书局1985年版。

高鸿业：《西方经济学》，中国人民大学出版社1997年版。

高金岭：《教育产权制度研究——基于新制度经济学的分析框架》，广西师范大学出版社2004年版。

国家教育发展研究中心：《2003中国教育绿皮书——中国教育政策年度分析报告》，教育科学出版社2003年版。

韩毅：《历史的制度分析——西方制度经济史学的新进展》，辽宁大学出版社2002年版。

贺卫、伍山林：《制度经济学》，机械工业出版社2003年版。

贺忠厚：《公共财政学》，西安交通大学出版社2007年版。

胡代光、高鸿业：《西方经济学大辞典》，经济科学出版社2000年版。

黄飞：《三维分析法》，山西经济出版社1999年版。

黄少安：《产权经济学导论》，山东人民出版社1995年版。

霍益萍主编：《普通高中现状调研与问题讨论》，华东师范大学出版社 2010 年版。

贾康:《财政本质与财政调控》,经济科学出版社 1998 年版。

教育部财务司组编、陈国良主编:《教育财政国际比较》,高等教育出版社 2000 年版。

金太军等:《政府职能梳理与重构》,广东人民出版社 2002 年版。

靳希斌:《从滞后到超前——20 世纪人力资本学说·教育经济学》,山东教育出版社 1995 年版。

旷乾:《教育资源配置中的政府与市场》,广西教育出版社 2007 年版。

雷晓康:《公共物品提供模式的理论分析》,陕西师范大学出版社 2005 年版。

李其龙、张德伟:《普通高中教育发展国际比较研究》,教育科学出版社 2008 年版。

栗玉香:《公共教育财政制度:生成与运行》,中国财政经济出版社 2004 年版。

栗玉香:《教育财政学》,经济科学出版社 2009 年版。

联合国教科文组织:《教育——财富蕴藏其中》,教育科学出版社 1996 年版。

廖楚晖:《教育财政学》,北京大学出版社 2006 年版。

廖楚晖:《人力资本与教育财政研究》,中国财政经济出版社 2005 年版。

刘复兴:《教育政策的价值分析》,教育科学出版社 2003 年版。

刘建发:《教育财政投入的法制保障研究》,经济管理出版社 2006 年版。

刘玲玲编著:《公共财政学》,清华大学出版社 2000 年版。

卢现祥、朱巧玲:《新制度经济学》,北京大学出版社 2007 年版。

卢现祥:《寻租经济学导论》,中国财政经济出版社 2000 年版。

吕炜：《我们离公共财政有多远》，经济科学出版社 2005 年版。

马昊：《当代中国县级公共财政制度研究》，中国经济出版社 2008 年版。

宁本涛：《教育财政政策》，上海教育出版社 2010 年版。

曲恒昌、曾晓东：《西方教育经济学研究》，北京师范大学出版社 2000 年版。

商学群、李波：《三维价值关系》，人民出版社 2011 年版。

世界银行：《1997 年世界发展报告：变革世界中的政府》，中国财政经济出版社 1997 年版。

孙国英、许正中、王铮著：《教育财政：制度创新与发展趋势》，社会科学出版社 2002 年版。

谭崇台：《发展经济学概论》，武汉大学出版社 2001 年版。

万福前：《公共选择理论》，中国人民大学出版社 2000 年版。

王磊：《公共教育支出分析》，北京师范大学出版社 2004 年版。

王善迈：《公共财政框架下公共教育财政制度研究》，经济科学出版社 2012 年版。

王善迈：《教育投入与产出研究》，河北教育出版社 1996 年版。

王玉崑：《教育经济学》，华文出版社 2005 年版。

韦森：《经济学与哲学：制度分析的哲学基础》，上海人民出版社 2005 年版。

魏新：《教育财政性简明教程》，高等教育出版社 2000 年版。

吴春霞、郑小平著：《农村义务教育及财政公平性研究》，中国农业出版社 2009 年版。

吴遵民：《基础教育决策论》，华东师范大学出版社 2000 年版。

许正中、苑广睿、孙国英：《财政分权（理论基础与实践）》，社会科学文献出版社 2002 年版。

辛鸣：《制度论：关于制度哲学的理论建构》，人民出版社 2005 年版。

杨东平：《中国教育公平的理想与现实》，北京大学出版社 2006

年版。

杨会良:《当代中国教育财政发展史论纲》,人民出版社 2006 年版。

杨慧敏:《美国基础教育》,广东教育出版社 2004 年版。

杨克瑞:《教育制度经济学引论》,中国言实出版社 2008 年版。

袁庆明:《新制度经济学教程》,中国发展出版社 2011 年版。

张凤林:《人力资本理论及其应用研究》,商务印书馆 2006 年版。

张馨:《构建公共财政框架问题研究》,经济科学出版社 2004 年版。

张学敏、叶忠:《教育经济学》,高等教育出版社 2009 年版。

张宇燕:《经济发展与制度选择——对制度的经济分析》,中国人民大学出版社 1992 年版。

朱琴芬:《新制度经济学》,华东师范大学出版社 2006 年版。

三 中文期刊论文

卜紫洲、侯一麟、王有强:《中国县级教育财政充足度考察——基于 Evidence – based 方法的实证研究》,《清华大学教育研究》2011 年第 5 期。

卜紫洲、徐涛:《充足、公平与效率:基础教育财政制度比较分析》,《公共管理评论》2011 年第 11 期。

曹志祥、高书国:《全国高中阶段教育发展预测》(下),《基础教育参考》2004 年第 11 期。

曹志祥、高书园:《全国高中阶段教育发展预测》(上),《基础教育参考》2004 年第 10 期。

陈凤兰:《我国农村高中教育的现状及原因分析》,《青海民族大学学报》(社会科学版) 2010 年第 2 期。

陈国庆、王叙果:《公共产品纯度:公共产品市场建设的理论基础》,《财贸经济》2007 年第 10 期。

陈文姣:《高中教育成本分担的理论与实证分析》,《江西教育科研》2007年第7期。

陈英志：《高中学校过度负债扩展规模问题探析》，《当代教育科学》2005年第14期。

陈玉华：《西部贫困省区普通高中财力资源配置现状调查与分析——以甘肃省13个样本市（区）各级普通高中为个案》，《教育发展研究》2005年第4期。

邓大才：《制度缺失与制度供给陷阱》，《湖南农业大学学报》（社会科学版）2001年第9期。

丁宏：《制度安排在普通高中教育发展中的作用》，《郑州航空工业管理学院学报》2006年第2期。

丁建福、成刚：《义务教育财政效率评价：方法及比较》，《北京师范大学学报》（社会科学版）2010年第2期。

丁秀玲、陈昌奇：《"穷县办富教育"引叫好声一片 "免费高中"教育有多远》，《云南教育》2012年第1期。

杜育红：《市场化改革与中国基础教育财政体制效率》，《清华大学教育研究》1999年第3期。

段文娟：《高等教育投入与产出的DEA模型及有效性分析》，《辽宁教育研究》2007年第6期。

樊宝平：《资源稀缺是一条普遍法则——兼与周肇光同志商榷》，《经济问题》2004年第7期。

樊香兰：《新中国基础教育财政体制的发展历程》，《教育史研究》2004年第3期。

范先佐：《我国基础教育财政体制改革的回顾与反思》，《华中师范大学学报》（人文社会科学版）2003年第5期。

冯建军：《高中教育公平的哲学基础》，《教育科学研究》2011年第2期。

冯建军：《普通高中教育资源公平配置问题与对策研究》，《教育发展研究》2010年第2期。

高培勇：《公共财政：概念界说与演变脉络》，《经济研究》

2008 年第 12 期。

葛新斌：《农村教育投入体制变迁 30 年：回顾与前瞻》，《华南师范大学学报》（社会科学版）2008 年第 12 期。

顾笑然：《教育产品属性发凡——基于公共产品理论的批判与思考》，《中国成人教育》2007 年第 12 期。

郭俞宏、薛海平：《我国义务教育生产效率实证分析：基于 DEA 方法》，《上海教育科研》2011 年第 3 期。

胡咏梅、杜育红：《中国西部农村小学资源配置效率评估》，《教育与经济》2008 年第 1 期。

黄斌、钟宇平：《教育财政充足的探讨及其在中国的适用性》，《北京大学教育评论》2008 年第 1 期。

黄斌：《现实与政策意图之间的偏差——中国义务教育财政制度变革的历史与展望》，《教育与经济》2010 年第 4 期。

黄少安：《资源配置效率标准的多元性与一致性原理——兼论帕累托效率标准》，《经济评论》1995 年第 3 期。

基本公共服务均等化与政府财政责任协作课题组：《推进基本公共服务均等化的财政政策研究》，《财会研究》2008 年第 7 期。

贾康：《关于公共财政基本特征的认识》，《中国财经信息资料》2003 年第 32 期。

江西省干部培训中心：《高中发展与教育资源配置——高中校长座谈综述》，《江西教育学院学报》2005 年第 2 期。

江西省教育科学研究所课题组：《江西省加快高中教育发展经费问题的若干分析》，《江西教育科研》2003 年第 9 期。

金丽红、徐荣炳：《借鉴国际经验，完善我国的公共教育财政》，《金融与经济》2005 年第 11 期。

孔养涛：《论欠发达地区普通高中教育投资体制的现实困境与体制选择》，《湖南医科大学学报》（社会科学版）2010 年第 3 期。

雷艳红：《避免公共财政"神化"运动——公共财政"公共性"矫正》，《人民论坛》2007 年第 2 期。

冷淑莲、冷崇总：《江西高中教育收入与成本分析》，《金融与经济》2004年第6期。

冷雄辉：《政府主导的需求诱致性制度变迁：一个理论假说》，《现代商业》2009年第21期。

李娣、崔潮：《教育财政资源配置中的公平与效率问题》，《改革与战略》2011年第4期。

李芙蓉：《我国普通高中教育投入现状分析》，《教育发展研究》2008年第11期。

李炜光：《从维克塞尔到布坎南：公共财政理论的蹊径演进》，《读书》2012年第4期。

李文利、曾满超：《美国基础教育"新"财政》，《教育研究》2002年第5期。

李祥云、陈建伟：《财政分权视角下中国县级义务教育财政支出不足的原因分析》，《教育与经济》2010年第2期。

李亚勍、沈百福：《公办普通高中教育投入的地区差异分析》，《教育科学》2009年第12期。

栗玉香：《教育财政效率的内涵、测度指标及影响因素》，《教育研究》2010年第2期。

梁文艳、杜育红：《基于DEA-Tobit模型的中国西部农村小学效率研究》，《北京大学教育评论》2009年第10期。

廖楚晖：《多级教育财政的博弈行为及效率研究》，《云南财贸学院学报》2004年第6期。

廖楚晖：《教育财政：制度变迁与运行分析》，《财政研究》2005年第3期。

林光连：《怎样理解"加快普及高中阶段教育"中"普及"二字》，《齐齐哈尔师范高等专科学校学报》2008年第4期。

林小英、刘大立：《政府管制公办高中择校费的目标悖论》，《教育学报》2010年第5期。

令狐昌毅：《教育财政学对象初探》，《教育与经济》1990年第

3期。

刘复兴：《事业单位改革背景下我国高中学校的分类管理与投入体制研究》，《华南师范大学学报》（社会科学版）2010年第12期。

刘世民、姚立斌：《政策支持：农村普通高中教育改革和发展的当务之急》，《发展研究》2001年第5期。

刘幼昕、沈民：《重庆市"三大经济区"基础教育发展的结构研究及政策分析》，《特区经济》2005年第1期。

刘泽、侯风云：《我国基础教育投入地区差异的量化分析》，《华东经济管理》2007年第9期。

刘泽云：《我国高中阶段教育政府投入的实证分析》，《教育发展研究》2008年第19期。

刘泽云：《我国普通高中经费政府分担比例问题研究》，《教育与经济》2009年第1期。

龙宝新：《农村普通高中发展困境与政策调适》，《中国教育学刊》2009年第4期。

卢立涛：《试论我国高中教育的政策变迁》，《内蒙古师范大学学报》（教育科学版）2008年第4期。

麻晓亮：《我国普通高中教育非均衡发展的实证分析》，《中国农业教育》2008年第6期。

彭波：《论普通高中教育发展的现实藩篱及其突破》，《教育学术月刊》2012年第11期。

彭湃、陈文娇：《我国普通高中教育成本分担研究——理论、实证分析与政策建议》，《教育发展研究》2007年第4期。

彭湃、周自波：《双轨制成本分担与高中教育公平》，《当代教育科学》2008年第15期。

戚业国：《教育成本分担中的几个认识问题》，《教育评论》1998年第3期。

祁占勇、司晓宏：《我国欠发达地区普通高中教育发展的现实困境与理性选择》,《教育科学研究》2009 年第 11 期。

阮成武:《基础教育改革如何在基本制度上突破》,《中国教育学刊》2009 年第 12 期。

沈百福:《20 世纪末我国教育投资变动分析》,《教育科学》2002 年第 2 期。

沈百福:《不同社会经济发展水平县级教育财政差异分析》,《教育与经济》1993 年第 3 期。

沈百福:《我国普通高中学费的地区差异分析》,《当代教育论坛》2006 年第 5 期。

沈有禄、陈浩:《全国分地区普通高中生均经费差异分析》,《现代教育管理》2010 年第 7 期。

沈有禄、范先佐:《各地高中生均经费配置不平等状况分析》,《教育科学》2010 年第 8 期。

史云峰、许艳丽:《农村义务教育财政制度变迁及创新》,《教育科学》2004 年第 8 期。

宋飞琼:《河南省普通高中教育经费政府投入的实证分析》,《河南职业技术师范学院学报》2009 年第 4 期。

覃利春、沈百福:《OECD 成员国普通高中财政投入及其启示》,《教育发展研究》2011 年第 7 期。

唐丽静:《从财政学角度分析我国普通高中教育投入》,《教育财会研究》2008 年第 6 期。

汪丁丁:《探索二十一世纪的教育哲学与教育经济学》,《高等教育研究》2001 年第 1 期。

汪燕:《西部农村地区普通高中教育投入问题小议论》,《科技创业月刊》2007 年第 12 期。

王海龙:《有效制度供给不足、制度变迁困境与制度创新的路径选择——转型期我国公共事业市场化改革的制度分析》,《制度经济学研究》2004 年第 4 期。

王迁:《浅议普通高中教育的政府经费分担责任问题》,《周口师范学院学报》2009年第1期。

王善迈:《社会主义市场经济条件下的教育资源配置》,《教育与经济》1997年第3期。

王善迈:《我国公共教育财政体制改革的进展、问题及对策》,《北京师范大学学报》(社会科学版)2003年第6期。

王燕、沈民:《教育条件与教育公平——对重庆三大经济区教育条件差异的实证分析》,《经济研究参考》2007年第26期。

吴华:《国家教育公平政策的思路、问题与对策》,《东北师大学报》(哲学社会科学版)2007年第2期。

吴建南、李贵宁:《教育财政支出绩效评价:模型及其通用指标体系构建》,《西安交通大学学报》(社会科学版)2004年第6期。

谢家训:《关于转变教育资源配置方式的研究》,《教育与经济》1999年第3期。

徐科、张艳:《重庆各区县经济发展水平的因子分析》,《重庆工商大学学报》(自然科学版)2012年第1期。

杨润勇、杨依菲:《我国普通高中发展二十年政策回顾与分析》,《教育理论与实践》2010年第7期。

殷正明:《对贵州民族地区优质高中教育资源建设的思考》,《黔南民族师范学院学报》2008年第2期。

叶忠:《试论教育制度公平》,《教育与经济》2003年第2期。

袁连生:《中国教育财政体制的特征与评价》,《北京师范大学学报》(社会科学版)2011年第5期。

曾水兵、孙垂霞:《普通高中教育面临的发展困境与破解思路》,《教育学术月刊》2011年第6期。

张绘:《我国公办普通高中校际间资源配置不公平现象的分析——以我国中部地区某县的调查研究为例》,《继续教育研究》2009年第3期。

岳昌君:《经济发展水平的地区差异对教育资源配置的影响》,

《教育与经济》2003年第1期。

张芳山、刘浩林:《政府行为规制的新制度经济学分析》,《求索》2006年第8期。

张静、钱志祥:《我国高中择校费的经济学分析》,《现代教育科学(普教研究)》2010年第2期。

张军:《关于"制度"的闲话》,《读书》2001年第6期。

张灵、黄学军:《德沃金资源平等理论及其教育意蕴》,《复旦教育论坛》2012年第1期。

张文:《高中教育发展失衡的现状、原因及对策》,《教育探索》2008年第11期。

张馨:《"公共财政"与"国家财政"关系辨析》,《财政研究》1997年第11期。

张馨:《马克思主义财政学的"创新"与"阶级财政论"的否定》,《财贸经济》2007年第11期。

张亚丽、邵芳方:《中国西部地区普通高中教育发展现状及问题分析》,《现代教育科学》2008年第4期。

张宇燕:《利益集团与制度非中性》,《改革》1994年第2期。

赵宏斌、孙百才:《我国教育财政决策机制的路径分析》,《教育理论与实践》2006年第4期。

周彬、袁振国:《教育财政拨款的困境与变革》,《教育与经济》2001年第4期。

周彬:《普通高中教育的发展困境与优化策略》,《教育发展研究》2009年第1期。

周国华:《从新制度经济学看学校监督机制》,《现代教育科学》2003年第5期。

朱富强:《现代主流经济学的效率概念与价值无涉吗》,《学术研究》2009年第10期。

唐一鹏、薛海平:《普通高中教育财政的充足性与公平性研究》,《首都师范大学学报》(社会科学版)2017年第4期。

于璇:《我国中西部贫困地区普通高中教育经费投入:成就、问题及对策》,《教育学报》2019年第15期。

储诚炜、徐创洲:《普通高中教育经费投入保障机制研究》,《教学与管理》2013年第27期。

四 学位论文

陈亚伟:《普通高中教育筹资中政府角色研究》,硕士学位论文,华东师范大学,2007年。

高慧:《基础教育财政支出的产出效果分析》,硕士学位论文,苏州大学,2009年。

李娟:《我国普通高中教育财政体制问题研究》,硕士学位论文,东北师范大学,2010年。

卢振家:《广东教育财政支出效率研究》,硕士学位论文,华南理工大学,2008年。

王媛博:《我国现行普通高中国家投入问题探究》,硕士学位论文,东北师范大学,2008年。

魏真:《我国县级公立普通高中规模经济研究——以河北省邢台市县级公立高中实证调查为例》,硕士学位论文,北京师范大学,2004年。

熊尔康:《我国普通高中教育经费问题研究——以西部地区某城市普通高中为个案》,硕士学位论文,东北师范大学,2007年。

杨猛猛:《我国基础教育财政支出效率研究》,硕士学位论文,厦门大学,2007年。

原苹:《我国公办普通高中教育财政投入问题研究——以江苏省公办普通高中为例》,硕士学位论文,南京师范大学,2010年。

陈静漪:《中国义务教育经费保障机制研究——机制设计理论视角》,博士学位论文,东北师范大学,2009年。

高建民:《美国基础教育财政发展史研究》,博士学位论文,河北大学,2004年。

郭雅娴:《中国教育资源配置效率研究》,博士学位论文,吉林大学，2008年。

黄林芳：《教育发展机制论》，博士学位论文，复旦大学，2005年。

黄幼岩：《欠发达地区普通高中教育资源配置优化研究》，博士学位论文，华东师范大学，2008年。

黄瓒：《教育场域中的资源争夺、创造与博弈》，博士学位论文，华东师范大学，2008年。

康建英：《财政分权下政府义务教育支出的理论和实证研究》，博士学位论文，南开大学，2007年。

栗玉香：《公共教育财政制度生成与运行》，博士学位论文，北京师范大学，2009年。

林皎：《公共经济视野下当代我国教育财政问题研究》，博士学位论文，湖南大学，2006年。

刘惠林：《中国农村教育财政问题研究》，博士学位论文，东北林业大学，2007年。

龙舟：《中国义务教育财政制度变迁研究》，博士学位论文，北京师范大学，2009年。

沈有禄：《基础教育资源配置公平研究》，博士学位论文，北京师范大学，2008年。

唐斌：《教育多元筹资问题研究——兼论第三部门在教育筹资中的作用》，博士学位论文，华中师范大学，2008年。

王卓：《教育资源配置问题的理论研究：教育学的立场和观点》，博士学位论文，东北师范大学，2005年。

魏真：《我国公共教育财政政策评估研究》，博士学位论文，北京师范大学，2008年。

刑天添：《中国农村义务教育财政支出绩效评估与优化》，博士学位论文，南开大学，2009年。

许丽英：《教育资源配置理论研究——缩小教育差距的政策转向》，博士学位论文，东北师范大学，2007年。

杨会良:《改革开放以来中国教育财政发展史论纲》,博士学位论文,河北大学,2005年。

杨秀芹:《教育资源利用效率与教育制度安排——一种新制度经济学分析的视角》,博士学位论文,华中师范大学,2006年。

赵军:《民办高等教育制度变迁中的政府行为研究》,博士学位论文,华中科技大学,2007年。

宗晓华:《公共教育财政制度的经济分析》,博士学位论文,北京师范大学,2009年。

五 外文文献

Adams, Jacob E., "Spending School Reform Dollars in Kentucky: Familiar Patterns and New Programs, But is This Reform?", *Educational Evaluation and Policy Analysis*, 1994 (4).

Allan R. Odden, Lawrence O. Picus, *School Finance: A Policy Perspective*, New York: McGraw – Hill, 2008.

Barlow, Robin, "Efficiency Ascepts of Local School Finance", *Journal of Political Economy*, 1970 (78).

Barro, Stephen, "Fund Distribution Issues in School Finance: Priorites for the Next Round of Research", *Journal of Education Finance*, 1989 (1).

Berne, Rebot, Stiefel, Leanna & Moser, Michelle, "The Coming of Age of School – Level Finance Data", *Journal of Education Finance*, 1997 (3).

Black, D. E., Lewis, K. A. &Link, C. K., "Wealth Neutrality and the Demand for Education", *National Tax Journal*: 1979 (2).

Clune, Willianm, "The Shift from Equtiy to Adequacy in School Finance", *Educational Policy*, 1994 (4).

Coleman, J., "The Concept of Equality of Education Opportunity", *Harvard Educational Review*, 1968 (38).

Cynthia Miller, "Demographics and Spending for Public Educaiton", *Conomics of Educaiton Review*, 1996 (2).

Feldstein, Martin, "Wealth Neutrality and Local Choice in Public Educaiton", *American Economic Review*, 1975 (6).

Ferguson, Ronald F., "Paying for Public Education: New Evidence on How and Why Money Matters", *Harvard Journal on Legislation*, Summer 1991 (28).

Goldhaber, Dan& Callahan, Karen, "Impact of the Basic Education Program on Educational Spending and Equity in Tennessee", *Journal of Eduation Finance*, 2001 (4).

Hanushek E. A., "Assessing the Effects of School Resource on Student Performance: An Update", *Educational Evaluation and Policy Analysis*, 1997 (2).

Hanushek, Eric A., "Interpreting Recent Research on Schooling in Developing Countries", *The World Bank Research Observer*, 1995 (10).

Hanushek, Eric A., "Throwing Money at Schools", *Jorunal of Policy Analysis and Management*, 1981 (1).

Hanushek, E. A., "Teacher characteristics and gains in student achievement: Estimation using micro-data", *American Economics Review*, 1971 (2).

Hirht, Marilyn, "A Multistate Analysis of School Finance Issues and Equtiy Trends in Indiana, Illinois, and Michigan, 1982-1992", *Journal of Education Finance*, 1994 (2).

Ladd, H. F., "Reflections on Equity Adequacy and Weighted Student Funding", *Education Finance and Policy*, 2008 (3).

Mun Tsang, "Financial reform of basic education in China", *Economics of Education Review*, 1996 (14).

Murnane, R. J., Philips, B., "What do Effective Teachers of Inner-city Children have in Common?", *Social Science Research*, 1981

(1).

Nelson, R. R., Phelps, E. S., "Investment in Humans, Technological Diffusion and Economic Growth", *American Economic Review*, 1966 (2).

Reschovsky, A., Imazeki, J., "Achieving Educational Adequacy through School Finance Reform", *Journal of Education Finance*, 2001 (4).

Reschovsky, Andrew, "Fiscal Equalization and School Finance", *National Tax Journal*, 1994 (1).

Verstegan, Deborah, "Financing the New Adequacy: Towards New Models of State Education Finance Systems That Support Standards Based Reform", *Journal of Educaiton Finance*, 2002 (2).

Wise, Arthur, "Educaitonal Adequacy: A Concept in Search of Meaning", *Journal of Education Finance*, 1983 (3).

后　　记

（一）

博士论文早已草就，但并无如释重负之感，研究之初的雄心壮志未能实现，文中字句也未能很好锤炼，诸多遗憾与惶恐凝顿于心，后记迟迟不敢动笔。而今论文即将定稿，三年博士学习与论文写作中的点滴清晰再现，涌动已久的款款情愫澎湃奔流。回望来时足迹，艰辛与坎坷固然忆起，对恩师、好友及亲人的感恩之情更上心头。

学业得以顺利完成当感谢我尊敬的导师张学敏教授。六年前，承蒙恩师不弃，学生拜入依斗门。硕士三年，老师虽事务繁忙，也会抽出时间与我们聚凉亭，登缙云，游道观，即使这等平常的交流也总能感受到他学术思想的奔流和学术火花的绽放。受师之学术熏陶，感学术之精义坚深，学生又萌继续求学之念，幸得恩师垂怜，续学依斗门。博士三年，老师挤时间、挪空闲同我们徜徉学府径，漫步西师街，品味禾丰楼，为的是传授"但使一章作津梁"的"为学"之道。QQ常能收到恩师发给的"为人"之道，《何谓人生幸福》《献给正在为未来打拼的人》让我在论文写作过程中虽饱受气馁、灰心等情绪困扰，但仍然有前行的力量。都说老师是一个严厉的人，跟从老师六年，在我眼中老师更是一个将感性和理性演绎得淋漓尽致的人。老师有率真性情，故难免对我们偶有直言不讳之批评，让学生久有不言之情绪，然痛定思痛后我读懂了老师严厉背后饱含的恨铁不成刚之殷切期盼。从选题到定稿无不受到老师的严格督促与悉心指导。捧此拙作在手，老师的谆谆教诲犹在耳旁，感激之情难以言表。六年里我取得的点滴进步无不凝聚着老师的心血，希望学生以后的独立行走，不愧侬斗门生，不负厚重师恩。

　　心存感恩，我倍感幸运，一路前行，另得到诸多我敬爱的老师们的扶持。感谢范先佐教授对我学业的关心和论文的悉心指导，范老师广阔深厚的思想维度和谦逊儒雅的学者风范是我前行的航向。感谢段豫川教授对我论文从开题至写作的热心指教，让我的论文可以有的放矢，而其诗意的人生哲学更让学生受益。感谢陈恩伦教授对我学习及论文调研给予的极大帮助，常叹六年来陈老师对学生如导师般的关怀。感谢王德清教授、赵伶俐教授、徐学福教授对论文提出的精辟意见和宝贵建议，使我的论文得到不断锤炼。感谢孙振东教授对我的严厉敲打，开题报告会上的犀利语言是孙老师对学生深切的学术指引。感谢么加利教授对我论文的细心斧正，论文开题报告有么老师字斟句酌的笔迹。感谢杨挺教授对我的指导，杨老师平易近人的谦和态度让学生更将杨老师视为朋友。感谢中央财经大学栗玉香教授能在百忙中多次耐心详细回复邮件，为一个素不相识的学生的论文解惑答疑。感谢美国密歇根州立大学的 David Arsen 教授，在美访学期间得到 Arsen 教授的指引，让我博士论文的选题明晰了方向。同时，还必须感谢的是周鸿教授、崔延强教授、朱德全教授、易连云教授，在博士学习期间聆听到他们的专题报告，其精彩授课让我记忆犹新，其学识修养让我备受熏陶。

　　此外，还务必需要感谢对我调研工作予以支持的何流老师、我所调研的 A 省三个区（县）的教委行政部门和教委财务科相关人员，以及各县高中学校领导和财务科人员，他们的支持对我的论文顺利完成起着至关重要的作用。

　　感谢与我一起度过求学时光的同门学友侯小兵、何国伟、舒强、冯太学、兰正彦、潘文煜、李玉栋、陈星、薛肖飞、毕宁等，正是

后　记

有他们的陪伴，三年清苦的学习生活增添了觥筹交错之声、谈天说地之乐。感谢三年来相互搀扶同甘共苦的挚友郑秀敏、邹媛、韩玉梅、刘庆英、袁潇、陈雷、王善安、孔夏萌，记忆中我们共同走过的风雨泥泞，共同见证的喜怒哀乐镌刻在记忆里成为永恒的烙印。这难以溯源的深情厚谊我将一生珍惜，相信此情远比地久天长。感谢一直以来对我关照有加的隋国成、蔡乐才、夏茂林、贺能坤、冉亚辉、金家新、田晓伟、张凌洋、张翔、杨公安、范国锋等兄长，是他们为我树立了行动的模范与前进的标杆。感谢学友林克松为论文修改完善给予的无私帮助，其厚实的学术基础令我佩服。庆幸有那一帮无须时常联系，但却在我需要帮助时倾力相助的朋友徐丹梅、陈康康、刘彬、张兰久、吴海林，感谢他们虽远在他方，但仍然对我默默关心、雪中送炭，让我深深感受着友情的温馨与幸福。有幸相识陈静、田波琼、李琰、岳慧兰、刘波、张利洪、王瑜、赵景辉等学友，更让我相信那种无须多言而心有灵犀、志同道合的情谊。

多年执着的期盼，多年辛苦中坚忍，只为儿时遥远的梦想和那些期待的眼神。一路前行我虽步履蹒跚但毅然决然，只因身后如山之爱。我挚爱的亲人和家永远是我离土独行的力量之源和精神归依。爷爷对我们的爱，是用他严厉朴实的话语不厌其烦地教导我们要好好读书，做有用的人；奶奶的爱则是倾尽一生地奉献着她对全家人事无巨细的呵护与关爱。而今，即将博士毕业，奶奶离开我已9年有余，奶奶牵着我手时的温暖，依偎在奶奶身旁时的幸福，这样的场景只能在梦里出现。多年异地求学，父母不畏生活的艰辛，节衣缩食，竭尽所能地为我提供充裕的物质保障和无尽的精神支持。每次离家时，母亲总问我能不能多待两天，而父亲总是说走吧，不要耽误了学业。离家时从不敢凝视父母送别的眼神，担心让父母看到盈眶的眼泪。离家时的转身，行行热泪汇成对父母最大的祈愿：唯愿父母安康快乐！求学至今，二叔、二婶一直胜似父母般鼎力支助着我的学习生活，对我的生活关怀备至，为我的学习指向导航；感恩这血浓于水的无私亲情，是二叔、二婶在我沮丧时给我希望，在奋斗时给我力量，让我有勇气追逐梦想！姑姑、姑父、幺叔、幺婶也时刻关心着我的学习，对我嘘寒问暖，呵护至极。幺叔于我，既是长辈，也是朋友，倾听着我求学生涯中所有快乐和苦闷，为我排忧解难，让我笑对得失。而此时同样在求学的弟弟，对我的关心远甚于我对他的关心，总时刻提醒我注意身体，而我也总是心安理得地将偶有的颈椎疼痛、耳鸣等病痛据实陈述，弟弟总是着急地为我寻找各种治疗方法并不时询问康复情况。无论身处何方，我总能时刻感受着无私的亲情与无尽的温暖。

言说不尽的谢意化作此时的哽咽难言！一路前行，希望我的步伐能承载起亲友们对我的深情厚爱！

2013 年 4 月 10 日于杏园

（二）

本书是在我的博士学位论文基础上修改而成。毕业至今，似乎总是一直忙于生活琐事而疏远了学术，还时常以勿忘生活为借口安慰自己。然而，心中难以言说的愧疚，总在不经意间浮现。书架上搁置已久的博士论文早已蒙上尘灰，在这个寒冬将论文修订付梓出版，以此为铭，不忘初心！

教育财政效率与公平的问题，是教育经济学研究领域永恒的话题。本书关注教育财政效率问题，并非是抛开教育公平而不顾。相反，无论是教育财政的筹资效率、配置效率，还是教育资源利用效率，这三重效率问题的背后，其理论基础必定是教育公平，这三重效率本身也分别对应了教育的起点公平、过程公平和结果公平。普通高中教育由于历史发展的原因，重点高中学校仍将长期存在，资源配置存在的巨大差距难以缩小，普通高中教育财政问题是硬骨头。我深知这项研究只是浅尝辄止、极其浅陋，其中不乏错误和鄙陋。特别感谢我的研究生钟静远、郑钰、杨秀喻对本书进行的修订。呈拙作于此，恳请学术前辈、同行和读者给小书以批评，助我进一步研究。谢谢！

谭俊英
2021 年 1 月 5 日于黔 璧丘阁